品 | 读 | 连
大 | 连

连语寻趣

大连方言

董晓奎 著

大连出版社
DALIAN PUBLISHING HOUSE

图书在版编目（CIP）数据

连语寻趣·大连方言 / 董晓奎著 . — 大连：大连
出版社，2022.11
（品读大连）
ISBN 978-7-5505-1763-9

Ⅰ . ①连… Ⅱ . ①董… Ⅲ . ①北方方言－方言研究－
大连 Ⅳ . ① H172.1

中国版本图书馆 CIP 数据核字 (2022) 第 176007 号

LIANYU XUN QU · DALIAN FANGYAN

连 语 寻 趣 · 大 连 方 言

出 版 人：代剑萍
策划编辑：刘明辉　代剑萍　卢　锋
责任编辑：卢　锋　刘丽君　安晓雪
封面设计：盛　泉
版式设计：对岸书影
插画绘制：王天用
责任校对：杨　琳　乔　丽
责任印制：刘正兴

出版发行者：大连出版社
　　　　　　地址：大连市高新园区亿阳路 6 号三丰大厦 A 座 18 层
　　　　　　邮编：116023
　　　　　　电话：0411-83620573 / 83620245
　　　　　　传真：0411-83610391
　　　　　　网址：http://www.dlmpm.com
　　　　　　邮箱：dlcbs@dlmpm.com
印 刷 者：大连金华光彩色印刷有限公司
经 销 者：各地新华书店

幅面尺寸：170mm×240mm
插　　页：4
印　　张：14.25
字　　数：270 千字
出版时间：2022 年 11 月第 1 版
印刷时间：2022 年 11 月第 1 次印刷
书　　号：ISBN 978-7-5505-1763-9
定　　价：38.00 元

前　言

大连方言从何而来？

中国境内有多少种方言？大连方言属于哪个方言片？与山东方言及东北方言又有何关联？

在语言学界，现代汉语方言大致分为七大方言，分别是官话、吴语、赣语、客家话、湘语、闽语和粤语，其中粤语、闽语和客家话在港澳台地区及海外也有广泛分布。

在语言学上，"官话"是特定汉语方言的专有名词，过去叫"北方方言"。官话也是分布最广的汉语一级方言，使用人口占汉族总人口的70%以上，主要分布于中国的北部和长江以南的四川、贵州、云南、西藏，以及江苏、安徽、江西、湖北、湖南这些省份沿长江的部分地区。

具体来说，官话分为八种次方言：北京官话、东北官话、冀鲁官话、胶辽官话、中原官话、兰银官话、江淮官话、西南官话。大连方言是典型的胶辽官话，很多人以为大连方言属于东北方言，实则不然。

东北方言与普通话相近，主要分布于东北三省、内蒙古东部和河北东北部地区，是覆盖范围较广、影响较大的汉语方言之一。东北方言是在本地方言、河北方言和山东方言的基础上形成的，虽然与大连方言是两个截然不同的方言品种，但在现实生活中，两种方言"并存共用"的现象非常突出。

胶辽官话分为登连片、青州片、盖桓片，主要分布在山东半岛和辽东半岛。近代移民的历史背景和半岛沿海的地理环境使胶辽官话的声调极具特色，简单地说，古清音声母入声字今读上声，是胶辽官话的典型特征，也是划分胶辽官话与周边方言的首要标准。

大连方言属于登连片，是汉语北方方言中比较特殊的一个品种，在语音、词汇、语法等方面具有鲜明的特色。

汉代扬雄编撰的《輶轩使者绝代语释别国方言》（以下简称《方言》），是我国历史上第一部方言词典，距今已有2000多年历史。在欧洲，同类的著作迟至18世纪才问世。"方言"一词最早也是出自扬雄的这部著作。《方言》主要记录汉代口语词汇、比较各地词汇异同、反映方言地理面貌，在语言学研究方面做出了不可磨灭的贡献，被誉为"悬诸日月不刊之书"。

最初写关于方言的文章时，我时常会陷入怀疑的情绪之中，方言当真值得消耗心血去研究吗？方言确实是我们解读地方历史不可或缺的线索吗？当得知我们的祖先早在2000多年前就下大力气收集、整理、研究民间语言，我对书写关于方言的文章又充满了动力与信心。

扬雄所著的《方言》收录方言词语近700条，其中有方言词语内容记录并指明地域分布的词语有340多条。在他的研究里，山东方言分为两大区四小片区，与现代山东方言分区情况大体一致。山东方言主要包括冀鲁官话、中原官话和胶辽官话。显然，胶辽官话在我国第一部方言学著作中是有记载的。大连方言有着深厚的历史积淀，值得学界探讨和研究。

方言是一个地区历史文化最重要的载体，是一座城市的民俗风情、市井生活最直接、最生动的体现。方言蕴藏着我们的身世和命运，我们从哪里来，到哪里去，其实都被方言不动声色地记载着。

在学者迟永长教授的研究里，大连话可分为三种次方言：以大连市区话为代表的狭义大连话，以庄河话为代表的黄海沿岸话，以大、小长山岛话为代表的长山话。如此，大连话就有了广义和狭义之分。广义大连话泛指所有居住在大连地区的老居民及其后裔所说的话，包括内部差别较大的大连市区话、庄河话和长山话。狭义大连话专指以大连市区话为代表的当地老居民及其后裔所说的话，不包括同属大连话的庄河话、长山话，以及与庄河、长山音系类似的话，也不包括近些年从外地迁至大连的新居民所携带来的方言。

那么，大连话从何而来呢？

由于迁徙杂居、经贸往来、战争及文化交流等历史原因，大连方言吸纳了大量的山东方言、满语及日俄两国语言的借用词。今天的大连方言有着山东方言的原始基因，同时又具有自己的特色。

清末民初，为了躲避战乱和饥荒，来自山东、河北的大量流民迁移东北，史称"闯关东"。"山东人多从海路迁入，在大连和营口登陆，先到辽东半岛和辽河流域，再扩展到辽宁的东南部和东部及北满。……'闯关东'的山东人主要来自旧青州府、登州府和莱州府。他们到达新地后往往是先立一窝棚，窝棚的集合则以同族同姓为基础，宗族制度也就从山东输入东北。"（《方言与中国文化》）山东人来到大连，以族居的形式抱团取暖，共谋生存出路，又是大批地占据大片土地，所以他们旧地的方言很容易保存流传下来，对如今的大连方言产生深远的影响。

在大连话日常用语中，满语的音译借词较多，这是不争的事实。满族从初兴、发展直至1644年入关，统治中国近300年，是继蒙古族之后又一个建立起全国性的统一封建王朝的少数民族。在满汉文化融合的过程中，最先发生变化的是语言。语言是交流的工具，也是文化的载体。任何一个民族的语言都承载着深厚的历史记忆。人口数量不多的满族人，置身于汉族人的汪洋大海之中，形成了大分散、小聚居的分布特点，在这种境遇里，要想保持自己的文化特征是很难的，语言的衰落乃至消亡也是一种必然现象。当然，让一个民族的语言彻底化为乌有也不太容易，毕竟语言的背后是一个群体几百年跌宕起伏、活生生的历史。满语虽然退出了历史舞台，却有大量的词语以音译借词的形式驻留在大连话之中。这些满语词汇至今都是大连人日常交流中不可缺少的常用语。

外来词也是大连方言的组成部分。什么是外来词？季羡林说："所谓外来词，无非是两大类，一类是代表精神方面的，抽象的东西；一类是代表物质方面的，具体的东西。无论是抽象的东西，还是具体的东西，这些词儿所代表的东西原来都是外国货，传入中国，必须有一个华名，于是千奇百怪的外来词就应运而生。"

外来词的出现具有一定的社会背景，总是裹挟着时代风云。汉、唐时期，中国政治相对稳定，经济文化繁荣，以海纳百川之大国胸襟迎接外国文化的流入，也频繁地派出使节前往各国进行交流，带回了很多异域文化，进而出现了外来词。外来词涌入中国的第二个高峰期是晚清时期，西方列强悍然打开了中国大门，他们的坚船利炮进来了，他们的文化和语言也涌入了，我们被迫吸取了大量的外来词。外来词涌入中国的第三个高峰期是改革开放之后，也特别值得研究。

1897年12月，沙俄的舰队占领旅顺口，1898年3月，清政府与沙俄签订了《旅大租地条约》，大连被沙俄殖民统治了7年。大连这个地名就来源于俄语"达里尼"，后来从日语音译而成"大连"二字。1905年日俄战争结束后，大连又被日本殖民统治，这段屈辱历史长达40年，直到1945年日本战败投降。在这两个特殊的历史时期，大量的俄语和日语进入大连市民阶层的口语中，并流传至今。

如季羡林所言，大连方言中的这些外来词，大多数是关于物质方面的、具体的东西，比如，"挽霞子"（衬衫）、"磨叽"（年糕）、"便所"（厕所）、"瓦斯"（煤气）、"马葫芦"（下水道）、"布拉吉"（连衣裙）、"维得罗"（水桶）、"列巴"（面包）等。这些外来词如今仍然活跃在大连人的生活中，有时候居然令人忽略了它们的真实身份。学者游汝杰说："汉文化的宽容性使它能容纳下古往今来的种种外来文化和相当数量的外来词，同时汉文化又具有极大的消融力，善于将所吸收的外来文化加以消化改造，变为中华文化的组成部分。"

大连方言虽然只是胶辽官话的一个小片区，但是从历史深处来看，与各个官话方言大区有着千丝万缕的关系，这也是我们关注大连方言的一个理由。通过大连方言，或许可以了解中国方言文化的博大精深，以及保护方言、传承地方文化的必要性和重要性。

有些古老的方言随着老辈人的逝去而永远地消失了，所以，当今天我们与某些方言重逢，真的需要长久地端详，细致地品读，才能认出它们的确在我们的生活中存在过。顺着方言的线索，我们回到了往日生活的现场；对方言的品读，让我们完成了一场场酣畅淋漓的精神怀旧。

作　者

目 录

海南丢子　此地巴子

海南丢子，此地巴子

"闯关东"是中国历史上规模较大的移民运动之一，从站在大海边准备起程的那一刻起，山东人就已经开始用自己创作的语言来进行命运叙事。在某种程度上，这些语言比普通话更切中肯綮，也更有力量。

在大连方言库里，"海南丢子"是最有代表性的方言词，它诉说着那段极其悲壮的移民史，也深藏着老大连人深重的苦难史，反映了我们祖辈顽强不屈的生存意志。

在大连方言和文化语境中，"海南丢子"是指那些以齐鲁人群为主体的"闯关东"人群及其后裔。

一个"闯"字，有两层含义：一是指路线需要"闯"，清朝入关后，在东北实行封禁政策，到关东需要"闯"过封锁线——河北民众大多私越长城走辽西，山东民众大多泛海偷渡到辽东，所以称之为"闯关东"；二是指山东流民在绝境中谋生存、求发展的一种能力。

中国历史上的移民，上溯先秦，下及近世，代代不绝，可以说是人类一种很重要的生存方式。人口迁移主要有两种：一是民众自发的流徙迁移，二是政府有计划的移民。前者多是由战乱、灾荒或人口膨胀所致，后者则是出于政治、军事或经济建设的目的。比如，山东、大连地区将大小便称为"解手"，从中可以推断当时移民具有强制性的特点，在移民途中，为防范老百姓逃跑，用绳索捆绑双手，要大小便时，便让士兵解开，久而久之就简化成"解手"。

在清朝前中期，山东人口快速增长，人口数量屡创历史新高，由明代的1000余万上升至乾隆十四年（1749年）的2400余万，嘉庆十七年（1812年）增至近2896万，道光年间突破了3000万。当时，地广人稀、物产丰富的东北就成了山东过剩人口维系生存的避难所。从绝境中跋涉而来的山东人站在这片黑土地上，喜极而泣，生存的希望瞬间被点燃了。东北物产有多么丰富珍奇，《红楼梦》第五十三回有记叙。腊月里，宁国府出现了一群陌生人，领头的叫乌进孝，他们从很远的地方赶来，为的是给宁国府进献年货。那个地方确切地说就是今天的吉林。清朝入关后，在东北实行封禁政策，同时在吉林设立了一个特殊的机构——打牲乌拉总管衙门，这是一个采购中心，地位甚高，专门为宫廷、皇室置办山珍野味等地区特产。打开乌进孝那张进献年货礼单，全是东北名贵特产，那场面壮观又奢华，包括：大鹿三十只、獐子五十只、狍子五十只、暹猪二十个、汤猪二十个、龙猪二十个、野猪二十个、家腊猪二十个、野羊二十个、青羊二十个、家汤羊二十个、家风羊二十个……东北像一座天然的宝藏，山中之宝、水中之珍，难以细数，养育能力深厚。

这个时期进入东北境内的山东人大多从事采参、淘金、伐木、狩猎等工作，这些人一般被称为"走山者"。官方也支持山东人移居东北，清顺治六年（1649年），清政府颁布《垦荒令》，招徕流民，不论原籍别籍，编入保甲，开垦无主荒田，给以印信执照，永准为业。这种"占据式移民"使得大连方言染有山东方言的基因，与东北方言也有大面积的一致性。

到了清末民初，山河破碎，战乱频仍，老百姓自发的移民风潮兴起。彼时的山东人饱受天灾人祸的蹂躏，整体陷入了生存的绝境，尤其是各种天灾在齐鲁大地上肆虐不息，水灾、旱灾、蝗灾交替出现，间或还伴有黄河泛滥，老百姓流离失所，卖妻鬻子，生存境遇极为悲惨。1877年4月16日《申报》报道：青州"大率一村内死者十分之一二，逃者十分之五六，病者十分之一二"。同年7月11日《申报》又报道："妻妾姊妹贩鬻他方，故各村止有男而无女，所存者不过一二。"为了活命，有一部分山东人选择"闯关东"奔向大连，因为山东半岛在辽东半岛的南边，所以他们就被称为"海南之丢"，又称"海南丢子"。

据资料记载，1900年满洲人口总数是450万，1928年增至2200万。增长的人口，除少数属自然增长外，绝大多数都是"闯关东"的关内流民。学者陈彩章认为，移往东北的人口，80%为山东人，其次是河北及河南人。

闯荡移居大连的山东人，在生存困境中基于地缘、亲缘、血缘的关系，以族居的

形式寻求生路，抱团取暖的集结力不容小觑，他们所携带的旧地方言自然也获得了足够的生存空间。也就是说，他们来到大连依然说着一口纯粹的家乡话，不必为了入乡随俗及生存交际而更改口音。

山东人勤劳肯干，诚实守信，融合协作的能力也较强，很快就在大连找到了活路，五行八作，不挑不拣，只要肯出力就能活下去。在大连站稳了脚跟，他们就毫不犹豫地反身回到老家，将家族里其他还挣扎在生死线上的亲人们接到大连。就这样，移民风潮改变了大连的人口结构，对大连方言也产生了不小的影响。

清末民初这个时期，除山东人自发地"闯关东"成为"海南丢子"，还有一次移民属于朝廷强制性调配人员移居大连。当时，以李鸿章为首的洋务派为了开发建设大连地区的海防工程，从山东、天津等地雇用了一批工匠，这些人不仅掌握一技之长，还具有一定的文化基础，很快就成为旅顺大坞建设和旅顺至大连湾30多座炮台建设的技术骨干。他们是大连第一代产业工人，这些工人及其家属是清朝实际统治大连地区的最后一代移民。如果说"闯关东"的山东流民是处于社会底层的民众，那么，这支移民队伍可谓是高端人才，这次移民是大连历史上带有选择性的、素质较高的一次移民。他们的移居为大连地区的人口注入了新的血液，对人口总体素质的提高起到了推动作用。经济能力、文化优势和社会身份也决定了方言的地位。由于这个群体的综合素质较高，随迁而来的旧地语言非常强势地落地，这对大连方言

也产生了深刻影响。

日本殖民统治大连时期，从山东、河北两地强征劳工，包括部分流民，仅1934年至1942年就有540万人。据《大连人口》记述，1939年从山东、河北迁入"关东州"的贫苦农民为22万人。《远东年鉴（1941）》记载，1940年大连总人口为56万人，以此推算出当时的移民约占大连人口总数的40%。若按籍贯推测，现代大连人约有80%是山东籍人。

人的流动实质上是文化的流动，人口的迁徙必然带来文化的迁移。"移民史料可以作为研究方言历史的间接材料……人口的迁徙也就是方言的迁徙，方言跟着它的使用者流动，这是显而易见的。"（《方言与中国文化》）移民语言与土著语言接触之后产生以下三种结局：一是移民带来的方言取代土著方言，这种情况的发生通常是由于移民人数大大地超过了土著群体，迁徙的时间又非常集中，而且移民群体在政治、经济、文化上占有一定的优势，所携带的旧地方言在新地落户，存在感极强，并很快取代土著方言。二是移民放弃旧地方言，改用新地方言。移民人数较少，又分散地落入土著群体之中，各方面明显处于弱势地位，不得不放弃旧地方言，入乡随俗，逐渐改用新地方言。三是移民的旧地方言与新地方言彼此影响，你我参半，互相融合。

除了移民"闯关东"，大连方言还吸纳了大量满语、日俄两国语言的借用词。满族兴起于东北，统治中国近300年，满语也在东北活跃了约300年。虽然满语后来被汉语所取代，但是东北各地方言中大量的满语词汇的活跃度依然很高，比如，"邋遢""磨蹭""马勺""撒目""扎咕"，等等。

从沙俄租借旅大到日本殖民统治大连40多年间，大量的日俄外来词进入大连市民阶层，对大连方言的影响也不容忽视。比如，"挽霞子""马葫芦""磨叽""布拉吉""瓦斯""列巴"，等等。在大连地区流传下来的日俄外来词大多被《新华外来词词典》所记载。

学者游汝杰在研究近现代西方外来文化和汉语外来词时发现一个现象："这些外来词大部分是由日本作为媒介转驿输入的，直接从西方各语言引进的反占少数。这一现象正好反映了近代日本学习西方文化远远走在中国前面，以及中国人以日本为中转站接受西方文化的历史事实。"

简而言之，山东方言、满语和日俄外来词对大连方言产生了深远影响，也是大连方言的基本构成。

2019年3月，徐祖熹在《大连方言词语研究——以表程度义词语为例》一文中对大连方言在学术层面的研究做了相关检索。2018年12月1日，他在中国知网（CNKI）数据库平台上，选择"期刊"，以"大连方言"为主题，以1989年至2018年为检索范围，不限定期刊来源类别，检索到了54篇文献。经过筛选，获得有效文献44篇，涉及语言接触研究、词汇研究、语音研究等。徐祖熹发现，从整体上看，近30年来，关于大连方言的研究文献数量较少，学界对大连方言的研究不充分且不平衡，大连方言的研究处于由探索到缓慢发展的过渡阶段。多数学者擅于从实验语音学、社会语言学等角度对大连方言进行分析，很少从其他视角进行研究。

徐祖熹从字源与字义、文化语言学角度对大连方言表示程度义的词语进行了研究，发现相关研究缺乏完整性和系统性，只检索到吕汝泉的《大连方言中的"血受"》一篇文献。

毫无疑问，大连方言的历史非常悠久。方言是地域文化最外在的标记，同时又是这种文化最底层的蕴含。大连作为黄渤海岸一颗璀璨的明珠，以其充满个性的城市品格而引人注目，大连方言也是这种个性的具体体现。以方言之美塑造城市独特的个性，浓郁的乡音让大连有了清晰的辨识度。

虽然无从考证，但有理由相信，当我们的祖辈下了船，踏上大连这片土地，第一条大连方言就诞生了，就是"海南丢子"。"渤海风掀恶浪摧，三更雨打断船桅。乡人尽做波中鬼，不敢回头任泪垂。"这首流传民间的诗反映了从海路去"闯关东"的艰辛与凶险。

多年前，媒体人李承鹏写过一篇关于大连足球的文章《100年的历练：小渔村与海南丢子》，他认为大连人足球踢得好，是因为大连人的基因很优秀。"公元1899年，一群外国人坐大轮船来到大连，他们带来一种叫'足球'的东西，没事儿就在码头空地上踢来踢去。后来穿长衫留长辫的大清子民也加入进去，外国人惊讶了，这个小渔村的人踢足球很有天赋。有一天，一个德国船长和小渔村的'小五子'比试脚力，船长一脚抢开60码外，'小五子'愣头愣脑地踹了一脚，居然直接开到海里……"

十年甲A七夺冠，大连人凭什么创造了这份奇迹？媒体人王维民也从大连人的基因谈起："很早很早以前，我们都是日子过不下去了，一帮胆子大的就划着小船，抱着舢板向北漂，听说北边有个地方挺好的。路上冻死了一些人，饿死了一些人，还有些意志不够坚强的人半道折回去了，到达这里

海南丢子　此地巴子

的人都是经过优胜劣汰的……体格最好，意志最强，而且争强好胜，决不言败……"

当生存陷入绝境，是坐以待毙，还是豁出命去闯一闯？面对迢迢海路，面对生死未卜的命运，第一步的迈出需要极大的勇气和胆量。性格决定命运，此言不虚。

"海南丢子"的"丢"意蕴深刻，隐含着"丢"与"被丢"的双重无奈和无尽辛酸。天灾人祸，走投无路，不得不丢弃家乡，逃荒向外求生；事实上，也是多灾多难的故乡无可奈何地丢弃了他们。一个"丢"字，力透纸背地刻画出山东人的祖辈的凄惨命运。迟永长教授曾说，表义上，此"丢"可谓一字千金；构词上，此"丢"更是无字可替。

与"海南丢子"对应的是"此地巴子"。据《简明大连辞典》记载：此地巴子，是指旧时山东、天津等地迁至大连的外地人对本地居民的谑称，主要指金州、旅顺等地的老居民。有人简单地将大连人分为两拨：一拨是"海南丢子"，一拨是"此地巴子"。儿时听大人们唠家常，谁家姑娘找女婿，找了个"山东棒子"；谁家儿子娶媳妇，娶了个"此地巴子"。"山东棒子"就是"海南丢子"，"此地巴子"就是坐地户、大连土著。"此地巴子"也叫"此里巴子"。这些别称多少含有调侃或讽刺意味。

据大连地方史研究者嵇汝广介绍，20世纪三四十年代迁徙过来的"海南丢子"不与"此地巴子"通婚，到了适婚年龄，他们都要回"山东家"找媳妇。嵇汝广的爷爷于1916年来大连，是第一代"海南丢子"，为了延续山东人的生活方式，不被当地习俗同化，让根扎得更深一些，让情感得到更完整的安顿，这一代"海南丢子"都回"山东家"娶亲。第二代"海南丢子"是嵇汝广的父亲这一代，虽然在大连出生，但成年之后也是回"山东家"谈婚论嫁。在嵇汝广的记忆中，家族里没人说普通话，都说一口道地的山东话。第一代、第二代"海南丢子"的婚姻伴侣都是"山东家"的女人，到了第三代，即嵇汝广和他的哥哥这一代"60后""70后"们，两代祖辈遗传下来的不娶"此地巴子"的婚俗家规被打破了。

山东乃孔孟之乡，是中华民族古代文明的发祥地之一，2000多年深厚的文化积淀孕育了山东人的精神品格。钱穆先生曾说："若把代表中国正统文化的，譬之于西方的希腊般，则在中国首先要推山东人。自古迄今，山东人比较上最有做中国标准人的资格。"是的，山东人的祖辈敢于"闯关东"，正是凭借骨子里那种不屈不挠的求生精神，在重建家园的过程中，他们又将吃苦耐劳、忠诚守信、乐观豁达的品格发扬到极致，无论飘散何方都完好地活了下来。

"海南丢子"心中有一条老街，名叫东关街。这里曾是他们抱团取暖的求生之地，百年不散的乡愁一直萦绕在这里。老街的存在有何价值？在作家冯骥才看来，一座城市有了老街，便有了传家宝。"它是个实实在在的巨大的历史存在，既是珍贵的物质存在，更是无以替代的精神情感的存在。"而如今，多少条老街上的老建筑粉身碎骨化为乌有？

"山东家"是魂牵梦萦的前世，大连城是爱恋不够的今生。

在"海南丢子"心中，"山东家"的灯火永不熄灭。每逢年节，老大连人就会想起"山东家"，这种思念饱含着淡淡的忧伤，这份感情跨越了时间的长河与时空的阻隔，孜孜不息地养育着齐鲁人的忠诚血脉……

歹 饭

歌手赵英俊在2016年创作《方的言》，歌词写道："吃饭，你家乡怎么念？学得地道我就与那儿有关。再斟满不觉已天色将晚，挥挥手就当万语千言……"

吃饭，庄河人叫"歹饭"。这条方言的发音最能体现庄河话的特色与风貌，它至今仍活跃在庄河人的生活中。

不仅是庄河人说"歹饭"，普兰店、瓦房店一带都说"歹饭"。

小时候在城子坦古镇生活，小镇距离庄河很近，两地方言有不少交集，但发音上有明显区别。小镇虽小，五脏俱全，街道有路灯，家家户户使用自来水，小饭馆早餐供应米粥、油条、豆浆，镇子上还有药房、时装店、台球室、录像厅。人们的住房由房产管理所统一管理，房子漏雨要到房产管理所报修。但是小镇与农村又仿佛别无二致，这主要体现在语言方面，大家都操持着相同的方言，小镇的人也说"歹饭"。小镇上只有少数人说"吃饭"，比如我父亲和他单位的几个人。

父亲在小镇的房产管理所工作，小时候我和妹妹经常去他单位玩，他的办公室是我儿时心目中非常神圣的地方。办公室里有各种报刊，除了党建之类的以外，还有国字号的文学期刊。20世纪80年代是文学的黄金时代，在小镇的办公室里看见文学期刊并不奇怪。办公桌的抽屉里有成沓的墨香浓郁的稿纸，杂志和稿纸是可以带回家的，这无意中给一个孩子带来了文学启蒙。所里坐办公室的有六七位，父亲是其中一位，他们有一个共同特点，不说"歹饭"，说"吃饭"。语言具有标识身份的功能，对语言的选择其实是对自我身份的定位。受教育程度高的人言谈措辞比较规范委婉，而受教育程度低的人说话则直接通俗。因此，辨别一个人身份最简单的方法就是看他的语言。

"歹饭"是胶辽官话特有的词语，主要流行于山东、辽宁等地区。令人意外的是，"歹饭"也是其他省份方言中的一个特色词。《湖南省志·民俗志》记载："湘西人豪爽，表现在喝酒上。家里来了客人，以喝醉为最高兴，只有真感情才会喝醉。客人喝酒的多少，是衡量主人款客隆不隆重、客不客气的标志。湘西人喝酒，叫'歹酒'，吃饭叫'歹饭'，吃菜叫'歹菜'，吃什么东西叫歹什么东西。"

《古丈县志》记载："由于语言多变，（古丈）方言则更为繁杂。如'吃饭'一词，就有'吃饭''卡饭''歹饭''由猛'等不同叫法。"

据《汉语方言大词典》记载，"歹饭"在西南官话区，如广西桂林、湖南龙山，甚至赣语区，如湖北蒲圻（今赤壁市）等地的方言中广泛使用，只是语音略有差别。由此可见，"歹饭"是个使用范围广泛的方言词语，遍及西南与两湖地区。

王虎在《大连方言词语考释》一文中对"歹饭"做过考证，具有"吃"义的"歹"最早的文献出处是蒲松龄的《聊斋俚曲集》。

《聊斋俚曲集·慈悲曲》中："到近前低着头儿，挨人家骂，指东说西又没处回答；气也不喘尽歹那菜瓜。""这无名的菜瓜，只得是捏着鼻子歹。"

《聊斋俚曲集·磨难曲》中："且歹他五两银子，盘费不了，给老婆子买点人事。"

"歹"有可能是"啖"的变音。在词典里，"啖"的释义是吃或给别人吃。"啖"的异体字有"啗""噉"，在古代也是吃的意思。如《广雅》中："啖，食也。"北齐颜之推《颜氏家训》中："江宁姚子笃，母以烧死，终身不忍噉炙。"唐朝薛用弱《集异记·宫山僧》中："久又闻咀嚼唉噬。"《水浒传》中："王庆将纸包递来道：'先生莫嫌轻亵，将来买凉瓜噉。'"

汉语中，"懒""赖"二字具有相同的声符，上古读音相同，经常通用。如《孟子·告子上》中："富岁，子弟多赖；凶岁，子弟多暴。"清代学者焦循在《孟子正义》中引用同代学者阮元的观点："赖，即懒。"

如此看来，"噉—歹"读音的差异与"懒—赖"相似，这些例证可以证明"an—ai"这两个读音之间有很近的联系。

《北京土语辞典》里有一条"lǎi松"，懈怠的意思。词典编纂者找不到合适的同音字，只得阙疑待考。大连方言"歹饭"也证明了这两个读音在北方语言中的转化关系，所以，"lǎi松"即"懒松"。

有人说，大连话"歹饭"极为鄙俗，不堪卒读。其实在俚言俗语中，还有比"歹饭"更难听的。《红楼梦》第四十回，刘姥姥吃鸽子蛋，说了这样一句话："这里的鸡儿也俊，下的这蛋也小巧，怪俊的，我且夤攮一个。""夤攮"是"吃"的詈辞，粗鄙之气令人大惊。饱经沧桑的刘姥姥最解世道人心，她看穿不说穿，全情表演，卖力配合，将不堪入耳的詈辞用在了自己身上，完全是为了满足富贵者的取乐之心。寥寥几句俚言俗语将穷人的卑微低贱淋漓尽致地刻画出来，换成普通话能有这般效果吗？

"夤攮"是山东邹城的方言，当地人嘲笑饭量大、贪吃无度的人，通常会说"忒能夤攮了"。"攮"意为刺入，取义亦从"夤"字而来。在邹城方言中，"吃"的詈辞还有"捣""锥"，例句："你麻利子捣（锥）你的饭吧。""捣""锥"这两个字，与"攮"具有相同的取义。

与城子坦比邻的庄河，也说"歹饭"。此地有一个笑话，20世纪90年代初，一对土生土长的年轻夫妻创业成功。有一年，上级领导到他们的企业参观，老板夫人赶紧带领员工布置会议室，备好龙井茶和各类水果。寒暄中，老板夫人问领导："局长，你是吃个杏还是歹个桃呢？"在社交场合，庄河人也试图说"吃饭"，说得不是很流利，并且常会吐露出"歹饭"。这样的笑话令人捧腹。

庄河王岚老先生退休后编撰了一本小册子，名为《河之俏——方言俗语集》，详细记载了庄河地界的俚言俗语。其实老先生本人就是庄河话最正宗的发音人、最地道的代言人。30多年前，老先生也搞写作，比写作更有价值

海南丢子　此地巴子

的是，他是庄河地界的文学组织者、引领者，培养了不少作家。多年前，我受杂志社派遣去庄河组稿，与老先生在饭桌上见过面，一桌子庄河人，老先生最健谈，那一口庄河话确实土得掉渣儿，但丝毫不让人觉得粗鄙，那腔调千变万化，有时高亢奔放，有时婉转温柔，非常动听。老先生给我们讲述发生在庄河地界的故事，文人想象力丰富，擅长构思，咱也无法分辨老先生讲的故事是真实发生的还是现场编派的，在众人捧腹大笑之际，老先生倒显得有些手足无措。是呀，他并无取悦之意，他原本就是这样说话的。还有一个细节令人印象深刻，在饭桌上，老先生张口闭口以"歹"字劝大家多吃点，那种贴心感非常强烈，让人卸下所有伪装与矫饰，如赤子般沉浸在浓浓的乡情中。一趟庄河之行，回味无穷，所见所闻成为日后隽永的谈资，方言是其中最鲜活的内容，也是展现庄河人性情面目的不二之法。

老先生编撰《河之俏——方言俗语集》费了很多心血，那时候他已经退休，全身心地投入方言的采集与整理。他随身揣着纸与笔，随时随地采集。与老友去小饭馆喝小酒，点菜时服务员说了句土话，他一把扯过服务员手中的菜单，赶紧将那句刚出口的热气腾腾的土话记下来。

说起这桩工作的意义，老先生神情凝重地说，收集整理方言是为了寻根问祖、正本清源、吸收借鉴，通过重新审视方言这个独特的文化现象，为传承和发展历史文化的精髓服务。

说到庄河，不得不提从庄河走出来的小说家孙惠芬。她曾坦言，作为庄河人，一开始就打下了自卑的底子，而这种自卑源自方言。走出庄河之后，她发现庄河话太难听了，听到别人取笑庄河话，她像被人揭了伤疤一样难受，恨不能找个地缝钻进去。方言记载着出身，隐藏着隐私，刻录着最初的心路历程。她开始掩饰自己的口音，学着说普通话。最先更正的一个日常用语便是"歹饭"。庄河人不会说翘舌音，不会表现平声和上声，所以发准"吃饭"的音难度不小。其实她的发音并没有那么土气，至少在"吃饭""石头"这样的词语上还是准确的。但是，她还是不敢在人多的场合说话，必须开口说话时，总是先涨红了脸。她说："我的自卑，其实跟说话怎么发音没有什么关系，纯粹是一个刚从土地里走出来的农民面对外面世界的虚弱所致，或者说，是我内在的虚弱，导致了我对语言的格外敏感。"在某些场合，总会遇到庄河老乡，大家磕磕绊绊地说着普通话，如果哪个人一不小心说出了"歹饭"，她会"跟着本能地脸红之后，一股血顿时涌遍全身"。

距孙惠芬老家的村庄不远处，有一座千年古镇，叫青堆子。它坐落于大海边，有海港，有码头，对外贸易于19世纪就在这里发生了，外来文明也很早洗礼此地人。孙惠芬的奶奶最崇拜的人是孙中山，她鼓励儿孙们要出去闯荡，要有家国情怀。小河要汇入大河，大河要汇入大海，老人家说的大海，就是指国家。那个年代，庄河就有这种见识的长者，这个地区怎能不发展强壮起来呢？

终于有一天，庄河人不再为一口土话而自卑了，这片土地已经发生了翻天覆地的变化，庄河人变得自信了，他们在各种场合大大方方地说着庄河话，再高级的场合也敢说句"歹饭"，操持着一口庄河腔儿与国内外的来宾交流毫无违和感。有一天，当地记者用庄河话问孙惠芬对家乡的感受，她竟然有些失语，娴熟的普通话无法启齿，就像当年在外人面前不敢说庄河话一样。面对腰板挺直、眼神明亮、步履从容的庄河人，她感觉有些羞愧："在我一程程向外挣扎，因为身心的虚弱不断修改着说话发音的时候，庄河人居然就没有动摇过，就没想过要改改他们说话的发音。他们不动摇，是他们对这片土地太了解了吗？是他们因此太自信了吗？还是他们更了解自己河一样倔强的性格、海一样开放的胸怀？"

血　受

"血"，在大连方言中发音为xiě。"血"原本是名词，在大连话中却被用作程度副词，表示很、非常、特别的意思。

许慎《说文解字》中对"血"的解释："祭所荐牲血也。从皿，一象血形。凡血之属皆从血。"其造字本义是祭神杀牲时滴注在器皿里的、代表生命的温热鲜红的体液。

在《汉语大字典》中，"血"共有10个义项，分别为：古代作祭品用的牲畜的血；血液；指妇女月经；用鲜血涂沾、染；有血统关系的；悲痛的泪水；红色；像血一样的颜色；比喻刚强、热烈；忧虑，后作"恤"。

徐祖熹认为，《汉语大字典》中"血"可以比喻刚强、热烈，由"热烈"可以引申出程度义，因此，"血"字表"非常""极"等程度义，有可能是经过引申而来的。

"血受""血干净""血彪""血上火""血烦人""血不够意思"……不论是褒是贬，"血"都裹挟着某种刚烈之情。"血"是大爱大恨的，是疾风知劲草，是真金不怕火炼，是大风大浪中无数个跟头闯过来的。从大连方言中找出一个与大连人的秉性脾气一脉相通的词，那便是"血"，它生动精准地诠释了大连人的真性情。

两个女工下班途中去买菜，"听说今年山东的卷心菜血便宜，8分钱一斤，贱得跟草似的，俺老家的菜农可毁了……"一场动迁，相处半生的老少爷们儿散落四方，夏日午后两位老邻居青泥洼桥相遇，唠半天唠不够，便来到麦凯乐与新玛特之间的步行街，此处凉风习习，非常惬意，除了年轻情侣，就是老街坊在这儿喁喁私语……说起当年某个品行不端的邻居，二人皆咬牙切齿，"那个老鳖羔，坏得头顶生疮脚底冒脓，血待人恨！"职场上，某人倚仗与上司关系密切，将公司当作自家菜园子，长什么摘什么，被人背地里骂"血不要脸"。坊间传言这年头借什么别借钱，却有朋友在你穷困潦倒之际二话不说倾囊相助，一腔感动之情凝为一句简洁有力的"血够意思"。邻居小两口生了一对大胖小子，个个活蹦乱跳，憨态可掬，"血待人亲"。夏季夜晚和朋友们在大海边消遣，吹海风，吃烧烤，枕着涛声、敞开襟怀谈天说地，这样的夜晚"血受"啊。

大连人喜欢用"血"来表达内心的真实感受。厌恶、愤怒、憎恨等负面情绪，要以"血"来抒发宣泄；温润人心、激荡灵魂的正能量情感，更需要"血"来捧场助力。以四两拨千斤的经济与便利，"血"就这样成为大连人的口头语。

北京方言"忒"、哈尔滨方言"贼"，与大连方言"血"同义。"大连话血逗、血有意思"，以北京方言表述是"大连话忒逗、忒有意思"，以哈尔滨方言表述是"大连话贼逗、贼有意思"。三者比较，"忒"有些抽象，"贼"又过于具体，而"血"仿若来自骨子深处，既通俗又有文学性。

与"血"一样，"受"也是"经济性"的大连话。在《现代汉语词典》里，"受"有四种意思：接受，得到；遭受，承受，蒙受；忍受，禁受；适合。大连话"受"取"适合"之意，如"受吃"（吃着有味），"受看"（看着舒服），"受听"（听着入耳）。与"血"组词，引申为痛快、爽、舒服。"血"与"受"笔画简单，意蕴强烈，强强联手，成为最经典、最有知名度的大连话。

有文献显示，"血受"应为"邪受"，"血"是"邪"的讹字，《汉语方言大词典》（第二卷）中，将"邪乎"一词解释为"厉害"。

语言是文化的载体。苏新春在《文化语言学教程》一书中，将文化分为物质文化、制度文化、心理文化三个层次。"血+×"构式更多体现的是心理文化。心理文化主要存在于人的精神层面，既包括人的思维方式、审美、好恶，也包括人的信仰、价值、观念、情操等。

徐祖熹认为，人类在长期的社会实践中，形成了一种热爱红色精神文化的思维方式、心理模式、传统观念以及审美趣味。血的颜色是红色，而"红"在《汉语大字典》中有"鲜血的代称"的意义，也有"花的代称""美人的代称""兴盛、显达"等意义，以"红"为纽带，也使得"血"字具有一定的褒义色彩，这完全符合人们的价值取向，与人们的思维观念相吻合，也使得用"血"字来表示程度义具有一种理性色彩。

美国社会心理学家马斯洛将人的需求分为五个层次，分别是生理需求、安全需求、社交需求、尊重需求和自我实现需求。生理需求是人类维持自身生存的最基本需求，包括衣、食、住、行等。在这一层面所产生的感官上的愉悦与满足，大连人称之为"受"。当然，精神方面的享受也可以用"受"来概括，比如，看了一场精彩的球赛，倾听了一场思想盛宴，引发心灵的共鸣、精神的交融，也是一种"受"。

大连是一座节日繁多的城市，城市创造了节日，节日反哺了城市。在众多城市节日当中，啤酒节真正是咱老百姓的节日。星辰大海，浪涛拍岸，人们在啤酒大棚里开怀畅饮，酒花四溅，倾城飘香……啤酒节在夏季举办，因为很多大连家庭会在此季接待来连旅游的亲朋好友，所以自然要将体验大连啤酒节纳入待客之道。于是便有了某位以严谨端庄著称的大嫂跳上酒桌舞了一曲的佳话流传出来……大连啤酒节实在是太有感染力了，太受了！

"受"是一种幸福感。生活在一座城市里，倘若人们在方方面面都感到很"受"，那么，这座城市一定是宜居之地，是可以繁衍生息、托付终身的，生活在这里的人们幸福指数一定很高。

前些年，外地人常见大连餐馆的门脸上写着一行红色大字：酸菜炖血

海南丢子　此地巴子

肠，血受！令人招架不住的东北风扑面而来。前段时间，在沈阳铁西区爱工街吃了一顿东北大乱炖，也很受。在五谷蕃熟、仓满囤流的时节，怎样表达喜悦之情？东北人发明了"大乱炖"，又称"大杂烩"，将萝卜、土豆、辣椒、南瓜、豆角、茄子、木耳等多种蔬菜，与猪肉一道炖。这道菜没有什么章法，与东北人的生活习性有关，东北方言"一个锅里搅马勺"就是描述东北人吃大乱炖这道菜的情形。大乱炖是东北游牧民族发明的，东北地区曾是蒙古族、满族的世居地，这些游牧民族在马背上过着颠沛流离的生活，到吃饭时，将马背上的大铁锅卸下来，将蔬菜和肉简单切碎，直接推到锅里开炖。开饭时，在锅里放一只大马勺，人们扑上来守着一个锅吃饭。这道菜的做法及吃法都极为朴素粗犷，所以东北人在开饭前习惯说一句："可劲造吧！"

在四川宜宾吃过一次燃面，燃面旧称"油条面"，油重无水，点火即燃，故名"燃面"。一个"燃"字用得特别漂亮，给食物起名字很考验一个人的文字功底。谁给菜起了这么好听的名字？是食客，还是文人墨客？宜宾人早餐喜欢吃燃面，臊子花色很丰富，有牛肉、排骨、肥肠、鸡肉、蹄花、干筋、三鲜、口蘑、杂酱等数十个品种。你随便走进哪家面馆，都能尝到地道的燃面，保证好吃得让你舌头打结。舌头打结这种口福用大连话来形容就是"血受"。

1985年，《海燕》杂志刊登了短篇小说《夫妻粉》，这篇作品斩获了全国第八届优秀短篇小说奖。《夫妻粉》开头写道："蜀中小吃多，什么'龙抄手''赖汤圆''麻婆豆腐''担担面'……看得人眼睛发化不说，喉咙管里都能伸出爪爪来。"这个"爪爪"是四川方言，生动传神，别具一格，若用咱大连话表述只需两个字：血受。

那年冬天，我在姚家学车，姚家属甘井子区。周末凌晨5点30分坐上驾校班车，那时候天还是黑的，在班车上我不知不觉睡着了，醒来后天色放亮，睡眼惺忪打量着那些热气腾腾的小饭馆，脑海里浮现木心先生那首《从前慢》：

清早上火车站

长街黑暗无行人

卖豆浆的小店冒着热气

从前的日色变得慢

车，马，邮件都慢

一生只够爱一个人

心间诗情荡漾，一排排红色大字霸气十足地撞入眼帘，原来是驾校附近一个酒店的户外墙体广告：

我们的行政总厨是烹饪大师杨××先生，做菜血好吃！菜量血大，撑得血难受！

我们的特价房仅99元，血便宜！

我们有20个豪华餐饮大包间，在这里请客血有面！

我们有999元的豪华婚礼套餐，血实惠！

我们有5个大会议室，功能血齐全！

我们有3个高档婚宴大厅，吃饭血敞亮！

……

这广告在大街上横刀立马藐视一切高大上的广告牌，我心底的那点诗意被呼啦一下吹散了。

打电话问那家酒店为何用大连话做宣传，负责人哈哈大笑，说我们没有文化，想不出好听的广告词。

漫步大连甘井子区，你经常会看到一些小饭馆的玻璃窗上张贴着"杀猪菜血好吃"之类的广告语。你可不要瞧不起方言，谁说方言只能给甘井子区小饭馆做广告，方言也可以写诗呢！

徐志摩有一首诗《一条金色的光痕》，是用硖石方言写的，胡适非常赞赏，并对鲁迅未能用绍兴方言写《阿Q正传》表示遗憾。咱们来欣赏这首诗中最精彩的几行：

昨日子我一早走到伊屋里，真是罪过！

老阿太已经去哩，冷冰冰欧滚在稻草里，

野勿晓得几时脱气欧，野呒不人晓得！

我野呒不法子，只好去喊拢几个人来，

有人话是饿煞欧，有人话是冻煞欧，

我看一半是老病，西北风野作兴有点欧。

咱们虽然不是南方人，却也读得懂这首诗，"这是真正的白话，这是真正活的语言"，这也让我们理解了胡适对方言的赞誉。

如果组织一场各地方言的"武林大会",大连派出的方言选手肯定是"血受"或"血干净"。"干净"意为好、精彩、完美,多数时候与卫生状况无关。比如,"这个球进得血干净",意思是这个球进得很精彩。

在大连话中,"血"最具网络语言的潜质。网络语言是一种新兴的社会方言,具有创新性、经济性、诙谐性和粗俗化等特点。"血"的创新性与经济性自不待言,在抒情表意时的尽心竭力也别具诙谐感。

一位漂泊海外的大连人在网上一段大连话视频下面深情留言:儿时的"海蛎子味",我想死你了!大连话是放在行囊最底层的乡愁。回望家园,那里山高水长,海浪澎湃,乡音葳蕤,相信那里的人心、人情都不曾更改。

"乡音情结"是每个游子终生附丽的情感。既说普通话,又说家乡话,这种"两话生活"已经成为社会语言生活、文化生活的常态。著名作家贾平凹说:"每种方言都有自己的气数,陕西话的人气很旺,你钻进秦岭山中,跑上黄土高原,走过八百里秦川,都能感受到鲜活的陕西话,很扎实,很解馋……""解馋"一词用得"血好",生动地道出了方言对人的情感慰藉。若论"扎实"与"解馋"的大连话,"血受"算一个。远离家乡的人们从不曾淡忘乡音,乡音里没有兵荒马乱之感,在乡音里赤身打个滚,便找到了家,找到了归宿。

赖塞,跑风

"赖塞",即撒娇,多指小孩子在父母面前调皮邀宠;也可形容女人在男人面前撒娇的模样;还可形容女人为了讨男人欢心或请求对方满足自己心愿时,以柔克刚,扭捏作态,非常矫情地施展女性魅力。

当年《大连日报》在《大连流行语辞典》栏目里,对"赖塞"的写法是"唻赛",其中有这样一段生动描写:"最难把握的是美人的唻赛,有道是英雄难过美人关,更何况我等连英雄的边儿也沾不上,抵抗力就更逊一等了。能称得上美人者,即便是不动声色都能勾你的魂摄你的魄,如果再唻赛起来那还了得？君不见一些腐化堕落的党员干部，在靓女的娇声中败下阵来。"

"她一天血赖塞了，真看不惯她。""你看那女人长得其貌不扬，说起话来赖赖塞塞的，真让人受不了。"女人赖赖塞塞地说话是什么样子？请欣赏蔡明在2012年春晚小品《天网恢恢》里打给老板的那个电话。除了形容孩子、女人的情态，"赖塞"也可以用来描述宠物的萌态。张小姐养了一只雪白的小猫咪，为它取名"张曼玉"，走哪儿带哪儿，须臾不离。张小姐爱耍赖塞，"张曼玉"更爱耍赖塞。话说某日，张小姐开车违法被警察拦下，警察开罚单时，"张曼玉"跃出车窗蹿到警察怀里千娇百媚叫个不停，而张小姐在车里笑得花枝乱颤，人与猫一起耍赖塞，真是笑死人。

据《大连晚报》报道：藏獒，给人最直接的印象就是凶猛，许多人光是听到这个名字就会不寒而栗。然而，在孙保国、孙艳华夫妇家，藏獒竟和普通家养宠物一样，赖在主人的大床上，拿毛绒猪当玩具，那赖塞样儿让人完全想象不到这是一只藏獒。

"赖塞"的撒娇义是怎样得来的呢？王虎在《大连方言词语考释》一文中做如下考证：

"赖"，有懒散义，引申出"留在某处不肯离开"，巴金《家》三十："三哥，你说走，为什么又赖在这儿？"叶圣陶《多收了三五斗》："小孩给赛璐珞的洋囝囝、老虎、狗，以及红红绿绿的洋铁铜鼓、洋铁喇叭勾引住了，赖在那里不肯走开。"也可以组成双音节词"赖地"，多指躺在地上耍赖。章炳麟《新方言·释言》："凡据地不起曰赖地。"如：这孩子一哭就赖地。由"留在某处不肯离开"，再引申就有褒义"撒娇"义。据《汉语方言大词典》，广东客家话称孩子为"赖子王"，这是个爱称，是宝贝儿的意思。我们认为"赖子王"和大连话"赖塞"中的"赖"的意思相近。如果过度地逗留，"赖"又引申出贬义"纠缠"义，如东北官话"赖唧唧的"词，指不顾羞耻地纠缠："为了她儿子工作的事，她从早坐到现在，赖唧唧的，就是不走。"

总结如下：赖（懒散）——留在某地——撒娇——纠缠。

"赖塞"的"塞"，它的本字应该是"色"，常做构词语素，组成双音节词，表示"……的样子"。如"熊色""损色"，相当于"熊样""损样"。再如"各色"，指人做事古怪，处事和常人不同。大连话中的"赖

海南丢子　此地巴子

017

塞"就是娇气的模样，"赖塞"是"赖色"的音变。

其实，赖塞是女人骨子里的风情，后天习得颇有难度。

与"赖塞"同义的外省方言是"发嗲"。"发嗲"亦称"作嗲"，是上海、无锡一带的方言，经济发达地区的方言传播力很强，"发嗲"也为北方人所熟知。

"嗲"是上海形容女人撒娇情状的方言，如"嗲声嗲气""嗲得很"。"嗲声嗲气"就是"赖赖塞塞"，"嗲得很"就是"赖塞得很"。上海女人的"嗲"是一种风景，是一种情怀，甚或是一种文化。"嗲"无关情色，"嗲"的真正内涵是优雅。"嗲"作为人们所认同的文化形态，正悄然对女性内在生命进行深度塑造。咱们大连的"赖塞"似乎不如人家的"嗲"有味道。据说，英文词典已经将"嗲"收录在册。大连年轻人也时常说"嗲"（大连人说这个字眼时，披上了重音的铠甲，一点儿也不嗲），如今只能从老年人口中听到"赖塞"这个词儿喽。

猜猜吧，我们大连话"跑风"是什么意思？是迎着风跑吗？不。

20世纪七八十年代的辽南地区，"跑风"是指女性在情场上荒腔走板误入歧途，也是对女性轻佻浅薄、水性杨花的暗讽。

在那个封闭保守的年代，"跑风"是勇敢者的游戏。如今回头看，这算什么呢？"跑风"也许是真爱，那个年代的农村大地不知有多少被误读误判的可怜男女。如《红楼梦》所叹："厚地高天，堪叹古今情不尽；痴男怨女，可怜风月债难偿。"

作为比较典型的大连话，"跑风"与"浪""嘚瑟"齐名，它们是一小撮语义相似的大连方言，至今仍活跃在大连人的日常生活中。

以"跑风"问候对方，"好久不见，去哪儿跑风了？"以"跑风"调侃对方，"跟哪个男人跑风了，这么久没个动静？"

男人之间也说"跑风"，"从上次在黑石礁吃过烧烤之后，大半年没见到你了，去哪儿跑风了？"这里的"跑风"是忙什么、在哪儿发财的意思。

在东北，女人轻浮是"跑风"，男人放荡是"跑破鞋"。"跑破鞋"，即嫖妓。萧军《五月的矿山》中："他自己也染了一脑袋一屁股流氓习气，比方喝酒啦，打架啦，外带跑破鞋。"《钟馗斩鬼传》中："若论他的本领，倒也跳得墙头，钻得狗洞，嫖得娼妓，耍得破鞋。"

"破鞋"是指新中国成立前为生活所迫卖身的下等妓女，东北农村人吵架现场这个词儿曝光率极高。旧时的八大胡同，没有名头的卖身女子，在房屋檐角挑一只绣花鞋，暗示身份招揽生意。日久天长，风吹雨淋，绣花鞋就成了"破鞋"。还有一说，当女人姿色凋残，门庭冷落，只好去煤矿或林区找顾客，绣花鞋经不起山路奔波，很快就磨破了。苦力工人看见鞋子破了的女人，就知道她来做什么。

由"跑风"想到"劈腿"。《现代汉语词典》里，"劈腿"有两个释义：体操上指两腿最大限度地叉开；比喻同时跟两个或两个以上的人谈恋爱。

其实，"劈腿"最早来源于明代小说家兰陵笑笑生的《金瓶梅》。宋惠莲厨艺精湛，不仅能用一根柴禾把猪头烧得香糯酥烂，五味俱全，还是个腌螃蟹高手。第二十三回，西门庆与宋惠莲在藏春坞山洞内鬼混了一夜，次日平安揶揄宋惠莲道："我听见五娘教你腌螃蟹，说你会劈的好腿儿。"

螃蟹入腌料被盐水浸渍就伸展开腿儿，这幅不雅之相给了作家灵感，借此暗喻人劈腿偷情。"劈腿"应是网络流行语被词典收录。与其相比，"跑风"比较含蓄。

"跑风""跑破鞋"都是被修饰过的比较含蓄的俗语，不算詈辞。过去年代村妇骂人可以三四个小时不重样儿，令人掩面又大开眼界。南方某地的方言骂人还带拟声词，詈侮激怒对手的杀伤力更胜一筹。

如今，人们可以按照自己的心意来选择生活，多元文化所带来的正面价值已深入人心。过去年代爱跑风的女子会陷入作风可疑、口碑不佳的境遇，而今，有趣的女子都爱跑风，跑风意味着精神自由、经济独立，跑风终将改变潮水的方向。

海南丢子　此地巴子

格路，生古

在北京冬奥会上，你会欣赏到一种语言，它简洁有力，粗犷豪放，幽默生动；它的声、韵、调都富有节奏感，铿锵有声，十分悦耳；它是一个极其鲜明的差异化的存在，令人忽视不得。它就是东北话。

在赛后的新闻发布会上，有国外记者问中国速度滑冰运动员高亭宇怎样形容自己的性格，他的回答很简单："我比较格路。"现场仿佛被按下了暂停键，同声传译工作人员也蒙了，但高亭宇并不打算解释，"格路"这个词儿将他从头到尾、由内至外展示得淋漓尽致，再找不到更准确、更到位的词语了。

同为东北人的短道速滑名将、以体育人身份担任某网络平台解说的王濛做起了解释，"格路"是东北方言，意思是"special"（特别）；如果"special"不够的话，那就用"very special"，更准确一些是"very special plus"。直播间响起了彻悟的笑声，这个解释可以说很切合"格路"的内核。

众所周知，俚言俗语是家里说的话，是村里说的话，是在公共场合不肯说、说不出口的话，多少显得有点土气。在公众场合，我们要说普通话，尤其是当我们要代表一个国家、一个群体来发言时，更是要尽量去讲字正腔圆的普通话，似乎这样才能显出我们的文化和教养。可是我们东北籍的运动员就是这样任性和自信，他们喜气洋洋地用东北话表达心声，也毫无顾忌地用东北话回应中外记者的提问，那份坦荡，那份自然，那份喜悦，成为这届冬奥会一道别样的风景。难怪王濛颇为自信地说："这届北京冬奥会，它就有三种语言，第一是英语，第二是普通话，第三是东北话。"

东北方言是普通话的基础方言之一，主要分布于东北三省、内蒙古东部和河北东北部地区。稍作检索，不难发现，东北方言进入共同语的较多，这与东北特殊的地理位置和独特的文化特征有密切关系。尤其是新中国成立后，政治、经济、文化中心逐渐由南方向以北京为代表的北方转移，加上东北的影视作品、文学作品、小品、二人转等艺术形式的大力推介和传播，使得东北方言为全国人民所熟知与追捧，一批生动形象、风趣幽默、表意准确的东北方言风风光光地被词典收录。这些因素共同成就了东北方言，使之成为覆盖面较广、影响力较大的汉语方言之一。

方言是一个地域历史文化的载体，蕴含着此地人的命运身世、风俗理念、生活方式，以及对未来生活的期许。方言也有"势利"现象，往往政治中心、文化中心或经济发达地区的方言有机会强势流传开来，这是语言发展演变的一种规律。通俗地说，谁的实力强，谁就可以按照自己的习惯、喜好和意愿来表达。这届冬奥会的中国运动员中，东北的运动员人数占绝对优势，语言本身是环境的产物，人数多自然就产生了语言环境，所以东北话在冬奥会流行也就不奇怪了。加上中国运动员赛出了水平，赛出了境界，似乎就格外有资格、有心情用东北话来发声了。

据《东北方言口语词汇例释》记载：格路，是指特别（含贬义）。

"这几年，老尚似乎觉得这个孩子有点格路了。"（《北方曲艺》1982年第1期）

"你这套大理论可真有个格路劲儿，说你是'老绝后'一点儿不抱屈儿。"（《北方曲艺》1982年第5期）

显然，在过去评价一个人"格路"，是说这个人有特性，不好与之交流、配合，多有贬抑、斥责和嘲讽的意思。但冬奥冠军高亭宇自称"格路"，则有自谦、自嘲的意味。一个敢于自嘲的人，一定是一个有底气的人，正是这种"格路"成就了今天的高亭宇。如今不少年轻人有勇气给自己贴上这个标签，多元文化时代里，只要不妨碍他人，可以选择更适合自己性格、更贴近自己意愿的生活。"听从内心，无问西东"，这不是一句流光溢彩的箴言，而是新时代的真实写照。

不知不觉，"格路"也有了新的内涵与意义，"格路"是指另一条道路，另一种思想，蕴含着一种创新能力和变革精神。有些人能在某个领域创造出令人瞩目的成绩，勤勉敬业、功力精湛自不必说，他们身上那种不走寻常路的超常胆量、不按常理出牌的诡奇思路，特别耐人寻味，值得探究。

大连人还将"格路"说成"两路"，这就更加通俗易懂了。"那个人真两路，跟他打交道特费劲啊。""这个人真两路，跟谁都处不到一块儿。""格路"与天津方言"格涩"的意思相同。曹禺《日出》第三幕："你这孩子也'格涩'，放着生意不做，一天就懂得哭。"刘心武《我爱每一片绿叶》："也难怪小余对魏锦星这号难以就范的格涩人物不予谅解。"天津作家林希曾写过一篇题为《格涩》的小说，主角是某洋行经理格赛。在社交场合，中国人习惯与他人分享香烟，这是一种礼节。可是格赛经理无论和谁在一起，吸烟时，他只往外掏一支烟，明知对方也吸烟，可是他点着了自己的一支烟，立刻将烟盒放回口袋里。格赛经理和一位中国客户一起吃西餐，一人要了一盘牛排。吃完后，格赛经理抢着付账，急得那位中国客户和他争了半天。待格赛经理付账之后，两人一起往外走，那位中国客户被伙计拦住了，原来格赛经理只付了自己的那份牛排钱。"这是什么人性？"天津人都说这位格赛经理"格涩"。

"格涩"，也写作"各色"。"各色"作为方言词被《现代汉语词典》收录，释义为性格特别，难以相处。

其实，每个人内心都有一些"格路"的想法，只不过太多人更易于与现实讲和，向潜规则妥协。对于"格路"者，我们不要习惯性地去批判，去反驳。像读一本书，静下心来认真地读上几页，你会发现"格路"者的内心也有好看的内容。

"格路"者可能是一块璞玉，为慧眼识珠者欣赏，经过一番打磨与调教，也可能成为良才。"格路"有时还会华丽转身成为褒义词。比如说，一个执法者铁面无私不徇私情，别人会说他："真格路，找他办点事真难！"一位企业管理者，为残疾人、烈士遗孤、下岗工人等提供就业岗位，却决不肯向家人敞开大门，这位企业管理者会被亲人评价为"真格路，一点儿光也沾不上"。

从语言学角度来看，东北话与大连话是两个截然不同的品种，大连方言源于胶辽官话，跟青岛、烟台、威海属于同一方言区。胶辽官话分为登连片、青州片和盖桓片，各片区内部又有细分，大连话在登连片上。即便如此，在日常生活中，两地方言"并存共用"的词条却非常多。与"格路"语义相似的"生古"便是这种现象中最具代表性的一个词条。

据《简明大连辞典》记载：生古，是指厉害，多形容女人。

《东北方言口语词汇例释》里记载：生古，是指性情乖僻、难对付。例句出自现代作家周立波的长篇小说《暴风骤雨》："要是赵家分了马，他插车插犋，不用找别家，别家嘎咕（生古），赵大嫂子好说话。"

在《现代汉语词典》中，"生古"作为方言词被收录，形容人的脾气、东西的质量、事情的结局不好，比如性子生古。

方言是一种民俗事象，也是一种生活叙事，表达某种意思，传递某种态度，往往比纯正的普通话更得劲，更切中肯綮。那凝练、那诙谐、那道地，宛如语言学中一道道开胃小菜，即使家常，也上得了大雅之堂。

人们都说东北话有"魔性"，感染力和代入感都很强，那么，东北话的"魔性"从何而来呢？

与南方的吴侬软语不同，东北话玲琅、豪迈，有水流撞击岩石的节律，令人心动。汉语拼音是用来记写普通话音系的，无法胜任准确记写方言发音的任务。所以，方言必须借助国际音标做记音工具，在这里，我们只能从浅处来赏析东北话的发音腔调。东北人说话语速快，像一股从山上奔下来急着入海的河流，东北话跳跃其间姿态撩人，声声入耳。在东北待上几天，离开后总有一种音调萦绕耳畔、连日不绝的牵绊感。

言为心声，语见其人。东北话反映了东北人的性情，寄寓着东北人的灵魂。东北沃野千里，物产丰富，家底子厚实，曾是全国工业化、城市化程度最高的地区。在计划经济年代，东北的大豆高粱甜菜，东北的木材钢铁煤炭，东北的汽车机床电器，以低廉价格批量式销往甚至是无偿支援全国各地。东北还是出口创汇的大户，是提高国力的排头兵。东北曾被誉为"共和国的长子"，在那个讲究"一盘棋"战略的年代，东北不计得失，倾情奉献，为国家的振兴发展立下了不可磨灭的功绩。这些历史铸就了东北人的性格基因，即使在后来的低迷时期，这些品质依然在东北人的血液里流淌。

东北话拿人，上头，在东北待上一段时间，听久了东北话，离开后会产生浓浓的乡愁，再来东北也会近乡情怯。与东北人喝酒，推杯换盏之间仿佛重新活了一回，这骨子里不知涌进了什么；与东北人吵架，相当于穿越了枪林弹雨，脑瓜子嗡嗡作响，从此对东北人的爱与恨了然于心；与东北人合作，哪怕是一期一会，也能结下一辈子的交情。东北人是竹筒倒豆子不藏不掖，东北人是雪后平原一览无余，东北人是山冈上猎猎有声的大风，吹着你，罩着你。林语堂先生曾观察过南北两地人，在他眼里，东北人身材高大健壮，性格热情幽默，喜欢"吃大葱"、爱开玩笑，东北人特别勤劳，心思却简单，"他们是自然之子"——这是我所见的现代文学大家对东北人最高的评价。我们似乎也乐于看看先生是如何评价长江以南的人，他们"勤于修养，老于世故"，精于商业，爱好艺术，不论男女都喜欢安逸，但身体却不怎么硬朗，神经也容易衰弱……此处摘引，并无贬义，权当一笑。

跑腿子，孤老棒子

"跑腿子""孤老棒子"是非常典型的大连方言。《简明大连辞典》对这两个方言词的记载很简单：跑腿子，是指光棍，成年人无妻室者；孤老棒子，是指年老无子女者。

"跑腿子""孤老棒子"也是东北方言。周立波《暴风骤雨》中："我屋里的早入土了，到如今还是跑腿子。"《北方曲艺》1982年第3期87页："我二愣子就跑腿子一个人，上无父母，下无兄弟，跳井都不挂下巴。"

在大连人的语境里，"孤老棒子"强调无子女，在东北其他地区的理解里，"孤老棒子"是指老年单身汉。相同的方言，在不同地区语义会有差别。《群众创作》1985年第1期2页："小后屋的刘孤老棒子我也骗过他。"《依安文艺》1985年第1期17页："你叫王振美，美在哪儿？一脸褶，刷子似的头，孤老棒子。"

"魅力庄河文化丛书"《河之俏——方言俗语集》记载：孤喽棒子，指一辈子没有子女的老人。例句："老年公寓越办越多，越办越好，让那些老孤喽棒子找到了温暖的家，一些有子女有钱的老人也搬进来了。"

东北方言"绝户气"也是指没有后代的人，多含贬义。

很多人少小离家，漂泊在外，几句方言入耳，仿佛被唤回故园，不禁泪洒衣襟。"我记得我们村的鲁三是个老跑腿子，我们学雷锋做好事，经常去他家打扫卫生。还有我们班的张小明他奶奶是个孤老棒子……"与老乡相遇所带来的巨大欢喜，居然令人思维凌乱了。如果张小明的奶奶是"孤老棒子"，那张小明的爸爸从哪里来？

"跑腿子"与我们常说的"跑腿儿"不同。"跑腿儿"是指为他人奔走做杂事，"跑腿子"专指单身的成年男性，一辈子做梦娶媳妇，却未能如愿，孑然一身，无所依仗。

没娶上媳妇，通常有两种原因：一是身体多病，或者身有残疾；二是家境贫穷，衣不蔽体，几乎揭不开锅了。"跑腿子"是弱势群体，是被人同情或瞧不起的对象。在过去的年代里，有一些"跑腿子"是不着调的二流子，整天沉迷于吃喝玩乐，再大的家业也被败坏掉；有一些"跑腿子"是被命运捉弄了，身残志坚成为生活强者的只是个例，多数残疾人孤身一人挣扎在生存线上。

如果40岁以后，还是一个人生活，就会被称为"老跑腿子"。在小镇上，也会出现一个或两个阅历丰富、修养较好的"老跑腿子"，年轻时孤独一阵子便走南闯北去了，暮年时叶落归根回到家乡，看上去身板硬朗，衣着干净，像一株经过风雨洗刷的植物，有着特别的风度，令人好奇他在外面那些年的经历。我将这类"老跑腿子"称为那个年代的独身主义者。

《孟子·梁惠王》中："老而无妻曰鳏，老而无夫曰寡，老而无子曰独，幼而无父曰孤。此四者，天下之穷民而无告者。""跑腿子"，即鳏夫。这个方言词与女性单身者无关。女性单身者到了晚年，依然属于"老姑娘"，做了一辈子老姑娘的女子也是人群中一道风景。

过去的年代，没有生孩子往往是由被动的生理原因造成的。生不出孩子的事实像块乌云，一辈子笼罩在女人心头。没人敢质疑男人，过去农村男权至上的观念太深了。重男轻女思想严重的人，甚至将生了女儿却没生出儿子的老人也打入"孤老棒子"之列。若说"孤老棒子"这个称号有悲剧感，皆因养老问题。"养儿防老"是祖辈的人生设想，有女儿都不好使，只有儿子能养老送终。

在"跑腿子""孤老棒子"的晚景里，有一个方言词叫"老棺材瓢子"，是庄河人常说的，形容体弱多病、生存艰难的老年人。20世纪80年代，孩子们学雷锋做好事，帮扶对象就是"五保户"，即"跑腿子""孤老棒子"等鳏寡孤独者。如今，这个弱势群体被称为"低保户"，他们的生活质量是社会发展的晴雨表。"老李头有病多年没治好，他自称是个老棺材瓢子，没想到送医下乡给他带来福气，现在是能吃能喝，走道噔噔的。"所以，"跑腿子""孤老棒子""老棺材瓢子"这些方言从生活中消失是一种必然。

编辑部曲老师送我一本《北京话语汇》，这本口袋书于1961年12月由商务印书馆出版，在《编写人的话》一文中，金受申写道："什么是土语？土语就是知识分子根本不懂，或懂一点儿也不肯说、说不出口的社会流行语。"我们都有这样的习惯，提起笔想描述一个形象、姿态，或记一个口语，总是会想词典里有没有这个词儿。学者们也只重视书本上的古声、古韵，却忽略了与古声、古韵有瓜葛的方言土语。在金受申看来，只想着从书本中寻找词汇，语汇就难免贫乏了。

胡适曾感慨："我常常想，假如鲁迅先生的《阿Q正传》是用绍兴土话做的，那篇小说要增添多少生气啊！"在中国方言库中，有三种方言产生了较有影响力的文学：一是北京话，二是苏州话（吴语），三是广州话（粤语）。其中，北京话产生的文学最多，传播也最远。孙郁凭《写作的叛徒》一书荣膺2013年度文学评论家奖。他是大连人，20世纪70年代开始文学创作，80年代起转入文学批评和研究，长期从事鲁迅和现当代文学研究。在访谈中，孙郁谈到了南方文学与北方文学的差异："当年看《海上花列传》的吴语和国语版本，吴语中的幽微细致深处，翻译成了大一统的国语，味道就不同了。南方语言之美丽，连骂人都是千回百转。"在他的感受里，"文学中的南方"因方言的细致润色而富有诗意。

20世纪20年代，中国历史学家、民俗学家顾颉刚编纂《吴歌甲集》，这

海南丢子　此地巴子

是一部吴语文学作品集，分为五类：一是儿歌，二是乡村妇女的歌，三是闺阁妇女的歌，四是农工流氓的歌，五是杂歌。其中，儿歌是最纯粹、最道地的吴语文学。顾颉刚生长在苏州城里，几位帮他收集吴语文学作品的朋友也都是城里人，他们与乡村妇女和农工流氓缺乏接触，所以这两集显得比较单薄，存在着偏重闺阁歌词的缺点。胡适、沈兼士、俞平伯、钱玄同、刘复五大学者分别为《吴歌甲集》作序，顾颉刚师承胡适，胡适在序中对顾颉刚整理编纂吴语文学之功大加赞赏，同时也谈了对方言文学的看法："老实说吧，国语不过是最优胜的一种方言。今日的国语文学在多少年前都不过是方言的文学。正因为当时的人肯用方言作文学，敢用方言作文学，所以一千多年之中积下了不少的活文学，其中那最有普遍性的部分遂逐渐被公认为国语文学的基础。我们自然不应该仅仅抱着这一点儿历史上遗传下来的基础就自己满足了。国语的文学从方言的文学里出来，仍须要向方言的文学里去寻它的新材料、新血液、新生命。"

胡适又从《海上花列传》中挑出一段：双玉近前，与淑人并坐床沿。双玉略略欠身，两手都搭着淑人左右肩膀，教淑人把右手勾着双玉头项，把左手按着双玉心窝，脸对脸问道："倪七月里来里'一笠园'，也像故歇实慨样式一淘坐来浪说个闲话，耐阿记得？"

假如将双玉的话都改成普通话：我们七月里在一笠园也像现在这样子坐在一块儿说的话，你记得吗？

意思固然不差，但孙郁所说的"幽微细致"的味道是不是荡然无存了？

吃苍蝇，吃杂木地

"吃苍蝇"是非常经典的大连方言。与"脑子有病""脑子长包""找罐子拔"等如出一辙，都是以直接和通俗见长的大连话。两个大连人见面，其中一个很郁闷地说"我今天吃了个苍蝇"或"他今天让我吃了一个苍蝇"，千万别以为他真的在饭馆里吃到了一只苍蝇。"吃苍蝇"是指办了窝囊事之后的心理感受。以生理感受来形容心理感受，这是"吃苍蝇"的绝妙之处。

恼火与恶心，是"吃苍蝇"的两层意思。自己办了一件很窝囊的事情，搬起石头砸了自己的脚，恼火又后悔，这是自己给自己"吃苍蝇"；别人故意使坏，给你的生活或工作造成麻烦，这是别人给你"吃苍蝇"，气愤又恶心。

方言代表地区生活观念和文化特色，所体现的地方特色是普通话无法比拟的，比如"吃苍蝇"，以其简单、生动、形象，表现大连人直率、坦白、幽默的海洋性格。文学家们对方言土语都有所眷恋与倡导，冰心在《再寄小读者》里说："他的诗是用方言写的，富于人民性、正义感，淳朴、美丽。"白话文运动先驱裘廷梁还归纳出了"白话"的"八益"，即省日力、除骄气、免枉读、保圣教、便幼学、炼心力、少弃才、便贫民。这里的"白话"就是指方言土语。显然，"吃苍蝇"就是一条具有"八益"特征的大连方言。

人在江湖，除了"吃苍蝇"，还能吃什么呢？在大连方言里，还有哪些土话与"吃"有关呢？

"吃不了，兜着走"，是指出了问题，要承担一切后果。

"吃不穷，穿不穷，算计不到要受穷"，是指过日子要精打细算，量入为出。

"吃不住劲"，是说承受不了，多指精神上无法承受某种压力。

"吃错药"，是指言行举止不太正常或有违常理（挖苦人的话）。

"吃枪药"，形容说话火气大，带有火药味儿。

"吃定心丸"，比喻解除忧虑，使人安心。

"吃挂落"，是指受连累。

"吃宽心丸"，以好言安慰，使心情转好。

"吃回头草"，比喻重又做以前放弃过、厌弃过的事情。

"吃了熊心豹子胆"，比喻胆大，含贬义色彩，多含蔑视之意。

"吃人家的嘴软，拿人家的手短"，是说受惠于人，难以坚持原则。

"吃一百个豆不嫌腥"，是说不吸取以往失败的教训，重蹈覆辙，又陷绝境。

相比之下，"吃苍蝇"是一句干干净净、直来直去、没有任何涂饰的大连方言。细品之余，居然有股子说不出的喜感。如果你在异乡某个场合，看见一个人夺门而入气咻咻地嚷了一句："我今天吃了个大苍蝇！"你尽可以一个箭步上去捣他一拳，"哥们儿，在大连，你住哪儿？我住夏家河……"

一些职权部门的工作人员没有公仆之心，不按章办事，利用职权千方百计捞取个人好处，这就是"吃杂木地"。

《简明大连辞典》记载：吃杂木地，旧时对无正当职业、混饭吃的人的一种称呼。早年间港台片里，常见古惑仔拉帮结伙控制了码头，对在码头上讨生活的人大肆敲诈勒索，这种行为就是"吃杂木地"。

武汉有一条关东街，有三个年轻人在这条街上"吃杂木地"被警察逮着。武汉人谭某，小时候到河南某武校习武，结识了河南当地人许某和周某，三人义结金兰，成为好兄弟。那年，谭某回到武汉目睹关东街正在搞开发，顿时豪情万丈，将远方的好兄弟找来，准备在关东街闯出个名堂。正经工作没干几天，发现又苦又累，挣钱还少，这一走神儿就邪念丛生，决定靠拳头"打天下"。他们觊觎关东街的物流车辆，以暴力手段强收保护费。"吃杂木地"没几天被逮了。

"吃拿卡要"是一些职权部门的顽疾与丑态。向管理服务对象索要财物、赞助，要求管理服务对象接受有偿服务、购买指定商品、报销个人费用，是"吃杂木地"；强迫管理服务对象做广告、订报刊，参加各类社团，参加国家无明确规定的学习班、培训班以及各种考核、升级、达标、评优等活动，是"吃杂木地"。我们可能都经历过一些公务人员对该给咱办的事推诿扯皮、以各种理由拖延不办的情况，因此对"吃杂木地"深恶痛绝。管好自己的嘴，管好自己的手，不该吃的不吃，不该拿的不拿。放纵贪欲，是人生最大的风险。

在各地方言中，描述人的丑态与人性丑恶的方言词占比不小。而且此类描摹往往入木三分，批判力强大，令人产生羞耻感。一个含贬义的方言词，将一个丑恶之徒水淋淋地从市井中打捞出来。比如"吃杂木地"，大连人茶余饭后唠嗑儿，提及一个人，有人撇嘴说了一句："这人不怎么样，吃杂木地的，钱财都不是好道来的。"如果情况属实，后面又跟着一串大连话，像小丑似的，一个个活灵活现地跳将出来，"不是好饼""不是物""不是人揍的""不是个玩意儿""不是消停客"等，含义大致相似，都是说一个人为人处世很差，人品坏。

从《东北方言大词典》摘几个例句："这小子是窝窝头踩一脚，不是好饼，你得加小心啊。""你怎么这么不是物，连老师你都敢打。""刘强这小子真不是人揍的，怎么连他舅也偷啊。""这小子真不是个玩意儿，你们别再理他。""这小子我一看就不是消停客，怎么样，一大早让公安人员带走了吧？"

大连方言库里含有贬义色彩的词语不少，至今还活跃在人们的口头表达之中，比如，"梗儿梗儿""鬼头蛤蟆眼""卡捞捞""急捞捞""刺毛撅腚""稀里马哈""溜须舔腚""嘚嘚嗖嗖""抠抠搜搜""穷嗖嗖"，等等，这些贬义方言词对于年轻一代来说并不陌生，大多能从字面上咂摸出几分意思。而"吃杂木地"却不然，找不到一点儿线索，初闻此言，令人一头雾水，里外翻遍仍不得其义，像一个谜语。

有人说，大连方言太俗气，太难听了。其实方言本身就是通俗的，和我们最亲切熟稔，没有丝毫隔膜，最能表达情绪、展现性格。方言是流传于老百姓口头的语言，谁会要求方言高雅优美呢？就像你无法要求一个村人每天穿西装、吃西餐一样。

我们与过去的生活相隔得太久远了，但若有机会走访老一辈的"海南丢子"，也许会寻得这些神秘方言背后的历史烟云、文化背景，以及市井生活深处那鲜活的民俗风情。

对撇子，上赶子

"对撇子"，是指两个人大到人生观、价值观，小到性格脾气、爱好趣味，都极为相似，很合得来。"对撇子"在日常使用中时贬时褒。"那俩人一路货色，他们臭味相投，很对撇子。"这里的"对撇子"是贬义词。"俺俩相处这么多年了，彼此很了解，做事也很对撇子。所以，我聘请他做我的副手。"此处的"对撇子"是褒义词。

《东北方言口语词汇例释》记载：对撇子，即对劲。例句："他俩在乡下时你帮我助挺对撇子。"（《北方曲艺》1983年第3期7页）

对撇子的两个人，彼此依托感很强，那种高度和谐自在的状态，才是人与人之间相处、合作的至高境界。

美国影星玛丽莲·梦露曾说："如果你不能应付我最差的一面，那么你也不值得拥有我最好的一面。"对撇子的两个人，既见过彼此最好的一面，又见过彼此最差的一面。因为彼此懂得，惺惺相惜，所以两个人交往起来有

海南丢子　此地巴子

029

大默契、大自在。

在工作中，我们寻找对撇子的搭档；在家庭中，我们希望拥有对撇子的知心爱人；在社会上，我们希望能交到对撇子的朋友。人生就是一个圈子，有的圈子因经济利益而集结，有的圈子因价值观趋同而荟萃一堂，还有的圈子是因兴趣爱好而聚首。在价值观或兴趣爱好上的对撇子，交往比较坚固长久，耐得住岁月的淘洗。

对撇子的两个人，曾经一起哭一起笑，聊与不聊，喝与不喝，感情和默契都不会消失。对撇子的女人，是闺密；对撇子的男人，是兄弟。大连人似乎不怎么讲求精神层面的交往，高山流水遇知音，最终也要吃喝玩乐接地气，这才实在而长远。

东北作家刘亚舟的长篇小说《男婚女嫁》里有一句台词："这满屯里，我就你这么一个对撇子的人儿呀！"是啊，我们每个人都要有一个对撇子的人。大连人在人际交往方面，很看重是否对撇子。大连人多是性情中人，不会为了经济利益，与一个不对撇子的人称兄道弟，哪怕是佯装也做不到。大连人我行我素，比较坚持自己的审美与看法。与你对撇子，读你千遍也不厌倦，即使全世界都背叛了你，也要与你站在一起。反之，咱俩不对撇子，你纵有万般姿色，也视而不见，见而无感。由此看来，人与人之间的对撇子是多么重要、多么美妙啊！

"上赶子"，是主动巴结的意思。比较完整的说法是"上赶子不是买卖"，做买卖的双方，如果有一方成交心理太急迫，便会放弃底线，甚至放弃尊严，而对方会因此鄙视你，最终很可能无法成交。由急功近利而促生的行为，就是"上赶子"。

"上赶子不是买卖"也是一句俗语，在人际交往中，过分主动反而难以得到好的结果。例句："啊，我明白了，上赶子不是买卖，他拿我一把，我假装把他踹，小伙儿准得赖，让他上赶着我，你说盖不盖？"（《推荐剧目》1集）

"上赶子不是买卖"也适用于男女之情。35岁的大张年轻那会儿恃才傲物，挑三拣四，一直未嫁出去。从亲朋好友到社区大妈，从同事到客户，大张都直白地表达了恨嫁之心。经历了无数次失败的相亲之后，大张对一个离异有孩子的男子产生了爱情。这个男人对大张很淡薄，一周几条不咸不淡的短信，但大张恨嫁心切，做出了一系列上赶子的事情，她期待着对方的感动与回报，然而"上赶子不是买卖"啊，最终人家以性格不合提出了分手。

这一场恋爱，闺密替大张总结了得失：女人谈恋爱绝不可太主动。你上赶子不会唤起对方的热情，反而是自降身价。与男人交往，女人既要有底线，也要有高度。

还有一条大连方言叫"舔抹"，形容讨好人、巴结人的丑态，与"上赶子"语义近似。会"舔抹"的人分两种类型：一是真本事没多少，生性喜欢巴结人，看到权贵就全身发软，以玩弄权术伎俩过活；二是人在江湖，身不由己，不舔抹，当权者就会刁难你、整治你。

台湾作家李敖曾经谈过不舔抹的自由，即"沉默的自由"："在马屁阵阵的时代里，想要维持不拍马屁的自由，也大不易。因为不拍马屁的自由，属于沉默的自由之一。没有沉默的自由，就不会有不拍马屁的自由。"隋炀帝喜欢舞文弄墨，他写了作品，喜欢别人叫好。一天，他写了一首诗，大家都拍他马屁，都不遗余力地舔抹，可是文官王胄不吭声。在没有沉默的自由的环境里，不吭声就是抗议。王胄因此受到排斥和倾轧。

舔抹分两种，一种是行贿送礼，属于物质上的舔抹；另一种是谄媚、讨好、捧臭脚，属于精神上的舔抹，这种比行贿送礼难度高，更丑态百出。李敖说："因沉默而来的罪，叫腹诽罪，就是'你肚子里骂我的罪'。你肚子里骂我，虽然我听不到，可是我断定你正在肚子里骂，所以就要罚你。"呜呼，保持"沉默的自由"居然如此艰难，如此惊险……

坐蜡，上讲

"坐蜡"，是指遇到麻烦，陷入困境；也含有事情黄了，没有办成的意思。

"坐蜡"还是其他地区的方言。在苗族方言里，"坐蜡"是做生意或做买卖的意思。

《东北方言口语词汇例释》记载：坐蜡，陷入为难境地；遇到困难。

例句："小兰，二婶为你这事，前屯跑到后屯，费了多少口舌，好容

海南丢子　此地巴子

易保妥了，咋也不好意思叫你二婶坐这份蜡呀！"（《黑龙江小戏选》16页）

在北京方言里，"坐蜡"是为难、困窘的意思。一位律师向记者抱怨，他在处理一起劳动纠纷时遇到了这样一道难题：人事部门规定新员工有一年的见习期，而劳动部门的规定却是员工的试用期最长不超过半年。同是政府部门，却发出了两种不同的声音，这让他感到既费解又为难。记者以《政策"撞车"令人坐蜡，人事、劳动部门五大撞车现象》为题写了一条新闻。

过去在农村，谁要借钱，特别是向不太熟的人借钱，需要有一个双方都信任的中间人做担保。人缘好、威信高的张三就经常担当此任。有一次李四求他做担保向王二麻借钱，张三爽快地答应了。结果到还钱期李四跑路了。张三逢人便大倒苦水："你看我好心给他做担保，他居然让我坐蜡了！"有人在一旁火上浇油："你好心没好报，净办坐蜡的事！"

"坐蜡"还指事情黄了，没有办成。比如："老张托我办的这件事，我坐蜡了。""老刘是个热心人，有时办了坐蜡的事，也不吱声，自己默默地想法解决。"

"坐蜡"的来源有两种说法，而且都与佛教有关。其一，传说某寺有一条惩戒的规矩，谁言过其实或行为乖张，损害了寺庙的声誉，就罚他坐在一根竖起来的短棍上反省思过一天。这个"坐棍"的惩罚，对于习武之人来说，并不算什么，那些棍僧甚至还可以坐在棍子上睡大觉呢。老方丈就想出了"坐蜡"这个办法：将短棍换成一根长蜡烛立在地上，让犯事的僧徒坐上去，既不能将蜡烛坐断，又不能让蜡烛倒下。坐在燃烧的蜡烛上，够为难了吧！谁也不愿遭受"坐蜡"的煎熬，从此，众僧再也不敢在外惹是生非了。

其二，在一年之中，僧人应自农历四月十五到七月十五的三个月中定居一月，坐禅专心修行，不得随意去往他处。此曰"安居"，亦曰"结夏"。而到了农历七月十五这一天，众僧则聚集一堂，进行批评与自我批评，此曰"自恣"。经过"自恣"，受戒的年头才算增长一岁，亦称"一腊"。因为"结夏"之后方可增长一戒龄，所以"结夏"亦称"坐腊"，现写为"坐蜡"，指自我检讨并接受他人批评，其中不乏受过、受斥责之意，又引申出为难、困窘、尴尬的意思。

常见媒体用"坐蜡"一词形容官员的失职行为。比如，当年的"非典"从掩盖真相到疫情失控，着实让时任北京市长的孟学农"坐了蜡"，最后被革职；2008年还是老孟，到山西上任不长，襄汾溃坝又让他"坐了蜡"，只好辞官返家。可见官员"坐蜡"可不是闹着玩的。

晚清郭则沄续写《红楼梦》，让宝、黛二人结了婚，又让迎春复活，大伙同去太虚幻境给贾母祝寿。寿筵上，孙绍祖也在，这人洗心革面，痛改前非，一个劲儿地向迎春道歉，迎春记仇，不理他，孙绍祖很尴尬。宝玉瞧见了，笑道："让他坐坐蜡也好。"宝玉所说的"坐蜡"，意思是拘束、不爽、如坐针毡。与大连方言"坐蜡"含义基本相同。

"上讲"，可以理解为很讲究，上等的讲究，也可以理解为很有档次，很有品位，上得了台面。

人要有讲究，没有讲究就做不好人。一个人做人境界高，大连人会赞一句"这个人很上讲"，反之就是"不上讲"。

生活要有讲究，没有讲究的生活，缺少活力和滋味，缺少人气和希望。腌渍酸菜有讲究，坊间百姓都知道；喝茶有讲究，讲究水，讲究器，还要讲究人。腌渍酸菜的讲究"不上讲"，难登大雅之堂。而喝茶的讲究很"上讲"，这里面有文化内容。

人情的上讲最为珍贵。大连话"上讲"多数时候是指人与人之间在交往方面的讲究。一个男人如果被评价为"很不上讲"，那简直是死无葬身之地。上讲之人讲义气，凡事多替别人着想，既不失原则，又不丢情义。越是有学问、有地位的人，其思想境界就越上讲。上讲之人是领军者，是团队的精神领袖。

张三闹离婚，虽然没被媳妇逮住出轨的证据，但他下海之后有了点钱，拈花惹草却是公开的秘密。有了离婚的主意，张三开始转移财产，做了很多鲜为人知的不上讲的事情来。

一家私营企业宣布破产，企业负责人将每位员工的补偿金算得清清楚楚，一分不差地发放到位，这位企业负责人不推卸责任，勇于承担，很上讲。

收藏家王世襄先生一生好玩，在燕京大学读书时，曾有过臂上架鹰、怀揣蝈蝈进教室的惊人之举，被老师斥为不务正业的"未知数"。那个年代，

海南丢子　此地巴子

架鹰遛狗斗蛐蛐是游手好闲的市井之徒所为。而王世襄的可贵之处在于他玩物不丧志，但凡他玩过的东西，都留下了研究心得，这种心得就是一种上讲。这些稀松平常的"雕虫小技"因为上讲而成了一种文化。

上讲还令人联想到古代名士的品质生活。在古代要成为一位名士，有很多上等的讲究。首先，他必须出身士族，有唾手可得的金钱和政治地位，却又视其如粪土。其次，从人生态度上讲，他对个体道德修养的独特价值一直表现得非常倾心，以一种诗意的、乐观的、审美的人生态度来应对各种现实环境，周身洋溢着非常上讲的精神气韵。中国古典文化的传承主要依靠这些名士的精神活动来进行。流觞曲水，诗酒唱酬，既是一场精心策划的文艺活动，又是信手拈来的寻常日子。这种极为上讲的儒风雅俗令现代人深感羞惭。

辣眼，道道眼儿

辣，作为形容词，一是指像姜、蒜、辣椒等有刺激性的味道，二是指狠毒，如心狠手辣；作为动词，是指辣味刺激口、鼻或眼，如辣眼睛。但大连话"辣眼"与"辣眼睛"意思不同。"张三居然买了那么大的一套房子，真辣眼啊！"显然，"辣眼"是指厉害或出色。

大连话有广义和狭义之分，广义的大连话泛指所有住在大连地区老居民说的话，它包括差异较大的大连市区话、庄河话、长山话。而狭义的大连话专指以大连市区为代表的老居民说的话。"辣眼"就是一条狭义的大连话，它一看上去就与众不同，带有城市居民在语言方面的某种才气与灵感；或者说，它是城市里有文化的人创作出来的大连话。

这令我想到上海俗语。所谓上海俗语，指的是20世纪20至40年代产生于上海的城市市民语言，它出自市民之口并被运用于文学作品，是海派文化的重要组成部分，有很高的研究价值。

上海文人主动承担起梳理本土方言的文化使命，同时又是方言的创作者，以文人的思路与眼光参与创作方言，使得老上海方言既有很高的历史价值，从中可以了解当时的社会习俗和风尚，又具有一定的文化艺术价值，是上海文化中的艺术精品。而大连话大多是由贩夫走卒、村夫俗子发明创作的，似乎缺乏了文化感，充满了强烈的鄙俗气息。

打量大连话，"辣眼"属于比较有文化味的一个词儿。词典里有一个词条叫"辣手"，一是指毒辣的手段，二是形容事情棘手难办。"辣眼"的周正感以及那种只可意会不可言传的表达力，与"辣手"有几分相似。

鲁迅先生在《门外文谈》中说："方言土语里，很有些意味深长的话，我们那里叫'炼话'，用起来是很有意思的。恰如文言的用古典，听者也觉得趣味津津。""辣眼"便有着"炼话"的意思，在众多大连话中，这个词儿的灵感来源非常新鲜，细细品读，特别有味道。

让大连人感觉辣眼的事，都是发生在身边的。比如在一个车间里，大家隔三岔五买几张彩票，有一天张三居然中了几百万的大奖。张三从不研究彩票，完全是瞎蒙的，大家能不感觉辣眼吗？草根中奖向来是人们唇齿留香的话题。王二麻的媳妇也中了大奖，王二麻媳妇中奖的理由更辣眼。那天早晨，王二麻在吃饭时与媳妇吵了一架。媳妇削减了他当月的烟钱，月初只给了他200块，还有300块在媳妇手里揣着呢。媳妇哭哭啼啼地去上班了，在路上灵机一动报复式地买了300块彩票，结果就中了500万。你说王二麻两口子辣眼不辣眼？咱成天夫妻吵一百遍，也吵不出一个钱来。

大连人不羡慕权贵阶层的光芒，让大连人感觉辣眼的人就生活在我们身边，原本与我们一样平常，有的还不如我们光鲜体面，结果有一天人家就很辣眼了。这究竟是天上掉馅饼，还是人家私下里长期努力的结果？

心眼儿多、坏点子多，大连方言叫"道道眼儿"。

"道道儿"是指办法。萧军的《五月的矿山》里有一句："这算不了什么经验啊！这全是问题来了逼出来的道道儿呀。"郭澄清的《大刀记》中："平日里，他三天说不了两句话。可是，这个人的心里，并不是没有道道儿。"

"道道儿"也叫"道眼"。"道眼"有两个含义：主意，点子；门路。例句："还是你老头有道眼，甘当老百姓，无官一身轻，一不怕运动，二不怕斗争。"（《新剧本》36页）

《红楼梦》里写作"道儿"。第一百一十五回，惜春说："你打量我是什么没主意恋火炕的人么？早有这样的心，只是想不出道儿来。"此处，"道儿"是主意、办法的意思。

刚参加工作的小青年，热衷于各种应酬，整天呼朋引伴，纵酒欢歌，家长不放心会发出这样的劝告："那些社会人道道眼儿太多，离他们远一点儿，别走下道了！"

一男一女相识相恋，男生高大帅气，为人正派，经济实力也不俗，就是这样一枚闪耀的"钻石男"居然被一个姿色平庸、有过婚史并携养一娃的女人搞定了。小伙子的家人愤愤不平，以各种手段棒打鸳鸯，可小伙子一往情深，非她不娶。其家人向亲朋好友哭诉："那人道道眼儿真多，不知下了什么迷魂药，将俺儿的心拴住了。"那么，这位有过婚史的女人究竟有何道道眼儿呢？这里存有两种可能。一是她虽然貌不出奇，却头脑聪明，通情达理，性格温润。按说这是一种美德，却被小伙子的家人贬为"道道眼儿"。二是她确是个妖精，以色相、欺哄等手腕掳获小伙子的心。这种非常手腕就是一种"道道眼儿"。

在生意场上，有的人脚踏实地做良心生意，有的人专干坑蒙拐骗的勾当，这种勾当也可称为"道道眼儿"。道道眼儿多的人，大多是机会主义者，骨子里充满了冒险基因，与这种人长期厮混，若掌舵力不强，便大有可能被拉下水，与其沆瀣一气，同流合污。

说到"道道眼儿"，还会想到《三国演义》里的诸多人物。如果将"道道眼儿"视为足智多谋，那么，魏国谋士贾诩便是一个道道眼儿极多的人。

贾诩的"谋"，与曹操的"奸"、关羽的"义"、孔明的"智"一样，为后人津津乐道。"谋"有五层境界：谋己、谋人、谋兵、谋国、谋天下。第一层境界：谋己。作为一个谋士，如果连自身都保全不了，还谈何其他？运用谋略，让自己存活下来，并且活得有价值，是成为一个谋士最基本的条件。第二层境界：谋人。学会了为自己谋，还要学会为别人谋，如果不能为别人出谋划策、破解困局，还算什么谋士？第三层境界：谋兵。上兵伐谋，以智取胜，为成千上万人的生命负责。第四层境界：谋国。为一人谋、为万人谋都是低层次，为国家利益谋划方显英雄本色。做到前四点，你就是一个很有谋略的人，但是，你还不能被称为真正的"谋士"。真正的谋士，谋取天下，如烹小鲜。

对于现代人来说，我们也应当具有"谋"的能力，身份地位越高，所担负的谋略任务也就越重；谋略任务越重，人生价值的满足感越强。对于平凡者而言，首要任务是将自己"谋"明白了，将自己优化好了，才能成为一个优质分子，有利于集体的发展壮大。

随着时代变迁，人们的思想观念都在发生变化，摘掉有色眼镜，摒弃偏见，会发现原来"道道眼儿"是智慧，是金点子，是谋略。有道道眼儿的人胆量大、执行力强，从不纸上谈兵，总是有能力将道道眼儿转化为财富。

海南丢子　此地巴子

浪 布拉吉

浪

一

浪，女人就好看；浪，是女人一辈子孜孜不倦的追求。

浪，是爱美、爱打扮的意思。"苞米面肚子，料子裤子"，是大连人因爱美而留下的笑谈。

浪，是比较经典的大连话。浪，大连人说这个字，通常要缀一个"摆"字，叫作"浪摆"，张扬、显摆的意思。与"浪摆"近义的大连话是"嘚瑟"，年轻人打扮得活色生香走出家门，身后会传来家长一句阴森警告："出去穷浪摆什么？"或者是："去哪儿穷嘚瑟啊？"饱满的谷穗总是低着头。在老辈人的经验里，爱浪摆、好嘚瑟的人，大多是受穷的。

浪，是大连话中较有韵味的一个。由韵味联想到大美无言的中国茶，每种茶都源自一方水土，从而具有鲜明独特的韵味。茶之韵只可意会，不可言传。一方水土养一方人，十里不同音，百里不同俗。俚言俗语虽然难登大雅之堂，却具有浓郁独特的乡土韵味，承载着一个区域大量的历史记忆和风俗人情，是地域文化的重要载体，蕴藏着人们的思想情感和价值认同。

"浪"到底有怎样的韵味？浪，具有褒义色彩，有首歌唱道，"大姑娘美的那个大姑娘浪，大姑娘走进了青纱帐"，"浪"形容东北女子浪漫多

情、自由奔放，大姑娘钻进了青纱帐，浪蝶狂蜂，放浪不羁，"浪"似乎沾染了贬义。"浪"这个字眼落到男人头上，也不堪承受。四处游荡、不务正业的年轻男人被称为"浪子"。《水浒传》第一百零二回："那妇人骂道：'浪弟子，鸟歪货，你闲常时，只欢喜使腿牵拳，今日弄出来了。'""浪弟子"是詈辞，指放荡不检、纵欲无知的青年人。郭小川《祝酒歌》中："酗酒作乐的是浪荡鬼。"浪，似乎没有边界，没有底线，还是小心提防为妙。生而为人，自律是贯穿人生全程的与自己的较量。

在大连人的语境里，"浪"是一个亦正亦邪的词。在过去，年轻人谈婚论嫁，小伙子都喜欢爱浪会浪的姑娘，但家长对这类姑娘普遍怀有偏见。爱浪的姑娘不解居家之道，爱浪的姑娘不耐日子平淡，爱浪的姑娘大多灵魂有趣，喜欢娱乐应酬，爱出风头，不安于室。这样的误读对多数姑娘来说太不公平了。那时候，女性着实吃了不少苦头，受了不少委屈，熬到改革开放后，便带着犒赏、补偿及自恋的心态，不可一世地"浪"起来了。外表的改变往往会带来内在精神系统的自我更新。

在大连作家素素看来，大连人"苞米面肚子，料子裤子"并非浅薄虚伪，而是隐含着大连这座城市40多年的屈辱历史和不堪记忆。在这段岁月里，大连人看见了俄国女人的"布拉吉"，俄国男人的毛呢大氅，还有日本男人的"挽霞子"，尽管内心憎恨这些殖民者，但不得不承认，他们的衣服非常干净、好看、体面。这让我们隐约认识到一个问题，衣服是身份地位的象征。要想改变命运，必须改变衣着。衣着与命运息息相关。

素素在《爱穿的城市》一文中写道："当他们有朝一日做了城市里的工人阶级，这些关于穿的记忆便与他们所受的屈辱混杂在一起，潮水般地涌上来。所以，翻身做主之后，他们最急于做的一件事，就是要改变自己的穿。树活一层皮，人活一张脸。生而为人，无论如何要穿一身体面的衣裳，也好在大街上挺胸抬头地走路。"

20世纪60年代初，沈从文先生曾两次来大连疗养，住在秀月街连捷巷的一家疗养院。他在家书中津津有味地讲述了"大连印象"，大连的建筑非常美，老百姓住得"太好了"；大连人"好浪"也给沈从文留下了深刻印象，"街上各处都有穿旗袍和裙子的年轻女人……女人旗袍之多，为任何都市所少见，极少见穿短干部服的，有的即是部队中人"。还有一段是这样写的："合作社卖吃食的人照例还穿上白衣……至于大百货公司中守柜台的女子，

浪
布拉吉

则很多应说是打扮得'娇滴滴'了……"瞧瞧，沈从文用了"娇滴滴"这个词儿来形容大连女人，如此看来，大连女人并非"浪"得虚名啊！

其实，大连男人也爱浪。20世纪80年代，大连男人将"挽霞子"掖进喇叭裤，再穿一双油亮气派的大头皮鞋，个个都是费玉清，迷人极了。

在那个贫困年代，"料子裤子"平时是舍不得穿的，只有出席隆重场合才会拿出来。"料子裤子"厚实富贵，充满某种权威性和文明感。那时候的大连女人若没有几条料子裤子，心理上感觉失落自卑，过日子缺少底气。很多年事已高的大连老辈人，每当家里要来客人了，就会要求家人给自己换一身新衣裳。大连人的"浪"是一种讲究，不仅是外表上的一种讲究，更是精神上的一种讲究。

二

20世纪80年代初期，服装工业如雨后春笋般出现在大连经济版块上，并快速成长为一个新兴行业，私家裁缝店门庭冷落、日渐衰落，大连人不再做衣服穿了，都喜欢买服装企业生产的成衣。衣食住行中看似不经意的变化，却标志着一个人生活理念、生活方式的深刻变革，蕴含着人们的物质追求和价值取向，体现出一个时代的精神风貌。

大杨服装创始人李桂莲女士就是在那时候带领一群"泥腿子"妇女放下锄头、镰刀，开始创办服装厂的。据素素回忆，当年，"碧海"牌大衣做过一个广告，模特是一个年轻的东北男子，不论走到哪里都能看到他英姿勃勃、派头十足地站在那里。"碧海"牌大衣广告发布的密度之大，简直可与20世纪30年代上海月历牌上的香烟广告相媲美。大连人以无比饱满的热情支持本土品牌，男女老少，几乎每人都有一件"碧海"牌大衣，倘若家里男子汉多，衣橱里一水儿笔挺的"碧海"牌大衣，显得日子十分殷实。20世纪80年代，奶奶在我家安享晚年，每逢春节，我家门庭若市，喜气洋洋，那些在工厂上班的哥哥们来给我奶奶拜年，上午八九点钟，他们骑着自行车从不同方向赶来，一拨又一拨，在门口玩耍的我觉得非常展扬，我家哥哥们高大帅气，每个人都穿一件厚实挺括的"碧海"牌大衣，更显得气派潇洒，并不比大连街头广告上那个男模逊色。中午的酒一定得喝透，攒出几桩酒官司，留待明年再决。午后，哥哥们酒气阑珊各自骑车回家了，他们经常会穿错大衣，喝了酒就分不清靛蓝与玄青了。

还记得新华社刊登的大连街头时尚女孩吗？那是1991年9月大连的街头，一个身材修长、容貌秀丽的年轻女孩，她身着黑色紧身超短裙，简洁清雅的灰色T恤衫，腋下夹一只乳白色手包，迈着轻盈的步子在天津街的人海中蓦然回首，嫣然而笑，既神采奕奕，又楚楚动人。这一刻被新华社的镜头捕捉到了。这一年，大连已经成功举办了四届服装节。

22年后的深秋，《大连晚报》发文寻找这个女孩："22年弹指而过，不知照片中这位女孩如今何在？她应已进中年，或许她根本不知道自己在天津街的回眸一笑会成为一道永恒的风景……"当天下午，《大连晚报》就找到了这位名叫陈晓露的女孩，如今她已经50岁了，当年她28岁，是一个4岁女孩的妈妈。

当年陈晓露是瓦房店对外贸易总公司的出纳员，每周她都要到大连结算财务，每月还要去送报表。工作之余，她喜欢逛天津街，这条著名的商业街刻录着大连人的生活幸福指数，也是大连女人追逐时尚潮流、爱美扮浪的舞台。

陈晓露说："我从小就特爱美，20世纪90年代初，家里生活条件好了，思想开放了，也更爱美了。由于常去大连，跟潮流跟得很紧，穿衣服就很超前很时尚。家人、邻居都说我好'浪'……"

"没有改革开放的好政策，哪有我们今天的好生活！"如今，陈晓露已退休，住着200多平方米的大房子，生活非常安逸舒心，她还是那么爱浪，经岁月滋养，比年轻时更富有魅力。

改革开放之后，大连人不经意间成为国内时尚的引领者。大连人爱穿、会穿、敢穿，"好浪"的劲头在全国都出了名；大连人对"美"与"时尚"的追求促使一个"节日"诞生了，这个节日就是中国（大连）国际服装纺织品博览会。

大连服博会的前身是自1988年已成功举办了17届的大连国际服装博览会，当年的服装节在金秋时节举办，新华社记者张小龙回忆，每到大连服装节期间，他不仅要拍摄服装节的照片，还要深入大连街头捕捉普通市民时尚变化的照片。1991年大连服装节期间，他在天津街上拍到了陈晓露的回眸一笑，30多年后，这张老照片依然令人心动。

大连服装节是大连第一个城市节日，这个节日的诞生一定与这座城市的某种特殊禀赋有关。确切地说，大连人的时尚能力是被这个节日培育起来

浪布拉吉

041

的。大连人引领时尚的30年余年也是大连市开放创新发展的30余年，这个节日留给大连人太多美好的回忆，创造了很多独一无二的荣光与美誉。

据了解，有世界展览业"联合国"之称的国际展览联盟，于1925年在意大利的米兰成立，现在的总部设在法国的巴黎。2003年，国际展览联盟更名为国际展览业协会。凡是获得其认证的展会和主办单位，就等于有了国际展览业的"绿卡"，表明其在组织、内容、招商等方面都是合乎国际规范的。大连服博会于2002年一次性通过国际展览联盟的认证，成为当时国内唯一通过世界权威认证的服装类展会，标志着与国际的全面接轨。2006年，国务院批准，将大连国际服装博览会更名升级为中国（大连）国际服装纺织品博览会。这是当时国内唯一一个经国务院批准的行业内专业展会。升级后的大连服博会带给世人更多的惊喜。

大连服装节的诞生及其后来的腾飞式发展，为大连人好美爱浪而遗下的口舌进行了有效匡正。大连人好美爱浪，爱出了名堂，爱出了结果，爱出了世界满堂彩。

由大连人爱浪，可以管窥大连独特的人文景观。大连集北国雄伟与南国秀丽于一身，这座城市时常令人意乱情迷，她没有定式，雌雄莫辨。在自然风光上，既有青山秀水，又有瀚海礁林；在城市外貌上，既有工业、港口城市的大气磅礴，又有海洋城市特有的浪漫恬逸的情调。大连给世人带来了惊鸿一瞥的悸动，她的城市外貌很像美国的旧金山，但从地理区位、港口地位和地貌特征来看，又酷似香港。尤其是大连人的样貌，既有高大强健的北方风骨，又有娟秀雅致的南国韵味，这是其他北方地区的人所不具备的气质，是东北文化、齐鲁文化和海洋文化在大连人身上并蒂盛开的一道风景。

三

改革开放之后，大连人关于"浪"有不少美好的全民记忆。比如做头，当年大连满城"高桩头"，"高桩头"的刘海儿硬挺峭拔，据说高达六七厘米，原本就挺拔的大连女人气场更强大了。在副食品商店工作的女性，为了留"高桩头"没少遭罪。她们工作时要求戴白帽子，为了保持"高桩头"造型，一天到晚没遍数地往上提拎帽子。"高桩头"是怎样做出来的呢？将头放进"烤头机"里烤上半个小时，烤得头皮滚烫发痒，这份煎熬也只有爱美好浪的大连女人能承受。"高桩头"靠发胶定型，不能沾水，女人们坚持数天不洗头，即使早晨洗脸也是万分小心，生怕将尊贵无比的"高桩头"弄"趴趴"了。在那个月薪不足百元的年代，花十几元钱做个头，也是很烧包很奢侈的。

那个年代满大街都是"高桩头"，彼时陶醉其间，风光无两，如今回想那副扮相，只觉滑稽可笑。其实"高桩头"适宜圆脸，一个长脸姑娘也想跟随潮流整个"高桩头"，理发师傅很厚道地告诉她并不适合，但姑娘铁了心要做。结果做好"高桩头"，姑娘睁眼一瞧镜子就哇哇大哭，大姑娘美的那个大姑娘浪，大姑娘的脸啊长白山……

大连人有"不做头不过年"的讲究。每逢过年，以红星、群众为首的国营理发店就格外忙碌。早上提前半个小时开门，晚上加班到八九点，即使这样，理发店里还是人满为患。尤其是大年三十这天，早晨理发店还没开门，门口就排起了长长的队伍，为了避免引发骚乱，工作人员不得不出去发票排号。

本来大年三十那天是半天班，但中午根本关不了门，很多人从甘井子、寺儿沟等地来到长春路做头。据说某年大年三十，外面排队的顾客眼看理发店到点下班了，情急之下，人们晃着膀子往里拱，将玻璃门都挤碎了，踩着玻璃碴子往里冲……

后来，又有"秀芝头""大波浪""幸子头""小鹿纯子头""爆炸头""沙宣头""梨花头"等各领风骚，风靡全城之后又无声消失……

今天的大连人依然爱浪。大连时代广场云集众多国际奢侈品牌，让大连人浪得更奢华、更上档次。任何一种时尚都能体现一种文化内涵，当我们评价大连人好浪时，其实也是在褒奖大连人有文化。浪，是一个人的时尚能力；浪，是一座城市的文艺情调。如果没有浪的底蕴、浪的情怀、浪的故事，怎会有今天"浪漫之都，时尚大连"的美誉呢？！

浪布拉吉

猫头狗耳，撮火扬沙

俗话说，老乡见老乡，两眼泪汪汪，这是因为彼此都说着一口朴实又滚烫的家乡话。

女儿的班主任安老师是陕西人，见她发朋友圈提及陕西美食："臊子面、蘸水面、麻食、扯面、肉夹馍、凉皮、春卷、水煎包……都给我等着！给我等着！"安老师性格温和，责任心强，家长跟她说事儿，她常说一句"我懂的"，既亲切体贴，又有着恰到好处的矜持。安老师大学毕业后留在大连工作，入乡随俗，身心安顿，对大连话自然熟悉，句句入心。

瞧，安老师又发了一条朋友圈："姚晨儿子叫小土豆，杨幂女儿叫小糯米，何时开始流行用食物给孩子起小名呢？这要在大连街流行起来会是怎样的情景呢？满大街都能听到妈妈唤孩子，虾爬额快和嘎巴虾回家歹刺锅额，海蛎额不要和毛蚬额一块儿玩了，跟猫头狗耳在一起早晚学坏。海肠额都和虾怪成铁子了？焖额，喃妈叫你回家歹饭，看见俺家煎饼果额了吗？"

大连话就是这样粗放洒脱，那铿锵的腔调，那扑面而来的豪气，妥妥地传递着大连人的性情，展示着大连人丰厚的海味生活。在大连扎根生活多年，安老师对"海蛎子味"也是满心喜欢，但令她魂牵梦绕的还是那一口语气凌厉、"生冷蹭倔"（倔乎乎）的关中话。

外国人会讲中国方言吗？徐志摩1919年的《留美日记》里记载11月7日中国学生开会："到会一个美国人，叫Price，去中国住过十七年，桐乡七年，一口嘉兴白，比我说得还强些，妙绝。"语言的影响是强大的，也是不自觉的。如果你到外地工作，就会不可避免地逐渐濡染了异乡口音，但是你的家乡话是深入骨髓的母语，有朝一日你返乡了，与亲朋好友欢聚一堂，在漂泊中湮灭的乡音如潮水般涌现，也像灰烬中埋着的火种，无须酝酿，脱口而出，仿佛从不曾离开过这里。此时此身，如船儿靠港、倦鸟归巢，毫无负累，情感也得到了极大满足。

方言是个人归属最明显的标志，带有浓郁的感情色彩。当故乡的风吹来，母语就从心海潺潺而出。只要真情在，方言就活着。

日本作家太宰治1945年发表的小说《惜别》，以鲁迅在仙台医专的同窗为叙述视角，对鲁迅留学日本期间的生活进行了较为细致的描述，小说中有这样一段叙述："对于这位异国他乡的才俊，我心里也萌生出敬意。我也想尽我的微薄之力助他实现那崇高的理想。虽然帮不上什么大忙，但我的心中已经义气蓬勃。周君说我很像他的弟弟，而我也只有在和周君说话时，才能偷偷地把自己从乡下方言的自卑中解脱出来。我想，正是这些事情，成就了我俩亲密的友谊。"

在情感饱和、情绪放松的状态下，很容易透露出方言的腔调。在亲密关系里，也往往觉得使用方言表达自己的心声最为便利和尽兴。

来说一说"猫头狗耳"吧。在海鲜家族中，海参、鲍鱼、大虾都是光彩照人的主角，而海蛎子、沙蚬子、花蛤、蛏子均为配角、跑龙套的。当然，跑龙套的如果足够努力，足够幸运，也是有机会成为主角的。如果不肯努力，或者不学好，就沦为猫头狗耳了。

"猫头狗耳"是贬义词，大致有这样几种含义：一是指无关紧要、不务正业的闲杂人员；二是指品质不明、面相不详的跑龙套者；三是指油滑辛辣、私欲深重的宵小之徒。

当今社会流行圈子生活，有的圈子乃是非之地，充斥着各怀鬼胎的猫头狗耳，若不屏蔽，会将自己的生活搞得一团糟。猫头狗耳嘴巴里洋溢着情感泡沫，骨子里待人极为刻薄。猫头狗耳善于钻营，在你有权有势的时候，为你营造极高的愉悦度；当你两袖清风退位时，茶凉了，脸也变了。

每个有大佬野心的人，身边都围着一群猫头狗耳。猫头狗耳见了大佬低到尘埃里。人生在世，从他人那里最难获取的是什么？当然是发自内心的无须声张、沉实纯粹的敬畏之意。猫头狗耳从来不觉得自己多余，哪儿打鼓哪儿上墙，人家正在搭台子就敢冲上去，入戏快，却经常演砸。

盛夏之夜，星河璀璨，灯火通明，从邻家窗前走过，听到屋里的大叔在骂孩子："你个混蛋玩意儿，告诉你别和猫头狗耳来往，净当耳旁风了，这下子栽了吧，他到底熊你多少钱？""行了，别骂了，吃亏上当是小事，没被拉下水就好，知道他是什么人，咱以后离他远点……"这是孩子妈的声音。"别把人想得那么坏，山不转水转，早晚会见着他，钱是不会瞎的……"孩子低声辩解着。大叔怒不可遏，从胸腔深处爆出一连串的大连话像炮仗似的原地炸响，那母子俩噤若寒蝉，不敢放声了。"真是鲇鱼找鲇鱼，嘎鱼找嘎鱼，没个好，跟什么人交往决定了你的结局。"大叔说完长叹一声。

在这样一个蝉鸣聒噪、溽热蒸腾的夜晚，你不由得感叹，这俗气冲天、水深火热的日子啊，有多少厌倦，就有多少热爱。

"鲇鱼找鲇鱼，嘎鱼找嘎鱼"是大连老辈人常说的俗语，比喻物以类聚。有趣的是，周立波在《暴风骤雨》中写作"鲤鱼找鲤鱼，鲫鱼找鲫鱼"，显然没有"鲇鱼找鲇鱼，嘎鱼找嘎鱼"生动形象。"鲇鱼""嘎鱼"长相丑陋，不入主流，作为贬义词，更有表现力。

浪布拉吉

东北方言中有一条与"猫头狗耳"结构相似的俗语，叫"猫三狗四"，是指一个人的行为方式和心理情绪不稳定，一会儿这样，一会儿那样，不怎么靠谱。

方言是"屋檐下"的话，是"墙根下"的话，是"炕头上"的话。大连方言说着亲切，听着舒坦。大连编剧高满堂为了创作《老农民》这部大戏，跟农民兄弟喝了七天大酒，从农民兄弟身上挖掘出不少鲜为人知、感人肺腑的好故事。记者是这样描述高满堂深入农家体验生活的："当时他们坐在炕上，桌上有猪头肉、煮花生、胡萝卜丝，下面的炕烧得烙腚，两人边喝边聊，最后觉得坐着不行，因为太烫腚，就只能蹲着聊……"可以想象，当农民兄弟以自然质朴而又泼辣恣肆的语言讲述自己的酸甜苦辣，创作者的心里充满了怎样的感动与惊喜。按说，"烙腚""烫腚"这样的俗语不宜出现在新闻稿中，但这讲的是大连编剧的创作生活，当然是用大连话比较给力啊。

"撮火扬沙"，简单地说，就是挑拨离间、煽风点火的意思。"扬沙"比较直白，小孩子玩着玩着就开始扬沙子，恶作剧或闹掰了的表现。有时也说"戳咕"或"撮火"，都是一个意思。

撮火扬沙的大多是旁观者，这就要求当事人保持清醒，分辨是非，不被迷惑，不被操纵，要有全局意识，要考虑整体利益。

乔布斯生前谈团队建设，他认为一个"有噪声"的团队更有创造力，更充满希望。小时候，一位丧偶的老人花钱请乔布斯帮他干活，老人搬出一台磨石机，让他将捡来的石头丢进机器里，倒进溶剂和沙砾，打开了马达，"我们明天再来看，一定会有惊喜的。"果然，第二天从磨石机里诞生了如美玉一般漂亮的石头。

这些很普通的石头，经过互相摩擦、互相碰撞，虽然发出了一些噪声，却脱胎换骨变成了精美的石头。儿时的游戏一直留存在乔布斯的脑海中。后来他开始创业，他集结了一群才华横溢的年轻人，允许他们在工作中激烈争辩、质疑，甚至大吵不休，就是在这个过程中，他们不断完善、超越，变得更加出色，就像那石头经过了万般磨砺，才具有了赏心悦目的美感。

一个完美的方案必须历经激烈的思想碰撞和观点交锋，智者之间的思想碰撞是一场战役，是一干人马披沙沥金的集体作业。由思想碰撞产生的质疑、激辩，看上去很像大连人所说的"撮火扬沙"。撮火扬沙就会有噪声，这其实是一个团队良性发展的体征。有噪声说明大家都在实干，而静默无声很可能是超脱老滑、麻木不仁的实利主义者在消极怠工。专业技术水平与心理素质都具有足够的实力，才能在一个为公共价值而奋斗的团队里撮火扬沙，快乐地战斗下去。

那么，为"撮火扬沙"点赞吧。

稀罕，宾服

"为什么我的眼里常含泪水？因为我对这土地爱得深沉……"若熟知东北历史，读艾青这句诗总是会想到东北的黑土地。

央视开年大剧《人世间》落幕那夜，很多人心潮起伏在朋友圈抒发感慨，韧草一样不屈的大东北从此浮出历史，潜入梦乡。演员王阳也第一时间发文告别："希望你永远都是那束暖人的光，再见蔡晓光……"话语不多，饱含了他对这个人物的不舍，这部戏的代入感太强了，从中抽离对演员来说是一种考验。一部好剧对世道人心的有效抚慰超出想象，东北题材剧作的魅力再次令人折服。

满满的、鲜活的东北元素霸屏，是《人世间》给我们留下的深刻印象。首先是食物，酸菜炖骨头、小鸡炖蘑菇、木耳炒白菜……最讲究的是锅包肉，东北菜中的"扛把子"，妥妥的硬菜，只有在宴席或年夜饭上才能一饱口福。可以说，东北菜美食攻略在《人世间》得以完美呈现。

东北人的衣着打扮极具特点，尤其是冬季的扮相，非常传神。大棉袄二棉裤，狗皮帽子头上戴。沉重与臃肿，烘托着东北人的形象，刻录着东北人的实用主义。憨厚、实诚、守拙，独特的穿戴为东北人贴上了这样的标识。

东北人的生活方式也是一绝。冬天没有新鲜水果，将秋子梨冻起来留待冬天食用。想吃的时候，先放在水里"缓"一会儿，一只晶莹剔透的冻梨诞生了，厚厚的挂着寒霜的冰碴子掉下来，小心地咬一口，水果的清新香甜居然保存完好。晚餐后一家子人围着炕桌吃几只冻梨，解馋又解腻，这一幕是东北冬天温馨又从容的生活画面。东北人节俭成性，有量入为出、延迟享受的口碑，但这并不意味着对生活仪式感的放弃。杀了猪不舍得吃，等过年时才大开荤腥，猪肉如何存放呢？那弥天漫地的冰雪不就是天然的大冰箱嘛！

浪 布拉吉

为解决冬季吃菜问题，东北人家挖菜窖子，一日三餐绿色不断。东北人还发明了腌酸菜技术，风味独特，流传至今。东北人对生活永远充满激情，他们就地取材、匠心独运，创造了不少实用且有趣的生活方式，这些极具年代感和地域特点的生活方式在《人世间》都有展现，想必让南方的观众大开眼界，倍感新颖。

来说说东北话吧。我们的作家、编剧从来不曾鄙视过俚言俗语，有实力的作家会充分利用方言的资源，让作品的地域特色、审美价值更加凸显。尤其是《人世间》这样一部反映东北生活的年代剧，少不了方言的色彩。

汉语有七大方言，每种方言又划分多个片区。东北方言分为黑松片、哈阜片、吉沈片，片下又设小片。东北人对这种学术划分不感兴趣，他们有自己的理解与描述，擅长用日常事物来形容很抽象的概念。在东北人看来，黑龙江话、吉林话是"大碴子味"，沈阳话是"苣荬菜味"；大连虽处东北，却受移民影响，说的是胶辽官话，通俗地说，就是"海蛎子味"。这些形容只可意会，无法言传，有着不尽的诙谐感。

大碴子就是大颗的玉米碎粒，东北人常用它来解嘲自己的粗犷与鲁莽；苣荬菜入药，有清热之效，味道偏苦涩，做馅料甚美，但凉拌最为常见，那种恰到好处的苦味洋溢着只有东北人才能理解的乡愁。海蛎子来自渤海湾，大连人称之为"小海鲜"，其实价格不菲。白肉火锅用它做锅底，加酸菜，东北风格便溢锅了。在海鲜家族，若选择了海蛎子，便领略了"弱水三千，只取一瓢饮"的美妙。若品尝过以上食物，也许就有能力领悟东北各地方言的特色了。

《人世间》在吉林取景，但是看原著几处描写，故事发生地应是哈尔滨。学说东北话是演员们的首要功课，别看王阳是东北人，可是他不会说东北话，在剧中说的是标准的普通话，东北人的神韵似乎少了几分。周秉昆跟厂长请假，言语不和，二人顶撞起来，他甩了一句"你滚犊子"扬长而去，厂长在他背后吼一嗓子"你个小瘪犊子"，令人发笑。东北话里有一种神兽叫"犊子"，不尽的"犊子"让东北话喜感爆棚，"滚犊子"就是滚蛋，孩子们说是"翻滚吧，牛宝宝"。除此，还有"护犊子""完犊子""扯犊子""装犊子""王八犊子"等各种"犊子"。"瘪犊子"还有一群小伙伴，叫"毛驴子""兔崽子""王八羔子"，这些俏皮可爱的损人话，实在算不上詈辞。

喜欢一个人，广东话是"钟意"（同"中意"），上海话是"欢喜"，河南话是"相中"，东北话是"稀罕"。与"喜欢"相比，"稀罕"有独宠的意思，是"爱"的代名词。

据学者考证，"希罕"（今作"稀罕"）在宋元时期就出现了，满语"喜欢"的发音与"稀罕"相似。当时女真族创建的金国语言势力较强，部分少数民族语言进入了汉语中。女真族是满族的前身，至满族建立清朝，这种语言"入侵"的情形数见不鲜。东北人说"稀罕"时有一种隐忍而又泼辣的激情，有一种一腔子血倒给你半腔子的冲动。乔春燕喜欢周秉昆，"你咋那么招人稀罕呢？"周秉昆却没把她当成女的，她并不气馁，"我还是挺招人稀罕的"，说男人成熟晚，愿意等他长大。尽管如今"稀罕"已进入词典，但是东北人依然有腔有调、有眉有眼地将其定位在方言的范畴。霸屏10多年的东北喜剧《乡村爱情》中，王小蒙质问谢永强："永强，你到底是稀罕我，还是果园？"谢永强回："小蒙，嘎哈说这个啊，在你和果园之间，我更稀罕我爹。"东北人说话自带笑点，语意淋漓，一身的包袱，句句余音绕梁。

《红楼梦》也见"希罕"。第二十九回，宝玉拿了点翠的金麒麟，讨好黛玉说："这个东西倒好顽，我替你留着，到了家穿上你带。"林黛玉将头一扭，说道："我不希罕。"林妹妹的脸色、口吻，东北人太熟稔了。

还有"宾服"，这条俗语也常在戏剧文学中出现。吉林《戏剧创作》22页："你有志气我宾服你。"《戏剧曲艺集》37页："我是打心里宾服这个人。"要讲好东北故事，必须借助东北话。东北话有现场感，粗粝鲜活，直指人心，50年东北百姓生活史也是一部几乎完备的方言史。小时候我常听奶奶说"宾服"这个词儿，我们家族庞大，晚辈众多，奶奶对个别不思进取的晚辈很痛惜，常跟他们讲述别人家的孩子的种种美德，于是，"宾服"这个词儿就成了她口中的高频词。我那时虽小，却也知道"宾服"就是"服气"的意思，也学会了娴熟使用。《红楼梦》第八十四回，贾母夸赞薛宝钗："……都像宝丫头那样心胸儿、脾气儿，真是百里挑一的！不是我说句冒失话，那给人家作了媳妇儿，怎么叫公婆不疼，家里上上下下的不宾服呢？"如今，"宾服"作为东北典型方言被词典收录。

《红楼梦》里的东北话如奇花异草随手可摘，读起来也十分亲切耳熟，如"打饥荒""得济""编派""刚刚儿""何苦来""寡妇失业""红过

浪
布
拉
吉

脸儿""忽喇巴的""鸡声鹅斗""鲫瓜儿""家雀儿""解手儿""借谁的光儿""看人下菜碟儿""气不忿""使性子""胎里带""牙碜""养汉""镇唬",等等,如此看来,曹雪芹祖籍东北之说并非空穴来风。

几百年前的文学作品所记载的那些爱恨悲欢、生死离别,与今日的你我依然是息息相通的,所以,我们还说着祖辈留下的老话儿,老话儿里有天理,有人心。"今人不见古时月,今月曾经照古人",这些老话儿就好比是几百年前、几千年前的月光,亘古不变,依然照耀着我们今天的生活,让我们对过去的生活充满了无尽的遐想和不息的眷恋。

不难发现,这些东北方言大多也是山东、河北地区的方言,为何这些地区的方言存在着大面积的一致性呢?这需要从中国移民史中寻找答案。清朝时期,为了躲避战乱和饥荒,山东、河北地区的大量流民迁徙东北,史称"闯关东"。语言演化的原因是多方面的,大规模的人口迁徙是其中的重要原因之一。在20世纪的上半叶,东北地区的人口构成几乎是以山东人和河北人为主体,所以今天的东北方言和华北方言有很多相同之处。

方言是地方历史文化最重要的载体,也是一座城市民俗风情和市井生活最直接、最生动的体现。方言蕴藏着我们的身世和命运,我们从哪里来,到哪里去,其实都被方言不动声色地记载着。在东北,若读不懂东北话,就很难走进东北人的内心世界,也很难坐上东北的热炕头。正是这些东北话,让我们更深刻地感知《人世间》这部好剧所传达的价值观:做好人、有道义、有担当,这是东北人不变的信仰。

泡嫚儿,情况儿

嫚,是指女孩子,也说嫚子。东北方言说成大嫚儿。

"泡嫚儿",即泡妞儿,男人对女人不以结婚为目的的追逐。

为了放松紧张的神经、歇憩疲惫的身体,都市白领纷纷选择适合自己的休闲方式,每一种休闲方式都由一个"泡"字领衔,"泡网吧""泡酒吧""泡书吧""泡歌厅""泡茶馆"……以玩耍消遣之心长时间地沉浸其间,玩够了,就回家了。

"泡"是一个并不讨喜的字眼,常用来比喻事情或愿望落空,比如"泡汤"。大连话中还有一个常用词叫"奓将",形容一个人说大话,爱吹牛。在词典里,"奓"是方言用字,比如"大奓佬""大奓将",都是指说大话的人。

"泡嫚儿"能不能写成"奓嫚儿"?以花言巧语讨好女人,难免说大话,甚至说谎话;若想将女人骗到手,就要"泡"在她的身边,这需要花费不少时间呢。细品之后,你认为用哪个字更准确呢?

"老炮儿"是北京方言,指提笼遛鸟、无所事事的老混混。据说,北京过去的看守所位于炮局胡同,那些经常惹祸进看守所的混子们会说自己是从"炮所"里出来的,因此得名"老炮儿"。若用粤语来解释,"老炮儿"就是年老的古惑仔。

"老炮儿"除了好打架,还好女人。这一口,北京话叫"嗅蜜"。电影《老炮儿》中,六爷发现儿子小波被扣了之后,跟闷三儿说:"小波先是嗅了人家的蜜,又划了人家的车,这是自己家孩子不对。""嗅蜜"就是泡妞儿。只可意会,不便细说。

北京话中还有一个词儿叫"拍婆子",与"泡嫚儿"语义相似,都产生于特定的社会背景之下。"拍婆子"流行于20世纪60年代,是一例带有黑话性质的俗语。在那个政治运动风起云涌的年代,学校停课了,许多人的父母也受到冲击,年轻人精力旺盛,却无事可干,成了无人管的孩子,成天四处游荡,抽烟、喝酒、拍婆子。"拍婆子"并非实质意义上的男女关系,在"拍"的过程中往往有第三者在场,其实是一种具有团伙意识的聚众取乐行为。

盗亦有道,拍婆子也有拍婆子的规矩。如果人家有主儿了,你想拍下,这叫"呛行",要和那婆子的主儿掐一架。掐起架来可就没准了,可能被人给花了,也可能被人叉了。掐架赢了,这婆子就到手了。这个时候就开始刷夜了,男生带着婆子夜不归宿,与狐朋狗友在外鬼混。这里有这样一个惊人的细节,所谓的鬼混,并不像人们想象的那般不堪入目,顶多是搂搂抱抱,消磨时光。据说有的男女交往如保尔与冬妮娅

浪
布拉吉

那般纯洁。若真有了肉体关系，女孩会被称为"卖大炕的"，从此名声就毁了。

后来，"拍婆子"演变为"磕蜜"，也不好听，不如"嗅蜜"来得自然生动，甚至有诗意。如今的网络流行语"把妹""撩妹"，与"嗅蜜"同义，但都显得直白、粗俗。

大连话"泡嫚儿"也有一定的社会背景。20世纪90年代，全国范围内的国有企业和集体企业开始大规模下岗，东北是遭受下岗潮影响的重灾区，"下岗小吃部"充斥着大街小巷，三步一摊儿，五步一馆儿。经营者大多是中年人，他们是一言不发的受难者，比较务实，也有吃苦精神，很快投身五行八作找到了活路。而年轻人，还处于挣扎之中，理想与现实的冲突让他们的精神十分苦闷。处理不好这个问题，便容易成为社会的不安定因素。那几年，东北地区的犯罪率在全国居高不下。有的年轻人找不到正经工作，开始混迹歌厅、台球室、酒馆儿等娱乐消遣场所，"泡嫚儿"是这种混乱生活少不了的桥段。与"拍婆子"一样，"泡嫚儿"也并非男女之间有私情。身在其中的女孩子美艳泼辣，浑身江湖气，有多少故事，就有多少事故，与安分女孩的境遇多少有些不同。

2022年5月，人教版小学数学教材的插图引起争议，有人又指出《新华字典》第11版，"玩"字的解释居然有"玩女性"的示例，不尊重女性，极其低俗。翻查《现代汉语词典》，见"玩弄"词条有四种释义，其中"戏弄"一义的例子只有一个：玩弄女性。老师如何跟孩子解释"玩弄女性"？戏弄，当真是指将虫子夹在女生课本里这类恶作剧吗？这个词条显然带有强烈的年代感，是20世纪七八十年代大众通俗读物中的常用词，在80年代"严打"时期也是高频出现。从专业角度来看，词语本身是中性的，是对正面或负面的社会现象进行的客观反映。词典对任何词条不做道德评判。有学者认为，中小学生专用的工具书不宜收录这类词条。中小学生不仅需要规范使用语言文字，同时也需要进行道德观和人生观的必要指导。

20世纪80年代中期，港剧在内地热播开来，"马子"一词很快成为社会底层的流行语。据记载，"马子"的原意为尿壶，在民间，尿壶原称"虎子"，唐代李渊建国之后，因其父名为李虎，为避讳将"虎子"改为"马子"，后引申为供男人发泄之物。据古敬恒《人体词与人的秘密》一书记载："马子"语源在于"可任人骑"，含有男性对女性征服、玩弄与欺侮的喻义。

与"泡嫚儿""泡马子"对应的是东北方言"钓凯子"。何为"凯子"？《金瓶梅》中，潘金莲邂逅西门庆的那一眼，"生得十分浮浪"，文嫂向林太太介绍西门庆的话语，"正是当年汉子，大身材，一表人物。也曾吃药养龟，惯调风情……""泡"与"钓"，运用在非正常男女关系上实在生动。

"情况儿"，是指婚外情人。例句："看那个家伙嘚瑟的，居然把情况儿也带来了。"

"情况儿"也是武汉方言，含义相同。例句：又去见情况儿了？

《现代汉语词典》对"情况"有两种解释：一是指情形，比如"思想情况""工作情况"；二是指军事上的变化，泛指事情的变化、动向，比如"这两天前线没有什么情况""他俩的关系最近又有了新的情况"，等等。

《醒世恒言·杜子春三入长安》中："若没有城西老者宽宏量，三番相赠多情况，这微躯已丧路途傍。"冯梦龙《挂枝儿·相会》中："都说有情人相会时，无边的情况。"在古籍里，"情况"是情谊或恩情的意思。如此看来，大连话"情况儿"也是有典故和来历的。

大连人创作"情况儿"这条方言，应该是在20世纪八九十年代。此前，婚外情被人们用各种俚言俗语有声有色地描绘着，相比之下，"情况儿"一词比较含蓄，不含侮辱之意，也不作道德批判。

将军事中经常使用的词语拿来形容婚外情，这简直是大连人创作方言的绝技，也是大连话的幽默性所在。在过去的战争片中，老百姓发现鬼子进村了，会发出"有情况"的预警，梁斌《播火记》："情况来了，看看我们怎么应付它！"峻青《海啸》第一章："'有情况，停止前进，迅速隐蔽！'老宫把手一挥，发出了战斗警报。"

那个年代，大连人若发现身边哪个男人发生了婚外情，会很含蓄地说一句"他在外面有情况儿了"。对于一个家庭来说，那些小三小四可不就是侵犯美满家园的敌人嘛。后来被广泛使用的"外遇"应该是根据"在外面遇到情况儿"演绎而来的。

"情况儿"一词折射了中国人婚恋态度的变化。在20世纪六七十年代，离婚被视为最严重的道德败坏，"好人不离婚"，中国人根本不敢琢磨离婚

浪
布拉吉

这档子事。任何名人若敢涉足婚外情，那一定是在拿自己的前途命运开玩笑，必然要遭受过街老鼠的待遇，最后婚没离成，还搞得人不人鬼不鬼。1980年5月，作家遇罗锦以"没有感情"为由向法院起诉，要求与丈夫离婚。这条离婚理由在当时引发了一场关于离婚标准的社会大讨论。

风气初开是在20世纪80年代末期，中国人的婚姻开始出现各种"情况儿"。物质的富足，眼界的开阔，让人们开始自主择偶，大胆追求爱情。开放之风冲击着"从一而终"的传统婚姻观念，很多人开始漠视、背叛婚姻，在外面发生着各种情况儿。

20世纪90年代末期，关于"婚外恋""养小三""包二奶"的社会新闻充斥报端，婚姻问题拷问着整个社会的道德观。《中华人民共和国婚姻法》强调夫妻应当互相尊重、互相忠诚，用大连话说，有配偶者不得在家庭之外有"情况儿"。

在网络时代，各种混乱草率的婚恋思潮不断涌现，比如，结婚之前同居试验，叫"试婚"；相识数日便登记结婚，叫"闪婚"；结婚不足百天就分道扬镳，叫"闪离"……这些花样，这些"情况儿"，正在无情地摧毁中国人对爱情的信仰。

布拉吉，挽霞子

方言是土生土长的，蕴含着这一方水土的温度、筋骨、情怀、乡恋。方言是你的母语，隐藏着你的来历、身世、背景、阶层及性格禀赋，对于有些人而言，说方言才有归属感，这是一种迫切的精神需求。四川话里的花椒味，山东话里的大蒜味，陕西话里的臊子味，闽南话里的蚵仔味，大连话里的海蛎子味，都是精神世界的组成部分。为何老乡见老乡，两眼泪汪汪？因为彼此都说一口滚烫的家乡话，在交流互动中确认了彼此的归宿。

朱光潜先生当年从海外回国，住在北平，他坦言："我唯一的解闷的方法就只有逛后门大街。"后门大街是贩夫走卒、引车卖浆者的生存聚集之地，混乱又秽浊，朱先生偏偏钟情此地。夏日黄昏，后门大街人山人海，青葱大蒜，油条烧饼，卤肉肥肠，苍蝇乱舞，骆驼歇憩，站在锅炉边嚼烧饼的洋车夫，坐在扁担上看守大蒜咸鱼的小贩……朱先生无法抵御这种引诱，

"在这种时候，后门大街上准有我；在这种时候，我丢开几十年教育和几千年文化在我身上所加的重压，自自在在地沉没在贤愚一体、皂白不分的人群中，尽量地满足牛要跟牛在一块儿，蚂蚁要跟蚂蚁在一块儿那一种原始的要求。"在过去的年代，每个城市都有"后门大街"这样的地方，底层人的聚集地，俚言俗语就是从这里诞生的。

"后门大街"是方言的繁衍生息之地，与之相对的是方言的另一种身份——外来词。如果说"后门大街"上的方言是自己生养的孩子，那么，外来词就像是领养的孩子。所谓外来词，是指某种语言从其他语言音译或简单直译而来的词语。在大连话中，有两个极具有年代感与历史感的外来词："布拉吉""挽霞子"。"布拉吉"是俄语音译，指连衣裙；"挽霞子"是日语外来词，指白衬衫。据说，这两例外来词唯独在大连地区流行，如今依然是老一辈大连人的日常用语。

《新华外来词词典》对"布拉吉"一词有明确记载：一是指连衣裙；二是指一种西式甜点，如核桃布拉吉、摩卡布拉吉等。两种语义都源自俄语。

关于布拉吉和挽霞子的回忆温馨浪漫。20世纪50年代，大连街头经常能看到苏联军人，他们排着整齐的队伍边走边唱，小孩子欢快地跟在他们身后跑。在苏联专家居住的地方，黄昏时分常见苏联小伙子坐在窗台上弹唱，悠扬浑厚的歌声在暮色中格外入心，女孩子身穿布拉吉翩翩起舞，这段良辰美景深深地刻录在大连人的心底，成为他们对那个时代深刻的回忆之一。以黑、灰、蓝为主色调的年代，布拉吉的柔美俏丽带给大连人的悸动，隔着半个多世纪的光阴依然可以清晰感知。美的启蒙是从布拉吉开始的，布拉吉润物无声地更新了大连女性的审美观。

出于中苏友谊天长地久的美好愿望，大连人穿起了布拉吉，跳起了"伴舞"（当时大连人对交谊舞的称呼）。从部队到地方，从机关到企业，每个周六晚上7时至10时，灯火通明，倾城蹁跹，人们脸上洋溢着透彻的笑容，更深层次的快乐其实是来自精神上的解放。

浪 布拉吉

每个单位都有专门用来跳舞的大俱乐部，还有劳动公园、中山广场等露天场地供人们跳舞。《红莓花儿开》《莫斯科郊外的晚上》《喀秋莎》等苏联老歌萦绕夜空，动人的歌声消解疲惫与无聊，令人忘记了现实烦忧……

大钢（大连钢厂的简称）是当时拥有苏联专家较多的单位，工会主席的工作重点就是每周六组织工人们跳舞。舞伴成了一大难题，有人立马想到了大纺（大连纺织厂的简称）的女工。就这样，每个周六下班之后，大纺的女工们坐上工厂的大卡车浩浩荡荡地奔向大钢，车刚驶入厂院，《莫斯科郊外的晚上》的优美曲调隐约传来，女工们迈着轻盈的步子奔向食堂，只见400多平方米的食堂早已撤光了桌椅板凳锅碗瓢盆，大钢乐队的年轻人正在演奏《莫斯科郊外的晚上》……

那时候，每个单位的工会还有一个任务，选派有文艺天赋的员工到市文工团学跳舞，学成之后，回来教本单位职工。笨手笨脚的工人们学起跳舞来难度颇大，有人"逃舞"，后果很严重，要在生活会上做检讨。不参加舞会和旷工的性质没太大区别。在工厂学完跳舞，工人们回家还会搂着小板凳勤奋练习。从腼腆羞涩到落落大方，从连连踩脚到蹁跹起舞，从"礼拜六想逃"到"有钱难买礼拜六"，大连人的生活方式终于与苏联老大哥接上了轨。

也是从那时起，大连人埋下了爱跳舞，尤其爱在露天跳舞的情结。如今放眼打量，大连的露天舞场随处可见，可以说，有广场的地方就有跳舞的团队。大连人跳舞，从来不怕围观，越是围观，越是兴奋，越是超常发挥。

那时候跳得好、长得好的女工会被市国际交流处邀去伴舞，从没人说闲话。"我今晚去伴舞，跟你换个班"，人们大大方方地去跳舞。不能夸张地说是"伴舞"美化了心灵，但至少，在那个为"工业增速，超英赶美"而忘我劳作的年代，"伴舞"让劳累之余的人们获得了空前的放松和愉悦，一种悦人悦己的和谐之风，在舞厅与工厂之间、家庭与社会之间、干部与群众之中，形成了良好的循环。可以说，"伴舞"改变了大连人的精神面貌，令他们焕发出了与新中国蓬勃建设相得益彰的气质。

那么，年轻人去跳舞得不得有一身跳舞的行头？这跳舞的行头究竟是什么样子呢？若是夏季，当然女穿布拉吉，男穿挽霞子。想象一下，甩掉一身灰暗油腻的工装，洗脸梳头，小伙子换上了洁白的的确良衬衫，将下摆束进簇新挺括的黑裤里，一份时尚儒雅的精气神跃然而出；姑娘们穿上布拉吉，摇身一变，婀娜妩媚。在那个年代，对年轻人的评价，除了品性和工作能力，"他／她舞跳得好"也是一句相当不错的评语。

年轻人在"伴舞"中自由恋爱，谁说那个年代没有浪漫，布拉吉和挽霞子见证过。

大连方言中有不少外来词，其来源主要是日语和俄语，这不仅是因为地理位置相近，更有深层的历史原因。大连曾被沙俄殖民统治了7年，又被日本殖民统治长达40年，尤其是被日本殖民统治的40年间，大量的日语进入大连人的生活，以外来词的身份活跃在大连方言中，有时候人们误以为它们是土生土长的汉语，而忘记了它们是外来词。学者游汝杰说："汉文化的宽容性使它能容纳下古往今来的种种外来文化和相当数量的外来词，同时汉文化又具有极大的消融力，善于将所吸收的外来文化加以消化改造，变为中华文化的组成部分。"

近代以来，中国对外开放的两个最大门户是上海和广州，许多外来词先在这两个区域流传开来，然后风靡全国，成为覆盖面较广的全民性语言。比如，"沙发""太妃糖""加拿大"这三个外来词就是从上海登陆的；"鸦片""三明治""的确良"是从广州登陆的。"的确良"是大连人最熟悉的方言，它是一种进口纺织品，彼时的挽霞子就是用的确良面料制作的。最初，广州人把它称为"的确靓"（"靓"是漂亮、好看的意思），是英语dacron的译音，其他地方的人模仿广州人的发音，就写成了"的确良"。这种写法让人以为这种面料很凉快，其实它的透气性很差，舒适度并不高。

在学者周振鹤的研究里，现代汉语外来词中以日语为来源的外来词占比较大，而这些外来词又以反映西方文化内容的词语占绝大部分，这种情况既说明近现代日本吸收西方文化远远走在中国前头，还说明日本是近现代中国接受西方文化的转驳地。

外来词的显著特点是译音而非译意。有些外来词只是流行于方言区，反映了地方文化深受外来文化的影响，生动记录了当地的历史变迁。大连方言库里就容纳着相当数量的日语外来词，除了本文中讲到的"挽霞子""的确良"，还有"马葫芦"（下水道）、"瓦斯"（煤气）、"榻榻米"（铺在地板上的草垫或草席）、"冰棍儿"（冷食，指冰棒）、"万年笔"（自来水笔）等。

日本殖民统治大连时期又有一些新的方言诞生，这些词语是那段屈辱历

浪
布拉吉

史的一种深刻记载。比如"苦力车"，又叫"红皮车"，外表涂着红漆，从寺儿沟到西岗，是中国苦力、贱民的专乘车；比如"割脖子"，是被撤职、辞退的意思；比如"大米包"，日本殖民统治时期把大米装在草包里，形容一个人胆小怕事、懦弱无能，纯属草包；比如"拿片子的"，日本军警宪特机关雇用一批中国人做暗探，在上述机构挂名便享有津贴，对外活动时持有其主子的名片，也被老百姓称为"腿子"或"狗腿子"；比如"水袜子"，中国劳工穿的一种带勒的胶鞋，有分叉与不分叉两种，多在有水的地方劳动时穿；比如"磨叽"，是以黏大米为原料制作的一种食品，有带馅的，也有不带馅的，形容人说话办事拖泥带水，黏糊不清；比如"半拉子"，出身贫寒的孩子读不起书，十几岁时被送到工厂当学徒或到农村当帮工，他们衣单食薄，饥寒交迫，身子骨还没长成，不能顶一个整劳力，故称之为"半拉子"。

掉价儿，砢碜

"掉价儿"与"砢碜"是大连方言中的一对近义词。

"掉价儿"，即有失身份。例句："我本想在她面前露露脸，没想到弄巧成拙了，真掉价儿，真丢人。"（《辽宁群众文艺》1979年第1期44页）

"砢碜"有三种释义：丑陋，难看；丢脸，不体面；讥笑，揭人短处。

"你嫂子那字写得才砢碜呢。"（《黑龙江艺术》1983年第1期40页）

"咋的，怕砢碜怕丢丑是不是？你干的就是这路事嘛！"（《北方曲艺》1983年第3期3页）

"哎呀，小芳，别砢碜我啦，我服了，服了。"（《锦州剧作选集》180页）

以上三个例句，分别解释了"砢碜"的三种词义。

如果说方言真的存在，那么，它必然在人们的日常生活中留下痕迹。民间老房子里的每一位老人，都是一部方言的活字典。

大连人特别讲究面子，讲究穿戴。最经典的案例就是"苞米面肚子，料子裤子"。料子是过去年代的高档衣料，兽毛纤维或人造毛编织出一份沉实华贵的质感，日子再贫寒难过，也要想法置办一身料子行头。在那个年代，哪有薪资之外的赚钱之道，只能口挪肚攒从嘴巴里省了。吃得这么砢碜，原来是为了追求外表的好看，这个代价令外地人深深地嘲笑我们。这是爱慕虚荣吗？不，通过衣装维持人前的尊严，这是人的一种精神本能。后来这世道也流传着"漂亮者生存"的暗示——没人有义务透过你邋遢的外表，去发现你优秀的内在。张爱玲也非常坦诚地说过，以相貌悦人与以思想悦人没有多大区别。

告别"苞米面肚子，料子裤子"的年代，大连人"浪"起来了，大连街上到处都是好看的人，再也找不到穿戴砢碜的人了。东北方言"青斜纹裤子，苞米面肚子"是形容生活水平较低，一年四季穿粗布、吃粗粮。例句："学了这么些年大寨，可老百姓还是青斜纹裤子，苞米面肚子啊！"是啊，粗衣恶食，活命要紧，谈何砢碜？

一个人穿戴太砢碜，会掉价儿，掉的是身价儿。看人下菜碟，首先看的就是一个人的穿戴。一个人的穿戴附着很多个人信息。虽然当今社会不倡导以貌悦人，但一个人每天衣冠楚楚，气息清明，且有着与之匹配的言谈举止，不仅自我悦纳，也是对别人的一种尊重。

大连作家马晓丽写过一篇散文《与一个浪漫的城市相处》，说有一次突然想去孙惠芬家聊天，没有打招呼，一进门发现孙惠芬的老母亲在家。马晓丽与老人家很熟了，那天却发现老人家特别不自在，趁她俩说话之际悄然离开了。孙惠芬笑着说，家里突然来客人了，老母亲没来得及换衣裳，感到很不安，她应该是去换衣裳了。果然，老人家再出现时，身上换了一套新衣裳。马晓丽在文中感慨："九十岁的老人家一字不识，但当她从容地拽拽衣角，端庄地坐下来的那一刻，我突然明白了，这，就是文化，大连人代代相传的文化。"

如今，人们都讲究物质生活的体面，却忽略了培育精神层面的体面。精神上的体面，包含很多内容，比如自食其力、清正廉洁都是一种精神上的体面，博览群书也是一种精神上的体面。张立宪在《守护读书人的体面》一文中谈了他对"体面"的看法。作为《读库》的投资人，他看淡《读库》的生死，却死守读书人的体面。如果资金困难，他宁愿贷款，也不愿在朋友圈绑架情感做营销。《读库》重要产品"老课本丛书"推出了《共和国教科书》，杨绛先生看到这套书非常欣喜，说她当年在北师大附小读的就是这套书。张立宪当时就想到了一句广告语："杨绛小时候用的就是这套书，那么你呢？"稍作思量，他就放弃了这个噱头，原因很简

浪
布
拉
吉

单，他觉得不体面。

顺着张立宪这个思路审视自我，我们有意或无意间做了多少砢碜事。我们鲜衣楚楚地从远处走来，却被人腹诽一句"又来了一个羞答答的厚颜无耻者"。这是为什么？究竟哪里出了错？

《海燕》创刊60周年时，我有幸拜读了由读者提供的20世纪五六十年代的《海燕》杂志。那时《海燕》的作者来自基层各行各业，发表作品要标注作者身份，有造船工人、纺织女工、战士，甚至还有农民、扫盲班老人，等等。我非常认真地阅读了这些杂志，想从中寻找大连方言。令人意外的是，这七八本纸张泛黄、陈味浓重的老杂志，穿越了半个世纪，居然看不到过去年代人们所说的方言。比如，1960年第一期刊登了一篇小说《罗克逊先生输了》，作者的身份是造船工人。小说讲述一艘英国轮船在大连港触礁受损，傲慢的英国人罗克逊先生提出必须20天之内修好，我方考虑到船上装满海鲜，向罗克逊先生保证只要8天时间。在抢修期间，罗克逊先生经常上船冷嘲热讽，威胁恫吓，我方工人与他的对话，句句大义凛然，没有一句方言俗语，外交辞令的色彩强烈。

编写方言词典，最重要的内容是例句。《东北方言口语词汇例释》是从20世纪80年代黑、吉、辽三地的报刊中摘录例句，杂志多于报纸，以文学艺术类杂志居多。编纂者王树声由衷地赞叹："许多例句读起来如珠落玉盘，铿锵有声，那凝练、那精彩、那诙谐、那深刻，绝不亚于高雅华贵的名篇中的名句，是另一种高雅，另一种美丽。"20世纪80年代是乡土文学的辉煌期，乡上文学成为方言的摇篮，为保护方言立下功劳。可是，五八十年代的文学期刊，为何找不到一句方言？

原因也不难查找。我国是在1949年至1955年拉开文字改革的序幕，1956年至1965年迎来文字改革的高潮，标志性事件是公布《汉字简化方案》、全国报刊实行横排。1956年，国务院发布了《关于推广普通话的指示》，学校是推广普通话的主要阵地，各行各业也掀起了学习普通话的热潮。在这种时代背景之下，文学爱好者自然将写作当作学习普通话的最好方式。扫盲班老人能用普通话描述墒情农事，这在当时是多么大的进步啊。

但想象一下，如果造船工人用大连方言与罗克逊先生对话，那该多带劲啊。有些方言剖析人性、刻画人物性格，要比普通话更给力。

保护方言，就是保护地域的历史文化，铭记祖辈重建家园的故事，敬畏祖辈遗留下来的生活讲究。嵇汝广在《记忆·大连老街》一书中记载了大连老字号"泰华楼"的历史，"泰华楼"由山东福山大厨创建，当年山东人"闯关东"，最优越的职业就是厨师，鲁菜的推广，福山厨子功不可没。据《盛京日报》记载："1923年12月12日下午，汪精卫乘舟抵连，下午游览大连名胜，晚与旧友金子雪斋、傅立鱼二氏同饮泰华楼。"嵇汝广将"泰华楼"翔实深厚的历史记录下来，"泰华楼"第四代后人穆丹宇读了之后，心情久久无法平静，"非常遗憾的是，嵇汝广希望我能将'泰华楼'的资料完善起来，然而我的母亲已离世，我能记起的，已经支离破碎，无法完成嵇老师的心愿。因为我对祖辈历史的不重视，致使母亲留给我的珍贵遗产，被我无知放弃。这使我明白了，对'孝顺'二字，不仅是陪伴与服侍，更要珍视他们曾经告诉我们的人生往事，并将它们整理成文字永远记忆，只有这样才不留遗憾。""泰华楼"后人的心声，发人深省。

记忆里，奶奶80岁之后，睡眠少了，在那繁星满天的夜晚，她躺在床上自言自语地讲起家族往事，我每晚都是在她悠远绵长的语调中进入梦乡。冬天，她醒得早，披衣而坐，又开始唠叨不休。我在半梦半醒之间，也记下了逃荒要饭被恶犬追撵等细节。"泰华楼"的后人当年听母亲讲述家族往事，大概也是我这副漫不经心、半梦半醒的状态。作为一个与地域历史紧密联系的重要家族，这种年少无知的错过与遗落确实令人扼腕。

轧乎，扎咕

"轧乎"，是指人与人之间相处、交往。

据《现代汉语词典》记载，"轧"有"结交"的义项，"乎"乃动词后缀。

不少大连方言难以找到确切的书面用字，音谬功浅，语误义失，这是一种遗憾。相比之下，"轧乎"却是音义皆通的一个词条。

《东北方言口语词汇例释》对"轧"有记载：轧，结交（朋友、亲家）。例句："穷轧穷，富轧富，秫青的轧个租地户。"（《风雪情》87页）

上海话也有"轧朋友"一说，准确的发音应该是"轧傍友"。"兜上

海，轧傍友"，特定语境下表示谈对象，结交男女朋友。

一栋老楼的洋槐树下，两个中年女人在聊天，手里都有活儿，一个择豆角，一个拆毛衣，没有刷屏玩手机。夏季午后的清风鼓荡着她们身上干净的棉衫，看上去舒适极了。

"俺姑娘在单位跟人没轧乎好，想换份工作，她爸不同意，这份工作待遇不错。跟人没轧乎好，有她自身原因，她嘴碎，一天到晚二不棱登，动不动尥蹶子，给领导上眼药，难怪人家嫌弃她……"

"俺儿跟他部门主任也没轧乎好，俺儿是高级职称，他那个主任靠关系上来的，没啥真才实学，人品血坏，俺儿能宾服他？现在年轻人靠本事吃饭，不用为他们担心，只要他们有章程，是那块料儿，到哪儿都有饭吃。"

除了"轧乎"，这两个女人的对话中还有哪些大连方言？

"嘴碎"是指说话啰唆。《红楼梦》中："二则姨妈老人家嘴碎，饶这么样，我还听见常说你们不知过日子，只会糟蹋东西，不知惜福呢。""二不棱登"是形容傻里傻气、不太精明，也称"二百五"。周立波以东北话描写东北土地改革的长篇小说《暴风骤雨》中有一句："你妈……养活你这么个二不隆咚傻相公。""二不隆咚"即"二不棱登"。在大连方言中，"×不××"构式的形容词（词组）较多，如"酸不溜丢""黑不溜秋""粗不伦敦""白不呲咧"等。"尥蹶子"，比喻人桀骜不驯，不服管。"上眼药"比喻制造麻烦，使处境尴尬。

"血坏"就是很坏的意思。"宾服"即佩服。"章程"是指办法、本事。"是块料儿"指具备某方面的潜质，将来会有出息的。

作家王安忆回忆父亲与多年不见的老战友见面，战友说："你一点儿没老。"父亲问："你的头发怎么都没了？"不会寒暄，实话实说，场面有些尴尬。若有不喜欢的、不识趣的客人来访，父亲会在人家刚转身跨出门槛时，朝人背后扔去一只玻璃杯。"他极保护自己个人的生活，他是愿意怎么生活就怎么生活，毫不顾及别人会说什么。别人对他留有什么印象，是他从不关心的。他是只需自己就能证明得了自己，只需自己这一个证明的。可说是十分自信。比起世上太多的终年累月为别人的观瞻营造一个自己的生活，是要轻松，却也多了一种别样的艰难。"

对人际关系用力过猛，处处钻营，很累心；对人际关系不在乎，"愿意怎么生活就怎么生活",精神上倒是自由浪漫,却难免多了现实层面的艰难。

大连人轧乎人有哪些特点呢?大连人坦率真诚,胸无渣滓,如果愿意跟你轧乎,就会真心实意地对待你,跟你说真话,办真事,从来不搞虚里冒套的;大连人怕浪费时间和感情,浮夸的、弄虚作假的、矫揉造作的,都不在朋友圈里。

大连人讲究"交朋轧友",朋友有难若袖手旁观,那是做人的耻辱。我身边有这样一个私企老板,他在酒店吃饭,经常会为好几桌人买单。去洗手间碰到一个朋友,就去给人那桌的单买了。再去趟洗手间,又遇到一个朋友,再买一次单。这就是豪爽仗义的大连男人。有人说他太实诚了,有人说他是暴发户的心态,可这位"海南丢子"的后代说:"看见朋友在这儿吃饭,不给他买个单,总觉得不过意……"

大连人轧乎人讲究一个"情"字,更讲究一个"长"字——长情。当彼此价值观相似,不论贫富贵贱,不论过去了多少年月,我们仍然"在一起"。

在单位里,与上司、与同事、与客户轧乎好关系;在家庭里,与配偶、与长辈、与孩子轧乎好关系;在小区里,与邻居、与保安、与保洁轧乎好关系……所谓生活,其实就是理顺各种人际关系。将各种人际关系轧乎好了,生活就会顺心如意,一切美好也如约而至。

浪布拉吉

怀一颗敬畏心,深入民间采访那些白发苍苍的长者,发现他们每个人都是一部方言的活字典。辽南乡村老人常说的一个方言词是"扎咕",垂暮之年,疾病缠身,这个词儿成为晚年生活的高频词也不奇怪。

经考证,"扎咕"是满语的音译借词,有两个释义,一是修饰、打扮,二是治病。《奉天通志》卷一百《礼俗四·方言》记载："俗谓治病为扎孤病，满语治也。""修饰、打扮"的语义系由"治"派生而来。

"俺家那里那个，常时过好日子时节，有衣裳尽着教他扎括，我一嗔也不嗔。"（《醒世姻缘传》）

"我前些日子闹眼睛，公家大夫给扎咕好了。"（周立波《暴风骤雨》）

"我借个推车子，推您到医院去看看病，快点扎咕好。"（《说演弹唱》）

满族起源于东北，在漫长的历史发展中，形成了富有民族特色的风俗文化，满族岁时风俗，与汉族有相似之处，但又保持着鲜明的自身特色。满族人建立清政权后，由于满、汉两个族群共同参政议政、经贸合作，以及通婚杂居等原因，语言之间必然会相互影响。清中期以后，满语逐渐被放弃，满族人学会使用汉语北方方言，只有旗人内部和旗籍官员在某些特定场合仍然说满语。到20世纪80年代，除了东北偏远地区少数老人还说满语外，满语基本消失了。但是，作为曾经广泛使用的语言，满语在北京方言、东北方言和大连方言中留下了深深的印记。

大连话日常用语中，满语的音译借词较多，在吸收这些民族语汇的同时又往往按照"音近义通"的原则略加改造，再用相应的汉字记录下来。比如，"邋遢"，形容不整洁、不利落；"马勺"，是指带把的大勺；"磨蹭"，意为故意拖延；"穷得叮当响"，指非常穷困，"叮当"出自满语，也是穷的意思，"响"是借助汉语词义加的后缀；"各色"，性格特别，难以相处，满语的原意是特殊；"哈喇"，动物油等食物变质后的气味。"裤裆""胳肢窝""瞎嘞嘞"也是由满语而来的。

此外，还有一些大连方言词包含的语素是满语的音译，如"笨笨拉拉"中的"拉拉"是满语"末尾"的意思；"哨卡"的"卡"是满语"边关"的意思；"藏猫"中的"猫"是满语"树丛"的意思；"公子哥"中的"哥"是满语"少爷"的意思；"压马路"中的"压"是满语"行、走"的意思，等等。

从语言的变化消亡这个角度来看，目前在汉语方言中主要存在两种类型：突变型和渐变型。突变型是指弱势方言在强势方言的强大冲击下，最终被彻底放弃，人们改用强势方言。这个过程需要经过几代人才能完成，中间还要经过一个弱势方言与强势方言并存的过渡阶段。渐变型是指弱势方言受到强势方言的影响和冲击，逐渐磨损，丢失了自己的个性，同时不断吸收强势方言的成分，逐渐向强势方言的方向演变。

在同一种方言的内部，方言词的生命力强弱也不同。有的方言随社会变迁而被淘汰了，有的方言却一直活跃在老百姓的生活中，甚至常在报刊上出现，也有可能与网络流行语融合成为新词。有的方言终将逝去，它们太单薄了，无力阐述新的生活内容。中青年人以强势方言为主，而老年人使用弱势方言。比如"扎咕"，就是弱势方言，中青年人对它非常陌生，而老年人却熟得很。

与保姆聊"扎咕"，她很惊喜："哎呀，好多年不说这话儿了，这是山东话，俺家老太太经常说。""快说说，你家老太太是怎么说'扎咕'的？"

老太太80多岁了，耳不聋眼不花，识人辨物相当透彻，对生活要求很高。周末，在大连街住的晚辈们来看望她，老人家在孩子们来之前总要扎咕一下，将头发梳得一丝不乱，穿一身玄青色新衣裳，非常气派。在老人看来，这是做长辈应有的礼节。

保姆在附近小区替人家看孩子，早晨出门若没换衣，就会遭老太太的数落："你就穿这一身出去了？不能扎咕扎咕吗？"保姆说："到别人家也是干活，有什么可扎咕的？"老太太说："你穿得这么埋汰去抱孩子，人家父母能乐意吗？"

脑子有病，彪乎乎

脑子有病，有什么病？神经病呗！脑子长包，长什么包？瘤子呗！长了瘤子的脑子肯定不好使了。"脑子有病"（有时也说"脑子长包"）是辱骂人的话，形容一个人精神不正常或智力低下，行事不可理喻。

每个地区的方言中，都有一小撮詈辞。这些辱骂人的话大多有两种意思：一是呆傻、无能；二是下贱、不正经。比如湖北的"苕"，陕西的"瓜娃"，上海的"阿木林""巴子""小瘪三""十三点""寿头"，

浪布拉吉

四川的"弹胎娃""录活儿""神搓搓"，北京的"棒槌"，东北的"彪扯扯""彪淘淘""唬不嘎叽"，大连的"彪乎乎""彪睬睬""彪嘞嘞""唬腥腥""潮乎乎""卡乎乎""二乎乎"，等等，都是用来形容一个人冥顽无能、愚鲁呆傻、不合时宜。上海的"贱骨头""下作"，四川的"屁儿痛"，北京的"大喇""跑头子货"，大连的"贱皮子""贱掰掰""贱嗖嗖""贱呲呲"，都是形容一个人卑贱、轻佻、浅薄。在"贱"字头的词条里，还有一个"贱薄喽嗖"也是大连人常说的口头语，是指物品价格非常便宜，引申形容一个人举止轻佻、不庄重。

在大连话里，也有不少骂人话。因为低级庸俗，这些方言不便在书面呈现，而"脑子有病""彪乎乎"这一类，应该算是无伤大雅、老少皆宜的骂人话。

北京方言很丰富，仅骂人的专用词汇就不胜枚举。俗话说"京油子，卫嘴子"，"京油子"是指那些很会说话的人，从来不会得罪人，即使骂人都会用含蓄又精到的词汇；"卫嘴子"也是指嘴皮子厉害，办事圆滑，善于用嘴。相比之下，大连方言中的骂人话，过于直白浅显、通俗易懂。"脑子有病"便是一例。

在大连家庭中，夫妻二人吵架，当一方认为另一方不讲理、无法对话时，就会怒吼一句："你脑子有病啊！"我曾亲眼见过一对"90后"小夫妻吵架，男主是湖南人，女主是大连人，湖南人被称为"南方的北方人"，性子也是相当刚烈的，嗓门子也不小。大连姑娘吵不过人家，说了一句"你脑子有病，我不跟你一般见识，上一边儿去吧！"湖南小伙儿以为媳妇诅咒他，脑子得病那还了得？十有八九是不治之症。媳妇如此恶毒，哪有恩爱之意？当然，湖南小伙儿后来明白了这条方言的真正含义。

一对男女，一南一北，若互相爱慕，结为夫妻，建议第一课除了生育科普，还要摸清对方那里的詈侮之语。两个人在一个屋檐下生活，除了方言，生活习惯、思维方式、价值观念都需要磨合。那对小夫妻时常吵架，并非感情问题，有时是对一个社会热点事件看法不同而争执得不可开交。这在老辈人看来，简直是吃饱了撑的，闲大发劲了，可在他们的体验里却是一个不小的婚姻困扰。

再说南北两地人。在中国历史上，湖南人以禀性刚烈、聪明勇决、敢于承担而著称，文史学家们对湖南人毫不吝惜溢美之词："惟楚有材，于斯为盛""楚虽三户，亡秦必楚""无湘不成军"，等等。曾国藩、左宗棠统领的湘军把大清朝的香火延续了将近半个世纪，新中国很多开国元勋来自湖南，湖南人读书治国、当兵打仗、商务贸易，样样都出彩儿。相比之下，东北人在经商方面，似乎喜欢复制别人的经验，缺乏创新能力和冒险精神。所以，东北人特别不愿被人骂成"脑子有病"，尤其是大连人，具有东北人独有的霸气之外，还格外有灵气，更受不了被人嘲讽肩膀以上部位。但实际上，"脑子有病"是无关痛痒的斥责之语，在坊间两人对峙争论，你说我脑子有病，我说你脑子长包，是说事论理的习惯用语，是句子的后缀，也是偃旗息鼓的暗示。

"彪"在词典中何解？有些大连方言表现力过于强悍，在生活中使用频次不低，几乎令人忘记了其本义与来处。

在词典中，"彪"有两个释义，一是形容身材魁梧的男子，如"彪形大汉"；二是指虎身上的斑纹，借指文采，如"彪炳青史"。大连话"彪"是指不通事理、行动鲁莽的人，有时也指傻子。"彪子"就是傻子，"彪乎乎"就是傻乎乎。在乡下也说"半彪子"，有自谦的意思，"大侄女可别见笑，你大叔生来就是半彪子。"

这是早些年间发生在大连某工厂的事情，一位工人的老婆精神不太正常，总是怀疑老公有外遇，三天两头到工厂吵闹。每当保安人员发出警告时，她就理直气壮地说："我有'彪子票'，派出所也不敢抓我。"何为"彪子票"呢？大概就是一纸精神病诊断书吧。

在"×+乎乎"构式的书面使用中，《汉语大字典》中认为"乎"为助词，可以作为形容词的后缀。在"彪乎乎"这样的组合中，"乎乎"可以作为形容词"彪"的后缀形式出现。《汉字源流字典》中认为"乎"是"呼"的本字。也有人将"乎乎"写为"呼呼"，有研究者认为，这种写法也颇有道理。《醒世姻缘传》中："（珍哥）要往十王殿去，呼呼地坐了晁大舍的大轿就去，没人拦得。"这句话中的"呼呼"在《汉语大词典》中"形容行动急骤，气势盛大"，该释义在《老残游记》中也可以得到证实："当时只听得城上一片嘈嚷，说：'小垫漫咧！小垫漫咧！'城上的人呼呼价往下跑。"释义中"急骤""盛大"都带有一定的程度色彩，因此，"呼呼"也带上了一定的程度色彩。当"呼呼"与表示事物性质的词组合时，有加重程

浪
布拉吉

度的表达效果。所以，"×+乎乎"与"×+呼呼"构式都是准确的，均具有使用价值。从交际功能来说，复音化加强了词语的表达效果；从文化心理来说，复音化体现了语言的审美要求，双音节词更显对称和谐，更具美感。

"潮乎乎"与"二乎乎"都有稀里糊涂、傻里傻气的意思，但在日常生活中使用还是大有区别的，"潮乎乎"更多指缺心眼、智商低下、情商余额不足，"二乎乎"是指偶尔失误、一时糊涂，是可以原谅的。两个女人因一点儿摩擦吵起来，既要维持自身形象不能沦为骂街泼妇，又要发泄内心的愤怒，便会频繁使用"潮乎乎"一词羞辱对方。我们经常在家庭中使用"二乎乎"这个词儿，不含恶意，更多是抱怨。比如："老爸老妈年纪大了，整天二乎乎的，总是丢三落四。"在这里，断然不可说父母"潮乎乎"的，那可是大逆不道啊。

在东北影视剧中，经常会出现一位名叫"彪哥"的人物。比如《马大帅》系列剧中，范伟所扮演的范德彪，被人称为"彪哥"。"彪哥"故事多，笑料多，演过这个角色之后，范伟就享有了"彪哥"这个名号。

东北人在"彪哥语录"中开怀大笑，常被南方人耻笑。在一个家庭里，妻子是南方人，丈夫是北方人，丈夫痴迷东北乡村题材影视剧，而妻子非常厌恶"彪哥"之类的人物，也是免不了为各自的兴趣、审美和观念而争论不休。

东北人心直口快，有何不快就单刀直入地挑出来，经常有急赤白脸（大连方言，也说"急头掰脸"，心里着急、脸色难看的意思）的时候；东北人倔强，爱拔犟眼了（大连方言，脾气执拗、固执，说极端的话），容易得罪人。东北人缺点不少，但优点更多。东北人诚实、爽朗、慷慨、豪放、坚毅，东北人的热情好客尤其被人称道。当然，有些事情若用力过猛，就会物极必反受人诟病。

在大连家庭里，女主人经常会用"俺家那个彪子"形容男主人，比如，"俺家那个彪子在外面喝酒呢！""俺家那个彪子背着我把钱借给朋友了。"这两句话生动地刻画了大连男人的性情。如此看来，"彪"后来可以作为褒义词使用，也就不奇怪了。"彪"直接反映了东北人的优秀品德。东北民俗学家王兆一曾说"傻人好忘己"，一个人只有忘却自己，才能奉献别人，奉献社会。翻阅"大连好人榜"，你会发现这些好人身上都有一种"彪子精神""傻子精神"。

明代顾起元《客座赘语》卷一："闾巷中常谚，往往有粗俚而可味者……此言虽俚，然于人情世事有至理存焉，迩言所以当察也。"乡言村语虽然粗鄙庸俗，却很有意味。感知一方人的脾气秉性，理解一方人的喜怒哀乐，必须读懂他们的语言。走进一个人的内心世界，方言也是一条路径。方言有一种"自私"的美，只有此地人能沉浸其中并获得慰藉。

勾嘎儿，熬糟

如果用一条大连方言来形容大连人十分满足、万分陶醉的心情，你想到了哪个？有人说"展扬"，有人说"血受"，有人说"干净"，这几条大连方言都沾边儿，但都不是很精准。

"那家老菜馆的酱焖大黄花，味儿太地道了，把俺们一个个吃得勾嘎儿的。""小区保安老刘的儿子考上了北大，看把他乐得勾嘎儿的。"

没错，大连人的好心情必须用"勾嘎儿"这条方言来诉说。

东北方言有一个"勾嘎不舍"，与"勾嘎儿"语义完全不同。"勾嘎不舍"，是形容治家或理财十分仔细节俭。

好友张先生从上海回来，酒局前非要吃碗焖子解馋。漂泊在外的大连人，对焖子的垂涎是乡愁的一部分。

每座城市都有自己的古早味，焖子是大连的古早味。在张先生这里，我们看到，最解乡愁的不是风景，而是食物。

"古早味"，是闽南人用来形容传统味道的一个词儿，也可以理解为"怀念的味道"。原本是形容食物，后来引申开来概括所有具有年代感、历史感的社会风俗事物。几乎每座城市都有一些文艺小青年致力于古早味的发掘与创作。在南方，以古早味为主题的文创产品铺子格外多，可以说，一座城市历史文化底蕴越深，古早味的文创产品就越多。

去一个地方旅行，总要品尝此地的古早味，对食物有了印象，才算到此一游，不枉此行。

去哪儿吃焖子？当然是天津街的美食大排档。如今，焖子风格也丰富多变，我们想请他吃个混搭风格的海鲜焖子，或者吃个创新风格的麻辣焖子，可张先生一口拒绝，他只要原味焖子，蒜泥、芝麻酱，简单又香醇。

浪
布拉吉

吃焖子前，张先生一声长叹："回家啦！"瞧瞧，为长久漂泊在外的大连人接风洗尘，一碗古早味的焖子足矣。

"摆什么酒局，一碗焖子就吃得毛驴子勾嘎儿的……"眼前的张先生被一碗焖子打回了"毛驴子"的原形，中学时代因性格倔强落了个"毛驴子"的绰号谁好意思叫？一碗焖子卸下了张先生身上那副南方水土养育出来的精致范儿，大连韵儿、大连做派显露出来了，这才是咱们的"毛驴子"啊。

"毛驴子"吃相虔诚感人，那碗焖子金黄油亮、丰美坚实，色香味俱全。我也要了一碗，入口鲜香有劲，轻微的黏牙感，蒜香华丽，芝麻酱十分默契地烘托着香气。一碗焖子解乡愁，"毛驴子"吃得心满意足啊。

我们大连老辈人常说"待早年"这个方言词，它是年代久远的意思。"70后"们在祖辈膝前所听到的每一个故事，无一不是以"待早年"起头的。爱说"待早年"的老辈人逐渐逝去，而我们，却担不起"待早年"那些生活、那些美德。

作为"70后"，我对传统生活尚有留恋和敬畏，我努力地从母亲那儿学习大连老菜的做法，但无论我使出怎样的"洪荒之力"（此处用了网络热词，也是不由自主），也酝酿不出"姥姥家的味道"。母亲经常像仙女下凡一样，从泉水倒两趟公交车，到星海为我做顿饭，女儿放学一进家就大叫"姥姥来过了"。母亲做的都是古早味的饭菜，在女儿的嗅觉记忆里，我这个当妈的根本搞不出来这种味道。

姥姥家有姥姥家的味道，那是岁月与亲情的味道，那是老辈人独有的生活方式经年累月积攒下的味道。而我们，能为儿女酿造带有我们这一代人的故事、思想和情怀的经典味道吗？

古早味的食物令人怀念，不论是食材还是做法，都体现了过去年代简单朴素、克勤克俭的生活理念，今天再重温这些食物，常以失望收场，我们的味蕾浸淫物质欢场，已经回不去古早味了。

古早味里有城市的历史文脉，有祖辈留下的文化遗产，可是很多古早味的房子和街道都消失了。"让城市融入大自然，让居民望得见山，看得见水，记得住乡愁。"这不是哪篇散文里的句子，而是习近平总书记在中央城镇化工作会议上的讲话。留住古早味已俨然上升到了国家战略发展的高度。

当人们的感情逐渐平静下来，老建筑突然间在原址"复活"了。所有的结构，所有的细节，你都可以仿造得栩栩如生，但是那从岁月深处一路走来的古早味绝不可仿造。古早味是从历史沧桑中提炼的，古早味是从老百姓卤子样的生活中发酵而成的。所有在原址上的仿建，都是对原乡人情感的二次伤害。

那些被拆迁归零的老街老建筑是古早味，那些原料无污染、做法简单的食物是古早味，那些箪食瓢饮、初心不改的平凡生活是古早味，那些有城市风情闪回的老歌是古早味……方言隐藏着一个地域过去的历史故事，寄存着此地人过去的生活图景。所以，方言也是一款古早味。

方言是文学创作的资源库，不少作家热衷于用方言进行文学创作。方言是作家刻画人物、叙述情节、抒发情感最便利、最给力的工具。胡适曾说过："方言的文学所以可贵，正因为方言最能表现人的神理。古文里的人物是死人，通俗官话里的人物是做作不自然的活人，方言土语里的人物是自然流露的人。"

熬糟，是流传较广的方言，它既是大连方言，也是北京方言和东北方言。

《北京话语汇》记载：熬糟，指因为环境不清洁，或身体不清洁，引起来的苦恼情绪。例句："地也不扫，桌也不擦，东西这么乱放，你觉得熬糟不熬糟？"元、明时期的人把"熬糟"写作"鏖糟"。明代杂剧作家朱有燉写的散曲里有"头不梳，脸不洗，忒鏖糟"。北京话有时也说"熬腻"。例句："这雨下起来没完，真叫人熬腻。"

《东北方言口语词汇例释》记载，"熬糟"有两种意思，一是指心里不舒畅，烦闷；二是指烦恼的情绪，常和"添"搭配，形成动宾结构，添熬糟，指增加烦恼，添麻烦的意思。

"就穿这身？看你一眼就得熬糟半拉月，人家还能相中？"（《黑龙江艺术》1982年第5期23页）

"（我）不由低头暗思考，又恨又羞又熬糟。"（《辽宁群众文艺》1979年第4期29页）

"哎呀！你们这是来拜寿的还是来添熬糟的？"（《黑龙江艺术》1984年第6期38页）

当心情不舒服时，通常会说"犯熬糟"。如，"小孙子见了豆包都不会

浪
布
拉
吉

071

把名叫……细思量不由人心里犯熬糟。"（《辽宁群众文艺》1979年第9期23页）

"犯熬糟"与"犯硌硬"语义有相似之处，但是"犯硌硬"偏重于反感、厌恶。

大连方言"熬糟"是指身心煎熬、受尽折磨的意思，用网络语言来说就是"虐心"。由此可见，大连的"熬糟"与北京的"熬糟"稍有出入，与东北的"熬糟"语义相近。

在过去的年代，"熬糟"是大连老百姓常说的话。按马斯洛的需求层次理论，我们早年间所说的"熬糟"都发生在最底的生理需求层面。路遥的小说《在困难的日子里》讲述了20世纪60年代农村贫困子弟马建强在城市求学的故事："白天是吃不到什么的，可晚上一睡觉，就梦见自己在大嚼大咽。我对吃的东西已经产生了一种病态的欲望，甚至干扰得连课都听不下去了。上数学课时，我就不由得用新学的数学公式反复计算我那点口粮的最佳吃法；上语文课时，一碰到有关食品的名词，思维就固执地停留在这些字眼上。"被饥饿煎熬的肉体痛苦，若用大连方言来诉说，只能凝为一句"熬糟死了"。

在生理层面，还有一种熬糟是疾病带来的。看遍生老病死，才发现精神力量支撑之下的肉体之躯其实是很脆弱的。前些年，我的母亲受神经性耳鸣折磨，寝食难安，熬糟得不成人样。母亲说："如果疾病可以交换，我想跟别人换个病。"听闻此言，我心如刀绞，却无能为力。

后来母亲的耳鸣有所缓解，她已经能受得了那种熬糟。每当回想那段日子，我仍是不寒而栗。人们对疾病都有着相同的厌恶恐惧，被疾病所熬糟的心路历程都是一样血泪斑斑。

早些年，我读过陆幼青的《生命的留言——〈死亡日记〉全选本》。陆幼青32岁时得了胃癌，35岁时又得了腮腺癌，五六年间经历了炼狱般的肉体熬糟。患上腮腺癌之后，陆幼青曾在镜前放声大哭过，他脖子下鼓出了一个网球大小的瘤子，布满了密密麻麻血筋肿胀的小结块。疾病对肉体的摧残实在是太可怕了。陆幼青感觉自己像个活的标本，深深地厌恶自己的肉体。癌症是一种慢性消耗性疾病，肉体所经受的熬糟触目惊心。陆幼青觉得心肌梗死、脑溢血的死法，简直是太温柔太慈悲了。

"我还剩多少天？"陆幼青每天都在心里算计着时间，他想给10岁的女儿留点儿什么。在常人难以想象的痛苦熬糟中，他最终完成了这本书的写作。

人生就是忍受熬糟的过程，有的人熬糟死了，有的人却在熬糟中浴火重生，给世人留下一份精神指南。有些熬糟是个体命运，有些熬糟却是人类共同的境遇，比如雾霾。马云说，空气无法特供。是啊，我们身处同一片天空下，一起在雾霾中熬糟，一起苟延残喘，谁能逃得过？哪片雪花又是无辜的？

老对儿，发贱

"老对儿"，即同桌。

早些年，"育明高中吧"发过一个主题帖：聊聊自己的老对儿。"我老对儿啊，各种多愁善感，眼泪超多，像琼瑶笔下的女孩子。""我有好几个老对儿，都跟我挺铁的，只有一个'是我心中永远的痛'。""我老对儿像蚊子，弱不禁风，却喜欢看武侠小说，看书速度无人能及，说话非常逗。"每个帖子三言两语，像素描，轻轻几笔就勾勒出老对儿的生动形象。

沈从文先生曾写过一篇散文《老伴》，"老伴"是指伙伴，并非现在字面上的意思。估计是那个名叫泸溪的小县城的方言，与大连方言"老对儿"有着相似的韵调。沈从文回忆起十七年前在泸溪过夜的情景，十三个小伙伴在船上实在太挤了，船又不开，天气又热，挤在船上怕中暑，在白天就光着身子泡在河里，到了晚上爬到泥堤上睡觉，枕头是从船户人家讨来的一捆稻草。这段描写极其细腻，有画面感。"躺在尚有些微余热的泥土上，身贴大地，脸面向天，看尾部闪放宝蓝色光辉的萤火虫匆匆促促飞过头顶。沿河是细碎人语声、蒲扇拍打声与烟杆剥剥地敲着船舷声。半夜后天空有流星划了长长的光明下坠。滩声长流，如对历史有所陈诉埋怨。这一种夜景，实在是我终生不能忘掉的夜景。"在小地方生活过的人，都会对这样的文字着迷。又是什么样的结局，让沈从文在结尾处留下这样的感慨："我明白我不应当翻阅历史，温习历史。在历史面前，谁人能够不感惆怅？"

浪
布
拉
吉

与老对儿在一起的时光默契又快乐，不夸张地说，除了爹妈，只有老对儿最了解你，最知你底细。经年之后，聊起老对儿，如果你口才好，有那么一点儿小品演员的天赋，你的老对儿又是一个笑料十足的人，那么，你奉献的就是一出单口相声。老狼那首歌《同桌的你》是专门写给女生的，"谁娶了多愁善感的你，谁安慰爱哭的你，谁把你的长发盘起，谁给你做的嫁衣……"简单的旋律，浅白的歌词，却拨动了无数人的心弦。多少年过去了，这首歌的旋律依然回响在一代人的心头，勾起很多温馨的回忆。

女儿上小学后，学会的第一句大连方言就是"老对儿"。开学第一天归来，她兴冲冲地向我汇报："妈妈，我老对儿名叫许皓喃，是个小胖子，老师叫他皓喃兄，他不会跳绳，但书法特好……"与我们的小学时代不同，如今小学生的老对儿已取消"终身制"，每隔两周换一次老对儿。老对儿轮流坐，风水各不同。与不同性格的老对儿相处，可以磨炼孩子与人相处的能力。

老对儿，最是两小无猜；老对儿，最是冤家对头。到了中学时代，与老对儿必须合得来，彼此信任度极高，用大连话说就是"对撇子"。

狭义上，"老对儿"是指同桌；广义上，"老对儿"是指所有协作关系里的伙伴。在车间，每个工人都有老对儿，与老对儿一起完成生产流水线上的某道工序；在商场，售货员也有老对儿，与老对儿轮班一起创造业绩。如今，人们似乎更喜欢"伙伴"这个词儿。从合作伙伴到战略伙伴，从小生意到大事业，都离不开与伙伴的精诚合作。

一茶企举办大型厂庆活动，委托我找诗人写一首题为《伙伴》的朗诵诗。根据其行业特点，我为"伙伴"确定了以下三层内涵：人与茶是伙伴关系，喝茶是人与自我最好的相处方式；茶友之间是伙伴关系，吃茶一水间，往来皆雅人，雅人最长久；经销商之间是伙伴关系，遵循共同的经营思想，坚守共同的企业文化。其实，人与天地间万物的关系都是伙伴关系，承认差异性，尊重多样性，共生共荣，各美其美。

总而言之，大连方言"老对儿"与"伙伴"的内涵基本一致。在家庭中，夫与妻是"老对儿"，共同经营一个家庭，为儿女、老人遮风挡雨，创造幸福。在单位里，同事之间是"老对儿"，有生之年有幸成为职场搭档，为稻粱谋，为兑现人生价值，都需要并肩作战、不生二心的"老对儿"。

在大连人的生活中，有一种关系叫"老对儿"。你若来大连安家落户，一定要在生活各个领域找到适合自己的"老对儿"。

"发贱"，是指用卑微低贱的态度讨好他人。

例句："要不说你老了发贱呢？你惦心那驴马烂干啥，人家惦不惦心你呢？"（《北方曲艺》1982年第6期74页）

"发贱"有时也说成"发洋贱"。贱，还有中洋之分？"让我整天伺候她呀，呸！我可不发那份洋贱！"显然，"发洋贱"所描述的"跌份儿"要比"发贱"更狠。"跌份儿"也是方言，因覆盖面广，已跻身《现代汉语词典》。降低身份，丢面子，就是"跌份儿"。

辽南乡村还常说"主贱"，难道是"主动地去发贱"的意思？

"发贱"，还含有一点儿自作多情或愚蠢无知的意思。

儿女们讲起父母的生活方式，常说"发贱"这个词儿。有一位老人家，生活无忧无虑，儿女非常孝顺，将老人照顾得无微不至。可老人在物质上的过度节俭已造成了自身的健康隐患，令儿女很头痛。"营养品放着不吃过了保质期，背心烂成一缕缕的，当抹布都不成，却成天穿着，这不是发贱吗？"周末儿女都回来了，老人做了一桌子好饭好菜，却将昨天的残羹剩饭揽到自己面前。"这不是发贱吗？吃坏了肚子，还不得花钱买药？"

这是儿女对老人家的抱怨。老人家"发贱"行为的背后，其实是一种年轻人难以理解的感恩惜福的心态。

还有一位老人家，羸弱多病，常以医院为家，却总是为事业有成的女儿瞎操心。其实她若能将自己照料好，便解了女儿的后顾之忧。秋天来了，她

浪
布
拉
吉

兴冲冲地为女儿购置秋菜，白菜、土豆、萝卜、大葱，一样都不能少，浩浩荡荡地搬进了女儿欧式风情的宅院，那用来养花养草养闲情的阳台成了菜窖子。一个冬天过去了，女儿只吃了两棵大白菜。春天来了，女儿请人将阳台上一堆堆烂菜叶子打扫出去。"我平时应酬多，很少在家吃饭，每年我都跟老人讲，不要给我买秋菜，买回来就等着烂！可老人不听，一入秋就给我的阳台塞满了，这不是发贱吗？"父母年老了，腿脚不灵便了，头脑也时常糊涂，对儿女的爱却不减丝毫。这种爱有可能已不合时宜，做儿女的若能一笑了之，不评判、不分析、不定义，就是对父母最好的爱与包容。

章程　手拿把掐

编派，翻小肠

作为方言词，"编派"已被词典收录，大致有两种释义：一是夸大或捏造别人的缺点或过失；二是编造情节来取笑。

《红楼梦》多次出现"编派"一词。第四十二回，探春"嗳"了一声，笑个不住，说道："宝姐姐，你还不拧他的嘴？你问问他编派你的话！"第六十四回，袭人坐在近窗床上，手中拿着一根灰色绦子，正在那里打结子。见宝玉进来，连忙站起，笑道："晴雯这东西编派我什么呢！我因要赶着打完这结子，没工夫和他们瞎闹。"这两处的"编派"是指亲友之间编造一些段子来取笑、逗弄对方。

《红楼梦》里头号"背锅侠"薛蟠在第三十四回发了一回牢骚："谁这样编派我？我把那囚攮的牙敲了才罢！"这里的"编派"是指诬陷，"囚攮"是詈辞，可见这种行为多么令人愤怒。

《红楼梦》中的方言比较复杂，研究者们各自为战，各说各话。《红楼梦》中主要有三种方言，即北京方言、江南地区的方言和东北方言。前两种方言混杂使用，说明作者对北京和江南两地的生活十分谙熟。吕长鸣编著的《〈红楼梦〉里的北京土语》，收集整理了1200多个具有北京地区特色的词语和短句，编写了词义和例句，并标注了音调。

清雍正七年（1729年），由于受政治牵连，曹雪芹的父亲被革职，家产抄没，全家进京。曹雪芹时年5岁。到北京后，曹家亲友中旗人居多。旗人是近代北京话使用的主体人群，所以年幼的曹雪芹很快就熟悉了北京话，可以说北京话就是他的"母语"。当他撰写《红楼梦》时已年近40岁，用北京话写作《红楼梦》完全无障碍。学者俞平伯曾说："北京话是全中国最优美的语言，《红楼梦》里的对话几乎全部是北京话，而且是经作者加工洗练过的北京话，真是生动极了。"

另有研究者从《红楼梦》中整理出了1200多条南京、扬州一带的江淮方言，这个词量显然与北京方言旗鼓相当了。

《红楼梦》中也有大量的东北方言。清朝兴起于东北，入关后定鼎北京，所以北京方言与东北方言具有很多相通之处，不足为奇。另外，《红楼梦》成书后，在传抄过程中，被后人尤其是东北铁岭人高鹗删改，加入了大量的东北方言。

除了"编派"，还有"可惜了的"也多次出现，令人印象深刻。第七回："昨儿我想拿起来，白放着可惜了儿的，何不给他们姐妹们戴去。"第十六回："过了没半月，也看的马棚风一般了，我倒心里可惜了的。"这些方言词眼下仍活跃在大连老百姓的口头中。

还有"养汉"这条俗语也特别有意思。在过去农村地区，"编派"女人的瞎话，通常会从对方的生活作风下手，于是诞生了"养汉"这条方言。来看《红楼梦》里是怎样使用这条方言的。第一百零一回，凤姐说："了不得！你听听，他该挫磨孩子了！你过去把那黑心的养汉老婆卜死劲的打他几下子，把妞妞抱过来罢。"显而易见，"养汉"是指已婚女性有外遇，与其他男性私通。看上去极简单的两个字，对女性来说却是杀伤力极强的詈侮之词。当然，这是老皇历了，不适用于当下女性的状况。

"翻小肠"，即翻老账、翻旧账。两人之间，抖落往事里的种种不堪，数落对方的种种不是，这就是"翻小肠"。大连人常会这样说："她这个人什么都好，就是爱翻小肠。"

爱翻小肠的人，心眼窄巴，好咬尖儿，爱计较，好记仇。

女人翻小肠，翻的不是惊天大案，而是一地鸡毛。当年没调和好的纠纷在心里坐下了疤，每逢阴雨刮风天便隐隐作痛，翻江倒海，开始倾诉、吐槽、评判、编派、抱怨。女人翻小肠，活像写一部长篇小说。

女人翻小肠，轻声细语，娓娓道来，小肠曲里拐弯，埋藏着无数心事，翻腾起来没完没了。精明的男人都晓得，女人翻小肠，不能不理会，也不能太在意。最好的办法是沉默含笑地听着，知道了她的软肋和诉求，给予化解和安慰。男人最受不了女人大吵大闹、涕泪四溅地翻小肠，简直太丑陋、太不可理喻，令男人厌恶，难以招架。

婚姻需要调味品，如果女人过于智慧、理性、大气，不屑于翻小肠，也会让男人觉得少点儿什么。女人得学会一点儿翻小肠，既释放了自己的心理压力，又令男人生发疼爱之意。

多数男人在家庭里没有翻小肠的恶习，但是男人很容易在酒桌上翻小肠，那分明是酒精惹的祸。搞不好，就在酒桌上活生生地结下了梁子。

多少往事堪重数？王朔早年的小说里有这样一段话："爱情的伤害就像一堆白骨，我们把它埋起来，盖上土，在土上种上草，种上花。于是，我们看到草，看到花，可是心里想的，还是掩埋起来的那堆白骨……"翻小肠断然不敢触碰"白骨"往事。多少年过去了，那份痛楚还鲜活着呢！

女人跟男人翻小肠是想把日子过和美了，夫妻间最怕冷暴力，不怕翻小肠。一般来说，很少有夫妻因翻小肠将婚姻翻到阴沟里去的。

老人也爱翻小肠，老人翻小肠可能是一种怀旧。如果你家有一位古稀老人，你会发现，她每天从早到晚都在翻小肠，她陷在一把古香古色的老藤椅里，披一身金色的阳光，絮絮叨叨地讲述着那些遥远的往事，讲述着那些在或不在的人，即使嗔怒，即使埋怨，也掩不住怀念之情。我小时候就爱听奶奶翻小肠，从"山东家"逃荒讲起，山一程，水一程，悲欢离合一辈子。我常在奶奶的讲述中不知不觉地睡着了，久而久之，我发现奶奶回顾往事时的那种腔调、那种节奏、那种气氛对我来说是最好的催眠曲。

由"翻小肠"想到"掉小脸子"，也是大连方言，指爱生气，使小性子，多数情况下也是用来描述女人的。《北曲史料》第4辑有例句："要是不和金凤去，又怕她掉小脸子撒了汤！"

"看你那个熊样儿，就爱翻小肠，不过说你两句，你那小脸子呱嗒就掉下来了，掉脸子给谁看呀？"说话者用了"呱嗒"这个拟声词，巧用通感的修辞手法，将敏感多疑、喜怒无常的小家子气淋漓尽致地表现出来了。

章程 手拿把掐

翻小肠的人叫人"犯硌硬"。"犯硌硬"也是大连方言，是指心生反感，令人厌恶的意思。"犯硌硬"是一条长盛不衰的大连方言，如今还时常出现于大连人的口中。

是否还记得，2014年澳大利亚网球公开赛在墨尔本公园内举行，中国运动员李娜在赛场上用武汉话与老公姜山吼来吼去，留下一段笑谈。当时李娜手握4个赛点却惨遭逆转，她沮丧极了，姜山获准以教练身份进场指导，先是安慰了几句，不料李娜火了，"你莫碰我撒！"姜山只好直奔主题谈技术，如火上浇油，李娜又吼开了："冒得不晓得（我不是不知道）！你说的都是些屁话！你说那么多烦不烦？"姜山只好灰溜溜地撒了。据说，那晚熬夜看球的网友将这一段录下来当手机铃声。在另一场比赛中，李娜赢了，观众沸腾了，姜山显得很平静，李娜大声地说："加哈（下）子油，莫在那里坐着！"

论婚姻关系，李娜曾这样感慨："他对我很重要，最重要的是，他是免费的。"免费的人际关系，是我们在人世间的最后停靠。在这种亲密的关系中，铺陈的都是朴实直白的俚言俗语，是活蹦乱跳的"小话儿"，可以编派，也可以翻小肠，怎么痛快怎么来。这些"小话儿"上不了台面，却最知心情，洞见肺腑。最轻松自如地表达思想感情的语言，不是什么高级华丽的语言，而是听了一辈子的方言。

也是在2014年，国家新闻出版广电总局发出通知，要求广播电视节目和广告中规范使用国家通用语言文字，除节目特殊需要外，播音员、主持人一律使用标准普通话，不得模仿地域特点突出的发音和表达方式，不得使用对规范语言有损害的俚语俗词。各大卫视纷纷自查，湖南卫视表态，像《快乐大本营》《天天向上》等在青少年中有影响力的品牌节目，要为形成良好的语言环境积极承担责任。不过，观众对此不完全认同，主持人在具有地方特色的节目中说几句方言不伤大雅，反而增加趣味性。

一方面是大力推广普及普通话，不允许普通话与方言有任何勾连，视方言为稗子，坚决剥离拔除，捍卫普通话的主流地位；另一方面是由官方发起的方言数据库建设在全国各地展开，"莫让乡音成乡愁"的方言保卫战如火如荼。方言与普通话的矛盾又被提及，方言究竟该何去何从呢？

据研究统计，目前我国处于濒危状态的语言达20余种，其中，使用人数在千人以下的语言有15种。预计在未来的20年到50年之间，将会有20%

的语言不复存在。以恰当的方式保护、拯救方言，真的是势在必行，且刻不容缓。

大拿，章程

"大拿"，是大连坊间对贩夫走卒、引车卖浆之辈在某一方面的出色技能的一种赞赏。

台湾闽南语"大咖"与大连的"大拿"语义相同。在某一领域比较有影响力、有话语权的人，如今都被誉为"大咖"了。经济发达地区的方言往往会获得更大的舞台，"大咖"演变为大江南北、老少皆知的网络语也就不奇怪了。

在地方新闻中，很多时候方言比普通话给力，甚至常在大标题中发挥作用。《大连晚报》有一则新闻，主标题是《花10多万托"大拿"办工作，事没办成竟被打了借条》，副标题是《法院缺席审判，判"大拿"还欠款及利息》。"大拿"在标题中出现，即使不看内容，对此案的来龙去脉也有了大致了解。

据《东北方言口语词汇例释》记载：大拿，一是指在某方面有权威的人，二是指掌大权的人。例句："你身为列车长，全车是大拿，我妈坐火车，不用把钱花。"（《说演弹唱》1980年第3期20页）

中国历史上发生过多次大规模的移民潮，方言是首要随迁者，当方言在另一方水土扎根，势必会与当地方言发生深浅不一的关系，语义发生变化更是情理之中。大连是东北的一分子，共享的方言词条不少，但是语义却有细微之别。

大连话"大拿"多指有绝活的人，很少用来形容权势显赫的人。大拿们虽然难登大雅之堂，却在民间享有不小的声誉。大拿们的绝活并非雕虫小技，而是赖以为生的真本领。

冯骥才的短篇小说集《俗世奇人》里有几位性情各异、身怀绝技的大拿，比如刷子李，他是刮大白的，那年他收了一个徒弟，徒弟对他的绝活儿半信半疑。那天，徒弟跟他到英租界给洋房刷浆，他带了一身黑衣裤，外加一双黑布鞋，这是他的工装。大拿总要有几分特立独行的风范，如果只是

章程　手拿把掐

"惟手熟尔"，无疑是单调枯燥的。

刷子李开始干活了，徒弟盯着他的一招一式，一面墙刷完了，那一身墨黑的行头不见一滴白，而且，他坐下来吃烟喝茶了。大拿绝不会汗流浃背闷头彪干，驾轻就熟风轻云淡之间丝毫不见苦力迹象。洋房刷完了，刷子李亮堂堂一身黑走出来了。

"你以为人家的名气全是虚的？那你是在骗自己。好好学本事吧！"刷子李这句话令徒弟羞愧难当，师傅领进门的这一课实在是太生动了。

"码头上的人，全是硬碰硬。手艺人靠的是手，手上就必得有绝活。有绝活的，吃荤，亮堂，站在大街中央；没能耐的，吃素，发蔫，靠边呆着。这一套可不是谁家定的，它地地道道是码头上的一种活法。"这就是各路大拿闯江湖的硬道理，不服不行啊。

明代有位大拿名叫王叔远，擅长以"径寸之木"雕刻人间万象，《苏东坡泛舟赤壁》是他的代表作，明代散文家魏学洢《核舟记》记载："通计一舟，为人五；为窗八；为箬篷，为楫，为炉，为壶，为手卷，为念珠各一；对联、题名并篆文，为字共三十有四。而计其长，曾不盈寸。"这艘船雕刻得精细繁缛，文理纤妙，邻于鬼工，令人叹为观止。

那五人都在干吗呢？苏东坡与好友佛印、鲁直在欣赏一幅长卷书画，三人姿态神情不必说，咱来瞧瞧佛印手中的把件，"珠可历历数也"，散发着油润祥和的光泽；再看船尾俩船夫，一人蹲于炉前煮茶，一人凭栏远眺问斜阳，最引人遐想的是烧茶的那位，他手持一把蒲葵扇，神色平静地凝视着茶炉，好像要听出炉内是一沸鱼目有声，还是二沸涌泉连珠，抑或是三沸腾波鼓浪？

王叔远是明代微雕大拿，据说他满月时"抓阄儿"，死死地抓住了一把小刀，父母以为儿子将来要投身戎马生涯。王叔远平时寡言少语，喜欢沉思，经常怀揣小刀隐没山林。山林是他的创作天堂，他在这儿一待就是一天。人间大拿在年少时都有异于常人的"癖"与"痴"。

在朋友圈见过一张职场进阶图：

奴：非自愿和靠人监督的人。

徒：能力不足肯自愿学习的人。

工：老老实实按规矩做事的人。

匠：精通一门技艺或手艺的人。

师：掌握了规律又能传授的人。

家：有固定信念让别人更好的人。

圣：精通事理，通达万物的人。

神：住进墓地，精神还影响世界的人。

大拿属于哪个段位呢？大拿不是匠人，匠人无他，"惟手熟尔"，看似炉火纯青，却缺少创新能力。大拿应该是"师"或"家"，不仅技压群雄，还具有深厚的人格力量和火尽薪传的担当精神。

大连哪些行业大拿辈出呢？你是不是想到了20世纪80年代灯火通明、热力四射的车间，还想到了浩瀚富饶的渤海湾？咱们到大连作家邓刚先生的作品中寻找大拿的身影吧。

写大拿，我想到了八级大工匠。何为八级工匠？月薪多少？长辈们记忆模糊，语焉不详。从曲圣文老师手里借来邓刚于20世纪80年代出版的两部小说集《白海参》《迷人的海》，果不其然，在《八级工匠》里看到了"大拿"一词闪亮出镜，非常惊喜。

"他心里明白，自己也确实不行了。可他毕竟是八级工匠，安装队的技术'大拿'！八级，到头了，一百一十六元九角整，技术工匠们顶天的级别，难道他赵宝元是凭空白捡钱吗？不，当年提起赵八级，连地皮都颤三颤！"

如今，"工匠精神"已经提升到国家战略思想的高度，各行各业的大拿们也许没有耀眼的文凭，没有光鲜的头衔，却在平凡的岗位上心无旁骛默默耕耘，从匠人到匠士，由匠心而匠魂，不断精进技艺、升华品格，书写着中国精造、中国创造的传奇篇章。

20世纪60年代的三年困难时期，大地已彻底荒芜，人们奔往了大海，大海十分慷慨，水大鱼大，海参鲍鱼俯拾即是，浪奔潮涌，波

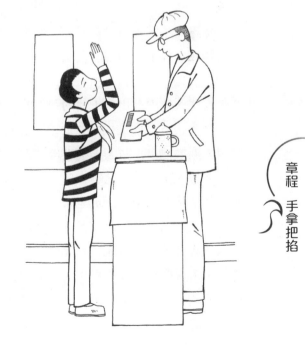

章程　手拿把掐

澜有情。《迷人的海》里有民谣为证——

> 我们都是穷光蛋，
>
> 口袋里没有一分钱；
>
> 我们都是阔大爷，
>
> 海参鲍鱼就干饭；
>
> ……

敢潜入海底捕海参捞鲍鱼的"海碰子"可都是响当当的大拿级人物，他们个个身藏独家绝技，敢跟大海搏命，也谙悉大海深处的游戏规则，取舍、回避、妥协、硬拼皆有章法。与大海为伴之人都有着别样的精神品相。

邓刚在《白海参》里写道："剐海参是海碰子最愿干的舒服活。在水下拼死拼活，上岸歇过气来，坐在热乎乎的沙滩上，剐一刀，数一个数，就像数钱一样。于老鬼称作数小银子。他年轻时扎海参，换的是银元，当时都叫小银子。现在数纸钱，于老鬼还这样叫。这个叫法我们也接受了，有时数完海参，别人问：'干了多少小银子？''九十个小银子。'小银子这个词儿挺有味儿，说起来和听起来也好受，总使你想起柔和的、白亮的、沉甸甸的、光滑滑的银子。这比称什么币强多了，那个词儿干巴巴的，没有想象的余地。"

鲁迅先生曾把自己的写作比喻为"地摊"上的"瓦碟"，"我愿意我的东西躺在小摊上，被愿看的买去，却不愿意受正人君子赏识"，"我只在深夜的街头摆一个地摊，所有的无非几个小钉子，几个瓦碟，但也希望，并且相信有些人从中寻出合于他的用处的东西"。

其实，方言也是作家"地摊"上的"小钉子""瓦碟""小银子"，总是引人温柔地俯下身子去细细地品读、把玩。

老舍先生是语言艺术大师，他用地道的北京话写北京人的生活，成为中国当代文学的一道风景。老舍先生的语言干净利落、俗白鲜活，当然，方言在作家笔下的出场都经过了一定程度的锻造加工，其"俗"其"白"往往富有深意。老舍先生曾说："无论写什么，我总希望能够充分地信赖大白话；即使是去说明比较高深一点儿的道理，我也不接二连三地用术语与名词。名词是死的，话是活的；用活的语言说明了道理，是比死名词的堆砌更多一些文艺性的。"

他认为，从生活中找语言，语言就有了根儿；从字面上找语言，语言就成了点缀，不能一针见血地说到根儿上。语言跟生活是分开的，如何打动感染作者？

大拿多有麋鹿之性、布衣情怀，那些不学无术、私欲深重之人是成不了大拿的，即使在场面上滥竽充数一阵子，也终究有狼狈出局的那一天。

"人的尊卑，不靠地位，不由出身，只看你自己的成就。我们不妨再加上一句：'是什么料，充什么用。'假如是一个萝卜，就力求做个水多肉脆的好萝卜；假如是棵白菜，就力求做一棵瓷瓷实实的包心好白菜。萝卜白菜是家常食用蔬菜，不求做庙堂上供设的珍果。"杨绛先生在《隐身衣》里的这段话令人醒悟，那些在"蛇阱"中苦苦挣扎之人是否也该解脱呢？各行各业的大拿们都有着相似的生存哲学，要么"藏身"，要么"陆沉"，潜心精进自己的手艺，不慌不忙地养育自己的恒心，赚取一份有尊严感的人生恒产。

三百六十行，行行出大拿。大拿皆有章程，皆有操守，皆有传奇色彩。往小处说，这是一个人的谋生手段；往深处说，如果这个时代人人是大拿，人人有恒心，这份精气神集结起来便是一个国家的国力。

在词典里，"章程"是指组织规则和办事条例，泛指各种规章制度。在大连方言里，"章程"是指办法。

"章程"也是东北方言。例句："我这个黄嘴丫没蜕净的小青年，能有多大章程，搞关系就得靠钱。"（《黑龙江日报》1982年7月27日）

作为北方地区典型的方言词，"章程"已入词典。"程"字读成儿化音或轻声，这是"章程"作为方言的读法。

"章程"的本义是规则。规则分为显规则和潜规则。前者是指为社会主流意识形态所认可的、强制性的制度规定；后者是指社会生活中不成文的章法，它就像一只无形的手，虽然看不见摸不着，却在现实中真实存在并发生着不容忽视的作用。潜规则虽然会受到显规则和道德观念的抑制，某些时候却也大行其道逐渐演变成另一种"章程"。

大连人常说"这个人很有章程"，多是指此人熟悉社会潜规则，为了捞取更多经济利益而不顾显规则的存在，或者说对显规则了如指掌，洞悉其中漏洞，打擦边球，在一条灰色的利益链条中上下其手，层层盘剥，并且毫

章程 手拿把掐

085

无罪恶感。法律审判够不着，道德批判又不具有威慑力，相反还会被称道为"有章程"。

大连话的"章程"并不是指一个人的"专业能力"，而是指其社会交往能力、人脉资源及对社会潜规则的熟谙程度。"他跟领导交往很有章程"，这里的"章程"不是指靠能力和人品赢得领导的青睐和信任，而是指他取悦领导的那些只可意会不可言传的手段。"这小子办事很有章程"，是说他吃透显规则，玩透潜规则，运筹布局能力强、成功率高。

"我们公司新换了一个经理，从英国名校毕业，在世界五百强企业做过高管，据说此人非常有水平。"评价一个人的专业能力或智商时，大连人会老老实实地使用"水平"一词；评价一个人社会关系多，敢于突破规则办事，则会使用"章程"一词。

作家吴思曾写过一本《潜规则：中国历史中的真实游戏》，这本书对转型期的中国社会产生了深刻的影响，令人警醒与反思。在中国社会，如果显规则不硬气，不能令清气上扬、浊气下沉，那么，在"适者生存"的残酷压力之下，将会有更多的人变得有"章程"，这对社会发展的消极影响自不待言。

撒谎撂屁儿，打冒支

"撒谎撂屁儿"有两种含义：一是指说谎，二是指不老实。

"妈妈哪样对不起你，你撒谎撂屁儿的，有外心了咋的？"（《北方曲艺》1983年第3期12页）

"我不能干这撒谎撂屁、溜须拍马的事儿。"（《北方曲艺》1982年第4期86页）

在大数据时代，方言被淘汰得很快，不少方言与网络语言合体杂糅出另一个意思成为流行语。这些流行语往往因低俗不堪而被限用。以原始纯粹的模样活跃在人们日常生活中的方言，不曾被淡忘，也不曾被网络语言所染指，这样的方言都像具有强大表现力的演技派。比如，像"撒谎撂屁儿"这条方言，是东北人、山东人常说的俗语，在生活中活跃度很高。

最近编辑了一篇小小说《局》，主人公是个普通的中年男子，收入微薄，却爱好古董，为了满足自己，就得想法子。"我把这些钱藏在家里，没想私设'小金库'，主要是想偷着攒点儿钱，一旦在古玩市场遇到好东西，不用跟媳妇撒谎撅屁儿的要钱……"

媳妇不支持他这项爱好。古玩市场里，大骗子在骗小骗子，小骗子在骗白痴。在媳妇眼里，他就属于白痴那伙儿的。他发誓，"我迟早要捡个大漏儿，让这老娘们瞧瞧！"有了这样的梦想，他更加不择手段、撒谎撅屁儿地积存私房钱。

想起了沈从文先生。张充和在《我的姐夫沈从文》一文中记叙，七七事变之后，张充和住在沈二哥家，那个宿舍院中，还住着朱光潜先生。朱先生喜欢古董，与沈二哥趣味相投，经常一起外出看古董，也无伤大雅地买点小东西。到了过年，沈二哥去向朱太太说："快过年，我想邀孟实陪我去逛逛古董铺。"意思是说给几个钱吧。而朱先生亦照样来到沈二哥家，跟张兆和说同样的话。"这两位夫人一见面，便什么都清楚了。我也曾同他们去过。因为我一个人，身边比他们多几文，沈二哥说，四妹，你应该买这个，应该买那个。我若买去，岂不是仍然塞在他家中，因为我住的是他们的屋子。"文人在生活中如此老实、守拙，如其所从事的写作一样，来不得半点虚假。

"撒谎撅屁儿"，大多时候是用来批判男人的。有时候也用在小孩子身上。小时候，我们被父母老师教诲得最多的是不能说谎，说谎是坏孩子的标签。我们早期所接受的教育是粗陋的，没有人去探究孩子为什么说谎。

如今不同了，小孩子一出生，长到半岁，就被家长抱到专业机构去早教，家长们都注重赏识教育，找育儿嫂都看学历，再也没人用"撒谎撅屁儿"这样的俗语来批评或羞辱自己的孩子。

与"撒谎撅屁儿"意思相近的方言是"撒谎吊猴"。

小学期末考试结束，学生还要到校三两天，有一天暴雨倾盆，交通受阻，不少家长给孩子请假。家长会上，班主任点评了此事："咱们家长请假有两种请法，一种是'老师，雨太大了，打不着车，俺儿今天不去了'，理直气壮，倒也坦诚。可有的家长跟我撒谎吊猴，你莫不如实话实说，下雨天懒得送孩子上学，我磨不开面儿，能不给你假吗？"

家长会结束后，只见一男家长冲上讲台，挓挲着双手急赤白脸地跟老师说："老师啊，我真的没跟你撒谎，我撒谎儿！"老师风趣地回应："你撒谎儿，那么，你家大壮叫我什么？"此情此景，有人笑得合不拢嘴，有人听得一头雾水。方言有一种"自私"的美，若非身在其中，被这一方水土深情养育，自然是难解其意，倍感陌生。

《红楼梦》里有个词儿叫"肏鬼吊猴"，与"撒谎吊猴"语义相似，都是贬义色彩极其强烈的方言词。第四十六回，邢夫人说："心里再要买一个，又怕那些人牙子家出来的不干不净，也不知道毛病儿，买了家来，三两日，又肏鬼吊猴的。""肏鬼吊猴"就是不正经做事、吊儿郎当、暗自捣鬼、胡闹的意思。

为了强调自己是诚实的，大连人发明了一条方言"撒谎儿"，这是一个极具笑点的缩写句，"我所说的话都是真实的，如果我撒谎，我就是你儿子"。

大连方言烙印着山东方言的原始基因。为追本溯源，我与青岛作家连谏有过交流。连谏说，"撒谎儿"是典型的山东话，意思是"骗你我就是你儿子""儿子才撒谎呢"。"撒谎吊猴"的山东版本是"撒谎调皮儿"，含义相似的俗语还有"一个屁三个谎""胡诌""晕"。

与"撒谎撂屁儿"意思相反的方言是"吐口唾沫是个钉"。

《朝阳小戏选》33页有例句："妈办事吐口唾沫是个钉，我说不行，就是不行，说到猴年马月，俩字儿，不行！"

"吐口唾沫是个钉"通常是形容男人的。两个男人，谈了一些事情，其中一个大概说了些掷地有声的话，另一个半信半疑，"这可是你说的啊，大老爷们吐口唾沫是个钉，说话不算数是孙子……"一个信守诺言的男人，是不会被人用"吐口唾沫是个钉"来敲打的。

说话算数，说到做到。每句话像"钉"，不能似"屁"。

"吐口唾沫是个钉"也作"一口唾沫一个钉"。东北人爽快果断的处事风格，用这句方言形容最精准。男人话不多，一句是一句，句句是钉子，这是东北男人的做人标准。其实，不光是男人，女人说话也要算数。

方言真是越品越有味道，越品越令人迷恋。难怪民俗学家钟敬文曾经这样赞美方言："我们懂得最深微，用起来最灵便的，往往是那些从小学来的乡土的语言，和自己的生活经验有无限关联的语言，即学者们所谓的'母舌'。这种语言，一般地说，是丰富的，有活气的，有情韵的。它是带着生活的体温的语言，它是更适宜于创造艺术的语言。"

一位朋友住在星海湾，周末必回工人村看望父母，不仅是尽孝道，也是因为父母家才是他真正的歇息之地。推开楼道的破门，老楼独有的气息兜面而来，脑海里那些盘旋不去的数字瞬间消失了，一下子跌入生活的港湾。回到父母家，褪去一身鲜亮的装束，他就是"老王家的二小子"。吃母亲做的大连老菜，和父亲用大连话唠嗑儿，心里非常安宁自在。那些纯正地道的"海蛎子味"大连话，就寄存在一身沧桑的老楼里，沉淀在父母老派的生活里。

有一天，这位朋友评价某人时，用了"打冒支"这个词儿，这是什么意思呀？他说，与父母唠嗑儿，涉及对人品的评价，他们常会说"打冒支"，从字面上看，找不到丝毫头绪。

写大连话，我喜欢与编辑部同事交流探讨，开阔思路，尽量挖掘词条背后的生活意象和历史信息。这令我想起那些年喝普洱茶，起初不识好坏，经常揣半拉茶饼子，找明白人尝一尝，是干仓还是湿仓？是纯料还是拼配？有哪些风味特点？写大连话也如此，拎出一个词条，让同事们帮我品一品，这个大连话里有哪些故事和历史值得书写。

经编辑部曲老师确认，"打冒支"是非常典型的大连方言，有两种含义：一是为了达到个人目的，扯大旗做虎皮，用有权有势的人抬高或粉饰自己；二是为了满足私欲，以不正当手段冒名顶替，将钱物据为己有。这两种行为都有撒谎欺骗的意思。

《东北方言口语词汇例释》记载的例句来自《鹤城晚报》："有些学生家长反映学校收费太多。据了解，这之中包括学生回家说了谎，以学校的名义'打冒支'，要出的钱自然是学生自己花掉了。"

在生活中，我们也许都有过"打冒支"的行为，重的事关人的品质，轻的可能是不得已而为之的手段。布置工作或搞改革创新，暗礁重重，此时将更高级别的领导抬出来，编几句口谕，通常会扭转局势。

写大连话，首先要寻找最典型、最地道的词条，有时从菜市场打捞到鲜活的大连话，有时在与父母长辈聊天中捕捉到地道的大连话，有时在餐馆听邻座聊天用一口纯粹的大连话。大连话入耳令人心情愉悦，归属感也非常强烈。有大连话的地方，庄谐杂出，四座皆春。如果你疲累了，厌倦了，就回父母老房子住几天吧。

章程 手拿把掐

扯老婆舌

在《现代汉语词典》中，"扯"有一个释义是"谈"，多指漫无边际地闲谈或非正式地交谈，如"闲扯""东拉西扯""咱们把开研讨会的事扯扯"。那么，"扯老婆舌"就是扯闲篇儿，与另一条大连方言"拉呱儿"意思相近。

《东北方言口语词汇例释》记载：扯老婆舌是指背地闲扯，搬弄是非。

"还有的妇女间扯老婆舌，造成不少矛盾。"（《黑龙江日报》1982年7月23日）

"背后议论人是一种陋习，在民间被冠以一个很不雅的称号，叫'扯老婆舌'。"（《鹤城晚报》1986年10月30日）

"扯老婆舌"是个贬义词，女人们在私底下搬唇递舌、散布谣言这类行为就是"扯老婆舌"。简而言之，"扯老婆舌"是对缺乏口德的女性的描绘。

写"扯老婆舌"这个词条，正值周末立冬日，凄风苦雨伴着重度雾霾，实在是度日如年，内心荒凉无边。幸好有茶，以茶慰藉，安度初冬，是微信朋友圈不约而同的选择。朋友们边喝茶边过着琴棋书画的生活，生动地示范了怎样在大时代、在坏天气里过好小日子。我边喝茶边琢磨着"扯老婆舌"这条方言的来历，该不会是过去年代咱东北人猫冬的娱乐吧？

咱们大东北曾被誉为"共和国的长子"，其他省份喊咱一声"东北老大哥"。东北老大哥家底子厚，又满怀奉献精神，在困难时期为国家的振兴发展立下了不可磨灭的功劳。而如今，东北却成为中国经济的"差等生"，近几年的经济数据一直很难看，权威人士对东北经济困局发表长篇大论时，总要扯一笔东北人骨子里的一些东西。咱东北人骨子里有什么呢？往历史深处打量，咱东北人过冬的画面栩栩如生地浮现在眼前。

一组《东北农村人过去的真实生活》的摄影作品流传于与东北有关的各个贴吧、论坛，所反映的生活应为20世纪七八十年代的。浓郁的东北风情以强烈的写实感"泼"面而来，人物的面貌真实得令人赞叹，极具年代感的生活物品简直是勾人魂魄，沧桑之中流溢出独属于那个年代的吉祥与温暖。贫寒粗粝、热气腾腾的东北生活泼墨般地铺陈在眼前，百感交集间，眼睛已经湿润了。

耐人寻味的是，这组摄影作品的背景大多是冬季：小女孩在炕上玩"嘎啦哈"（过去东北农村女孩子的玩具，从羊或猪后腿关节处卸下的骨头，有四个面，分别叫作针、轮、坑、肚）；年轻女人坐在热炕头上打麻绳纳鞋底；而上了年纪的女人，操劳大半生拥有了休闲享受的资历，在炕上三五成群围着火盆抽旱烟，抽旱烟就要"扯老婆舌"嘛。

为何选择冬季表现东北农村人的生活呢？原因很简单，东北农村人在冬季里最清闲，春耕秋收之后的冬季相当于年假，男女老少在农村的广阔天地里发明各种娱乐打发时间，调理精神。不论是抽烟，还是喝酒，都要"扯老婆舌"。物质的享受是有限的，精神的碰撞才能慰藉身心。谁说在那个贫寒年代，"扯老婆舌"不是一种精神交流呢？

方言是历史的活化石，方言裹藏、凝结着过去的生活场景。在东北人过冬的画面里，"扯老婆舌"是最经典的一幕。东北出二人转、小品人才，与东北人的过冬方式多少有些关联。那年那月，我们已在热炕头上耍出了一副好嘴皮子。

东北人骨子里的慵懒由来已久，那铺天盖地的雪被子有多厚，骨子里的懒意就有多深沉。外地人爱将我们与从小生意中崛起的温州人做比较。我们骨子里的好吃懒做、好高骛远、好耍嘴皮子一直饱受诟病。咱们大东北该何去何从呢？中央关于东北振兴新一轮国家战略已定，"东北需要做的，就是从战术上去落实，归根到底就是一个字——'干'。不干，什么都不行；实干，什么奇迹都会发生"。

"扯老婆舌"是对垃圾情绪的吐槽，也是心灵的交流。从街巷里随便拉出一支"扯老婆舌"的队伍，都是一支都市情感剧小型创作班底。"扯老婆舌"扯得很透彻，很酣畅淋漓，令人想到卢仝那"七碗茶"带给身心的福利，首先是破了孤闷，其次是发了轻汗，心中瘀滞之气烟消云散，最后是百脉通畅一身轻啊。

"一人得神，二人得趣，三人得味，六七人是名施茶"，这几句古语说的是品茶人不能太多，人多了便不能领略饮茶的万般趣味。同样，"扯老婆舌"也不能人太多。有人说，"扯老婆舌"不就得人多势众才有意思吗？其实不然，"扯老婆舌"不在于话题多，而在于内幕深。内幕挖掘得深才能吸引人，才有嚼头。"扯老婆舌"属于民间娱乐，聒噪不休唾沫星子四溅，是一种扯法；有质量有档次的"扯老婆舌"，既将故事娓娓道来，又能榨取人生各个层面的真理。

在高浓度友情里，"扯老婆舌"简直就是一大人生享受，这个过程令人想到东北火锅。吃东北火锅需要慢时光，身心闲散地坐下来，将酸菜丝、粉丝、金针菇、血肠等深情地投入汤中，汤花翻滚浓郁得像一段恋情，细细地涮着每一样食材，于浓汤翻滚间捕捞自己最中意的料。这个涮的过程与"扯老婆舌"就有几分神似了。

广东有"打边炉"，"打边炉"是站着吃的广式火锅，为了捞取方便，那筷子就特别长。"时间就是金钱"，在站立涮食的"打边炉"里有了某种暗示。东北火锅可以吃到地老天荒，像一场沸腾的促膝而食的"扯老婆舌"，涮几分熟、酱料如何调配、如何涂抹与渲染都要根据自己的口味和心意来。食欲的风暴当然要自己做主。蘸食别人的隐私是人性一大痼疾。互联网时代，每人一个酱碟，众声喧哗，即使是真知灼见，也难辞戾气的重度污染。戾气是互联网的霾，要想捍卫生活的清静与美好，就要与互联网的霾保持适度距离。

生活中，一定要有能在一起"扯老婆舌"的朋友，人不能总是端着架子一天到晚说正经话，敛翅歇息卸下包装用俚言俗语"扯老婆舌"也是回归生活、回归自我的一条途径。没错，"扯老婆舌"使用的一定是方言。都市人在社交场合说普通话，在生活深处说家乡话，这种"两话生活"已经成为社会语言生活、文化生活的常见现象。越是接地气的生活，人们越是爱说方言；越是亲密的关系，人们越是爱说方言。

过去人们"扯老婆舌"是面对面地扯，如今是在微信朋友圈扯。微信登录界面上有一个眺望蓝色星球的孤独小孩，微信发明者如此解读："我从没有见过一个不孤独的人会发出耀眼的光芒。"具有讽刺意味的是，中国人不爱孤独，中国人的生活被微信搞得面目全非，大多数人都活跃在微信上，关注的话题很多，议论的半径很大，但所能做的却很少，成就感就更加稀薄了。

自古以来，中国人的生活美学讲究低调含蓄，而如今在微信上人人都敞开了怀，生活的隐私保护已降至历史低点。本城有一个挺大的文化界人物，没加微信之前，总对他心怀敬意。加了微信之后，他每天发20多条朋友圈，将吃喝拉撒睡"扯老婆舌"似的悉数晒出来，尤其是酒局和K歌，和谁喝酒了，喝了什么酒，和谁唱歌了，唱了什么歌，骂了什么人……自我曝光非常彻底，金迷纸醉，被严重干扰后只好对其设置屏蔽。

我们每天在微信朋友圈"扯老婆舌"所消耗的时间让人触目惊心，微信朋友圈有"三大扯"，扯政治、扯成功学、扯养生之道，扯得天地一片混沌，身子骨也虚弱不堪。"扯老婆舌"当休矣。

吭哧瘪肚，手拿把掐，挣死扒命

在大连方言中，有不少四字构成的方言词，它们看上去极具成语的气质，细究起来，其结构却并不具有成语的基本特点。本文所讲的三例方言词就属于这种情况。很多方言词都是音译出来的，"形义无关"是中国各地方言共同的特点。方言词通过约定俗成的方式选取读音相同的字来组合成词，有些字的字形与词义之间无法形成联系，非方言区的人们无法根据汉字来理解词语的意义。比如"挑白儿"一词，形容人长得白皙干净，"挑"字是约定俗成的，字形与词义之间并不发生关系。

当然，那些表现力出色的方言词最终被收入词典中，比如"齁咸"一词，意为很咸、非常咸。有时也说成"齁死瞎子"，这盘菜太咸，瞎子看不见，如果总是吃这盘菜的话，会被活活齁死的。在《汉语大字典》中，"齁"作为方言用词得到了承认，其解释为："方言，副词。相当于'很''非常'。如齁咸；齁苦；齁酸；天气齁热。"

辽南作者喜欢写故乡，写亲情，写往事，他们写祖辈的婚姻，讲到"嘎娃娃亲"，"嘎"应为"轧"，"轧"有结交之释义，比如"轧朋友"，相应地，大连方言"轧娃娃亲""轧亲家"才是正确用字。当然，"嘎"这个字眼常在各地方言中出现，是约定俗成的方言用字，但是，如果能从《现代汉语词典》中找到本字，就不必借字。

"吭哧瘪肚"与"手拿把掐"是大连话中的一对反义词。"吭哧瘪肚"，一是指说话不流畅、不痛快，吞吞吐吐的样子；二是指很费劲、很吃力的样子。

《东北方言口语词汇例释》记载：吭哧瘪肚，是形容说话吞吞吐吐，做事窝窝囊囊的样子。

"（姜恩久）拿出纸铺开，从兜里掏出'光芒'笔，吭哧瘪肚写了封

信。"（《黑龙江民间故事集》46页）

"呸，没搬块豆饼照照你那个德行，哑巴脸儿，母狗眼儿，吭哧瘪肚、囊囊不喘儿。"（《黑龙江艺术》1983年第9期49页）

某城市的豆腐渣大桥塌了，人亡车毁，一时间酿成了无数家庭悲剧。该城市的地方官这个时候要出来给民众一个说法，他站在台上吭哧瘪肚老半天说不出一句话来。说实话，一个官员在愧对城市、愧对百姓的时候，若表现得吭哧瘪肚，说明这个官员人性尚存，温度尚存。最怕的是官员在"人祸"现场面露微笑，还美其名为调节悲剧现场的压抑气氛，真可谓丧尽天良。一个刚入职的理科生，头脑非常聪明，却不善言辞。在一个会议上，他被领导突然拎出来谈一个专业之外的话题，只见他手足无措，满头大汗，嗫嚅半晌也说不出一句完整的话。他此刻的状态，就是大连话所说的"吭哧瘪肚"。"吭哧瘪肚"也有紧张不安的意思。

当年"海南丢子"逃荒求生落脚大连，很多人在码头扛大包。悲惨的逃荒生活使他们一个个骨瘦如柴，即便是男人，体重也大多不足百斤，却要吭哧瘪肚地扛几百斤重的大包，累得精疲力竭，命悬一线。"吭哧瘪肚"是对苦力过程的一种形容，当然，也可以用来形容脑力劳动者。比如写作时，为了写出好句子，苦思冥想、绞尽脑汁的过程也是一种"吭哧瘪肚"。

在东北家庭里，当夫妻二人吵架时，男人也会抱怨，不过男人不会喋喋不休或如诉如泣，只是淡淡地说一句："我在外面吭哧瘪肚挣俩钱容易吗？""吭哧瘪肚"一经使用，女人顿时就心软了，生发了愧悔之情。

东北人讲传统，重感情，爱面子，"感情"与"面子"撑起了东北人的精神世界，他们向来自信，走哪儿都是腰板溜直"手拿把掐"的范儿。在东北人的体验里，一个人在社交场合有面子就有底气和自信心，其实面子是最虚无的东西，好面子的人通常浮躁傲慢，实力不足；当一个人过度自信，能力与水平却不匹配时，就会出现"吭哧瘪肚"的尴尬状态。东北人的自信与洒脱常被外地人质疑，粗粝的东北文化也经受着中原文化的嘲讽。如果有人说"东北人特自信"，怎么听都不像是褒奖。南方人做事百般推敲，徐徐图之，相比之下，东北人做事风风火火，擂鼓鸣锣，一副激情万丈、志在必得的架势。东北人营造这种氛围，是为了感动别人，更是为了召唤自己。然而很多时候，开头用力过猛，过于高调，不到中途就陷入了"吭哧瘪肚"的窘境。所谓"吭哧瘪肚"，不过是能力不济，勉为其难便显恶形恶状，不堪入目。

核雕艺人大多是心思沉静的南人，粗枝大叶的北人似乎把握不了这种精细活儿。南人是一芽一叶的绿茶，精细得很，北人是粗枝大叶的普洱茶，弩钝，狂野，泼实。南人舞剑，北人耍刀。剑走偏锋，讲究灵活神妙；刀走刚猛，讲究雄健有力。过去，常见走街串巷的卖艺人耍一把偃月刀，有的耍得很轻灵，劈、砍、刺、格、扎、撩，各种动作炉火纯青，非常漂亮；有的却龇牙咧嘴，吭哧瘪肚一头大汗。倘若耍刀如舞剑一般轻巧灵动，出神入化，大连人会使用"手拿把掐"一词。

《东北方言口语词汇例释》记载：手拿把掐，很有把握的意思，也说"手掐把拿"。

"要不是家务缠身啥也放不下，戴一朵光荣花我手拿把掐。"（《辽宁群众文艺》1979年第3期14页）

"今天上午考试，大伙儿都说志强平时练功刻苦，保证手拿把掐考上。"（《说演弹唱》1980年第11期50页）

大连人评价一个人能力强，水平高，做事章法老练娴熟，一切尽在掌握之中，通常会说"你看人家干啥都手拿把掐的"。"手拿把掐"是褒义词。反之，一个人的业务能力低下，做事的过程艰难曲折，就可以形容为"吭哧瘪肚"。

有这样一条新闻《没手拿把掐的特长，慎考"体艺优"》，说的是每年中考，都有考生凭借文艺或体育特长考取名校，令人羡慕。其实世上根本没有捷径，特长生在文化课学习上省了力气，但是在专业学习上吃的苦头几天几夜也说不完。如果没有较强的专业水平，不可盲目走艺术特长这条路，否则不仅会耽误宝贵的备考时间，还可能因艺考失利而影响考生情绪。

大连人形容一个人所掌握的技艺达到了较高水准，通常会使用"手拿把掐"这个词儿。如果失手了，会说"天天打雁，让雁鹐了眼"，指在一向很有把握的事情上一时疏忽失手，陷入败局。

这世间所有真功夫都是勤学苦练来的，花拳绣腿永远搏不到成功。毫无疑问，"手拿把掐"的背后一定有过漫长的"吭哧瘪肚"的付出与努力。

章程　手拿把掐

"挣死扒命"也是大连话，与"吭哧瘪肚"含义相似。很费劲、很辛苦、很拼命做事的样子就是"挣死扒命"，还带着那么一点点垂死挣扎的绝望之意。

从字面理解，"挣死扒命"就是挣脱开死亡，扒拉到命。命，也是活路的意思，为保全生命而挣扎就是"挣死扒命"。

"挣死扒命"是非常地道的大连话。面朝黄土背朝天的农民兄弟常用"挣死扒命"来形容自己的命运；下岗后自谋职业的工人兄弟常用"挣死扒命"来诉说生存不易；初涉职场的年轻人为了实现梦想也常陷入"挣死扒命"的困境。

在网络世界，"挣死扒命"是高频词。论股票，"真不要脸，绿了一天，直到收盘前挣死扒命涨了两点，还好意思称红盘"。谈房价，"开发区这么多你受不了的恶俗，你怎么不回老家啊？干吗要在这儿挣死扒命买房子呢？开发区这地方说大不大，说小还真不小，不差你贡献的这一丢丢的素质啊"。谈婚姻，"我从婚姻的坟墓中连滚带爬挣死扒命地探出头来，透一口憋闷在心中若干年的浊气，用全世界都听得到的声音大吼一句，我要当个单身贵族"，"你一个工薪阶层挣死扒命娶个富二代姑娘，你能守得住吗？"

大连孩子熟悉的大连方言就有"挣死扒命"。"你个兔崽子，我们大人一天到晚挣死扒命地忙活着，不就是为了你出息个人，你居然敢逃学……"

当一个人陷入自怜情绪时，会叹息一句："我成天挣死扒命我容易吗？"初看，带有自怜意味的"挣死扒命"多是形容社会底层，其实，各个阶层都有不同内容的"挣死扒命"。谁说"挣死扒命"不是一种拼搏姿态？

有人感慨，点燃一座城市万家灯火的，不是煤油不是电，而是中年人奋斗的血泪。到底要多努力，才能过上最普通的生活？也有人唏嘘，世人慌慌张张，不过是图碎银几两，可偏偏这碎银几两，能解世间万种慌张。

不必伤感，不必落泪，每个时代都有各自的难处，为了活着奋力前行的人们在任何时代都是值得敬重的。世道艰险，生存实苦，可我们依然无法湮灭内心深处对生活的热情。人与苦难的抗争，是人类社会在发展过程中最动人的篇章。历史的变迁、文明的更迭都是在漫长深重的苦难中，前仆后继、锲而不舍的奋斗得来的。

当然，人在苦难中所呈现的态度不都是抗争，有时隐忍，有时妥协，有时屈服，无论哪一种，皆源于人心深处强烈的生存欲望。"世界上只有一种真正的英雄主义，那就是在认清生活真相之后依然热爱生活。"罗曼·罗兰的这句话是每个时代铮铮作响的置顶签名。

够人，不善

当失望、厌恶、愤怒等不良情绪一锅烩时，一言以蔽之，便是"够人"。"够人"是大连人的口头语，是表达情绪的常用词。词典里接近的意思是厌倦、腻烦，如吃够了、玩够了、疯够了等。

在婚姻里，"够人"就是审美疲劳。"审美疲劳"是美学术语，表现为对审美对象的兴奋减弱，不再有强烈的美感，甚至产生厌烦之情。电影《手机》里，大学教授费墨说了一句："在一张床上睡了20年，的确有点审美疲劳了。"从此，"审美疲劳"便成为流行语。若将"审美疲劳"置换成"够人"，费墨说的便是"在一张床上睡了20年，的确有点够人了"。对婚姻失去激情和美感的描述，"审美疲劳"和"够人"各有各的生动，各有各的趣味。

东北人传统观念重，老婆孩子热炕头，对婚姻的"审美疲劳"比较耐受。婚姻熬至最后是亲情，就像那文火慢煮的小米粥，熬至出现一层米油。这米油就是亲情，最养人的，也能化解各种"够人"情绪。

"够人"虽然是大连人在家庭生活中的高频词，但经常是"一事一议"，过后照样劲儿往一处使，钱往一块儿攒，兴致勃勃地过日子。

在二人世界里，"够人"还有另一种用法。一对年轻人谈恋爱，花前月下，女孩子含嗔带怨地说了一句"真够人"，这和老电影里那句"你真坏"有异曲同工之妙。

"够人"与网络用语"无语"很相似，都有已经无话可说的意思。而"够人"显然要比"无语"更甚，整个人都被厌烦透了，腻歪透了。大连人说"够人"这个词儿，就像吐瓜子皮一样频繁。对看不惯的事、看不顺眼的人，懒得评说或不屑于评说时，便会蹦出一句"真够人""够死人"

结束。

走进岁月深处，经历了坎坷与磨难，还对人生保持着兴致勃勃的劲头，对家庭、对事业、对朋友、对箪食瓢饮那些微不足道的寻常，不腻，不烦，不够，这股充沛的生活热情着实令人敬佩啊！

"善"的本义是善良，慈善，与"恶"相对。大连话"不善"并不是指"恶"，而是指很可观，非同小可，含有擅长、厉害的意思。

《北方文学》1984年第3期37页有个句子："你这嘴巴子真不善呵！"这是夸赞对方口才好，能言善辩，很会讲话。《黑龙江小戏选》281页也有："小宝林，不善劲儿，搞上这样好爱人儿。"《东北二人转》1983年第2期9页有句台词："这丫头还真挺敢干，找工作不分高低贵贱，真不善啊。"这两句是称赞当事人一个谈恋爱的水平很厉害，一个找工作不挑拣的境界不简单。

前些年，大连话在网上比较流行，各种版本的大连话教程层出不穷，没有哪个城市的人们像大连人这般热爱自己的方言。或者说，没有哪个城市的人们如此自恋，像老牛反刍，成天说着方言还嫌不够，还要倒腾出来与众人一道赏析、把玩。

方言在贩夫走卒阶层比较盛行，或者说，引车卖浆之辈就是方言的创作者，他们生活在底层，了解民风，洞悉人性，会用自己的语言去描摹世态人情，去表达自己的感受，这个过程其实就是一种创作。他们是语言的创作者。

说一说大连的哥"马路虾"吧。这位有20多年驾龄的大连男人日夜为生活奔波，吃过不少苦，"即使疼，我也不呻吟！"多年前，"马路虾"开始在网上写作，以我手写我心，讲的都是心里话。他虽然受教育程度不高，但是平时酷爱阅读，养成了深度思考的能力，他的文字幽默中见辛辣，平实中见智慧，吸引了不少网友追捧阅读。令人意外的是，上海作家陈村也非常欣赏"马路虾"的文字，给他留言大加赞赏，并转发到其他论坛。很快，"马路虾"的写作得到出版商的关注，一本名为《黑夜，给了我黑色的眼睛：听的哥讲故事》的作品出版了，并成为炙手可热的畅销书。大连的哥出书了，大连人称赞"马路虾"，不说他多有才华，也不说他多了不起，而是说"一个开出租的，能出书，这个人可真不善啊"。

写作改变命运。"马路虾"依然在路上，但这回是给私企老板开车。他有时也坐出租车，闲聊时，心头总是萦绕着隐痛。这种痛使他再次产生灵感，他又打开了电脑。"马路虾"这种劲头真不善啊。

如今，"不善"仍被大连老辈人使用，年轻人喜爱网络流行语，与"不善"同义的网络语是"达人""牛人"。"达人"，是指长期沉浸在某个领域，积淀丰富并觅得真经的人物；"牛人"，是指做某件事情极有章法或做事不按常理出牌的人。在论坛上，常见"史上最牛的人"这种表述。与"不善"反义的网络语是"菜"，是指技能水平低下的生手。《咬文嚼字》杂志每年都要对这些网络流行语进行整理编辑，相关出版机构也会将流行语作为重要选题进行梳理与分析。关注新生语言，同时也注重保护方言，唯有如此，才能保护语言文化的多样性。

简而言之，"不善"是指各行各业的"尖子生"。这些"尖子生"并非天赋异禀，他们大多资质平凡，甚至有可能先天不足，但他们坚信努力奋斗是人生的"唯一解"。他们永远在路上，风雨无阻，日夜兼程。这类奋斗者用大连话赞美就是"真不善"。"真不善"是一种发自内心的、真切朴素的夸赞。

大连人说"不善"时会加上语气词"乎"，强调赞赏之情的由衷与强烈，如"'马路虾'真不善乎！"还习惯缀上"劲儿"，成为"真不善劲儿"，也含有"不是善茬儿"的意思。在过去年代的东北大宅门里，恶婆婆、刁小姑子，再加上一个"真不善劲儿"的儿媳妇，这日子就像连续剧一样有看头了。

有个疑问，上海作家陈村为何关注"马路虾"的写作呢？这不得不说起上海作家金宇澄的一段写作经历。2011年，金宇澄在陈村创办的"上海弄堂网"上写段子，也就是用上海话写上海故事。每天早晨起床写一大段发上去，乐此不疲。5个月写了33万字。他将这些故事整理成一部长篇小说，取名为《上海阿宝》。2012年8月，他将《上海阿宝》删掉2万字成为《繁花》，在《收获》杂志长篇专号发表。陈村大概没有想到，"上海弄堂网"会孕育出一部获茅盾文学奖的作品。

"马路虾"也是在论坛上写东西，作为大连人，笔下自然少不了"海蛎子味"的俚言俗语，应该是这些特点引起了陈村的注意。

60多岁的金宇澄是地道的上海人，上海里弄文化是他的精神原乡，他的

章程 手拿把掐

母语是上海话，普通话是他的第二语言。用上海话写小说，做这个文学"实验"，他用的是笨方法，一个情节、一个故事构思好了，先用普通话写一遍，再用上海话写一遍，或者先用上海话写，再转为用普通话写。这个"实验"做到十几万字的时候，金宇澄完全获得了方言写作的熟稔感，就像驾驶车辆行驶在一条特别的车道上，那种感受实在新鲜、私密又美妙。他反复地去体会语言的奥义，比较哪种语言更能展现上海里弄深处独有的活气和情调。他丝毫不觉得疲累，笔下频繁闪现"醉里吴音相媚好"的惊喜，令他确信上海话写上海故事完全可行。

金宇澄对语言的迷恋与执着令人赞叹。他发现，以原汁原味的上海话写小说，外地读者难以理解，于是将上海话进行二度创作，变为"上海普通话"，这样既保证了北方人能读懂，又不失上海的地域特色，大上海屋檐下一饭一茶的琐屑与光芒，在别样的吴侬软语里找到了独属于它的情致与神韵。

了解金宇澄创作《繁花》的经历，品读那极具上海韵味和节奏的语言风格，蓦然明白，对方言的驾驭绝不是简单的复制与挪用，看似信手拈来，却体现了作者对语言化用、整合、创新的能力，如琢如磨，用尽了心思。

南方作家素常生活中说着方言，可一拿起笔来，就要切换到普通话的思维频道。普通话是以北方话为基础的，南方话与其相去甚远，所以，南方作家认为自己在写作上处于先天弱势，总有点吃亏的感觉。《繁花》的成功就在于扬长避短，以母语进行思考和叙述，形成了鲜明的文学特征，从而荣获第九届茅盾文学奖。有评论家如此评价："金宇澄的《繁花》是过去四年中国长篇小说一个特别有异质性的文本，对汉语写作起到了非常重要的积极推动作用。"

不来悬，不打哏儿

"悬"作为方言词，含有危险或靠不住的意思。例句："黑灯瞎火一个人走山路，真悬啊。""这事儿交给他办，有点悬啊。"大连话"不来悬"是不夸张的意思。

庄河有条俗语叫"来大悬"，是说言语夸张，与事实相差甚远。例句：

"他太能来大悬了，死人都能叫他说活了。"

有人在网上发帖子，讲述下班途中的见闻："急救车的喇叭声在俺听来尖锐且凄凉，可这名大姐就是不肯挪一挪，泊在马路中央岿然不动。真不来悬啊，她很可能就成了杀人凶手啊……""杀人凶手"一说并非言过其实，这就是"不来悬"的意思。

去单位仓库取东西，与一只耗子邂逅，"黑耗子那个大呀，不来悬啊，足有一尺多长！""不来悬"也是不夸张的意思。

有人讲述圣诞节去英国旅行，目睹中国人"血拼"奢侈品的疯狂，跟亲朋好友如此描述："真不来悬啊，大家买奢侈品就像去大菜市买秋裤似的。我都有些蒙了，大街上到处都能听到中国话，到处是中国人在排队抢购。最后一天，我们坐火车去牛津的品牌直销购物中心购物，火车上全是中国人，真不来悬啊，就像春运一样……"当大连人讲述某件事情的时候，对那些重要的细节，在说之前，或说完之后，往往会以"不来悬"强调其真实性。

20世纪六七十年代，许多城市家庭孩子多，父母忙于工作分身无术，对孩子疏于照料，便会将其中一个送到乡下老人家寄养。虽然每月按时寄钱，却被偏心眼的老人家悄悄积攒挪作他用，比如给儿子盖房子娶媳妇，比如买了耕牛。所以，被寄养在乡下的孩子大多面黄肌瘦，严重营养不良。除了身体发育问题，最大损失还是孩子的教养不足，精神风貌很差劲。到了上学年纪，父母领回家的可能是个面目全非的野孩子。我在一篇自然来稿中看到了这种情景的描写，非常生动，并频繁地使用了"不来悬"这个词儿：

（张聿礼）经常说起我哥在我奶家造得真是不像样子，说起这些，他就眉飞色舞，用手比画着说，咱不来悬……山东话都读四声，在张聿礼嘴中说出来就是：赞不赖旋。

咱不来悬，是张聿礼的口头语，意思是他说的都是真的，没有一点儿假的，也没有夸张的意思。他说，咱不来悬，小波呀，我到那儿一看，那造得真不像样，大鼻涕足有一尺长，鞋底都断了，用草绳紧着，衣服嘎巴地都能当镜子，裤子到处是窟窿，用个烂绳子系着，跟个花子差不了多少。

花子，也就是要饭的，我们那儿管要饭的叫要饭花子，或者直接叫花子。张聿礼说，这小波可是你们老周家的人，根本就没人管，跟个野孩子没啥区别，活着就是了。张聿礼说，我都不好意思带他走，走到村口，我拿块

章程　手拿把掐

砖头，让小波把衣服脱下来，我就用砖头蹭，总算把油渍麻花的衣服蹭得干净一点儿了。翻过来，一抖搂，虱子都往下掉，虮子密密麻麻的，看得我头皮发麻，我也用砖头蹭了蹭，咱不来悬，都能听到咔吧咔吧地响……好好的孩子，这是咋给养的？

作者在稿子中说"不来悬"是山东话，不巧，我在另一篇稿子中找到了"不来悬"的确切来源。作为一个研究方言的文学期刊编辑，我对稿子中的俚言俗语总是格外敏感，发现年岁稍长的作者喜欢使用方言来表述，有些早被人们忘却的方言常出现在他们的笔端。先一愣，后一笑，会想起不少往事。方言是记忆大门的钥匙，很多人已经遗落了它。

作者武德是大连人，当了大半辈子兵，大部分时间都是在大连外长山列岛上守边。他的文章题目为《我的满族丈母娘》，丈母娘是个正宗的满族老太太，心疼女儿女婿在海岛上生活艰苦，不管不顾地上岛来和他们一块儿生活，帮助孩子解决不少后顾之忧。丈母娘出生在清王朝发祥地辽宁新宾满族自治县，那里山清水秀，气候宜人，名胜古迹数不胜数。那里的村庄都是按照清朝的八旗制冠名，如黄旗堡子、蓝旗堡子、白旗堡子、红旗沟……丈母娘就出生在白旗堡子。按村里人的说法，丈母娘算是标准的旗人美人，单眼皮儿，浓眉毛，皮肤白皙，气韵富态。那年丈母娘去北京女儿家小住，在颐和园照相时，照相师傅夸赞老太太有慈禧的派头，老人家听后一本正经地介绍起自己来："我本就是旗人，跟努尔哈赤是纯老乡。不来悬啊，当年中央台在我们赫图阿拉城拍电视剧《一乡之长》时，专门请我当群众演员呢，你们没见过我？"

满语是大连方言的组成部分。随着清军进关，入主中原，满族文化和汉族文化逐渐融合成为必然的历史趋势。据史料记载，满族的首领人物努尔哈赤可以熟读《三国演义》，可见清朝统治者为了巩固政权，笼络汉族知识分子参与国家管理，学习中原汉族文化的态度是诚恳的。清朝初期，朝廷专门设置"启心郎"，其职责为翻译，解决满族大臣参政之需。而有进取之心的大臣们早就学起了汉语。可以想象，当满族各阶层人士分布于全国各地，掌握一定的权力，活跃在政治、经济等领域，进行各种社会活动，满、汉两种语言相互影响、渗透和借鉴是在所难免的。

东北本身是一个多民族聚居的地区，多元文化融合的现象更为突出。大连方言除了受"闯关东"移民、外来殖民者语言的影响，还有很多日常用语来源于满语。文化的融合使各少数民族逐渐放弃了自己的语言而改说汉语，但是他们语言中的一部分词汇却保留了下来，成为东北方言、大连方言词汇系统中极有存在感的一分子。

比如，"萨其马"（满族的一种糕点）、"哈巴狗"（一种狗的名字）、"哈拉巴"（猪、牛、羊的前胛骨或人的肩胛骨）、"骨碌"（移动）、"胳肢窝"（腋下）、"啰唆"（絮叨，不利落）、"勒特"（亦即"邋遢"，大连话有"勒特兵"之说，形容人很邋遢，是个邋遢人）、"撒目"（看）、"秃噜"（食言，爽约）、"屯"（村庄）、"咋呼"（张扬）、"扎咕"（修饰，打扮；治病）、"瞎嘞嘞"（胡乱说话），等等，这些满语音译词在大连方言中大大方方地存活着，以至于使人习焉不察甚至进入了普通话系统。

"打哏儿"是指说话停顿，引申为犹豫、有顾忌。小孩子背课文不熟练，会被大人批评，"你怎么背得磕磕巴巴总打哏儿？"在这里，"打哏儿"是停顿、不流畅的意思。

那么，"不打哏儿"就是流畅、干脆、痛快的意思，常形容一个人的处事态度。"不打哏儿"也称"不打奔儿"。"这个年轻力壮的小伙子干啥活从来没打过奔儿。"面对脏活累活，从来不犹豫，用的是引申义。

大连人通透爽快，乐于坦诚相待，不喜虚里冒套，行就说句痛快话，不行就拉倒走人，这些性格特点概括起来就是"不打哏儿"。大连人交朋友，不仅看重精神层面的共鸣，更注重现实深处的关照。朋友是麻烦出来的，是在彼此"不打哏儿"的扶携中培植出来的。

按说，大连人在人际交往中的"不打哏儿"，应该像雷锋做好事不留名一样，不表白，不张扬，但大连人偏不，帮助朋友时不打哏儿，对外宣扬时也丝毫不打哏儿。听两个大连男人唠嗑儿，你经常会听到其中一个声情并茂地讲述自己如何为朋友上刀山下火海，在感动别人之前，先将自己感动得够呛。这并非浮夸或浅薄，而是大连人太重视感情了。没有锺子期，"狐朋狗友"咱总得有几个吧。

外地人听大连话，品透意思之后，就有学舌的冲动。大连话的腔调铿锵有力，上口快，有一股活泼劲儿和热辣感；大连话直白亲切，不矫揉造作，不转弯抹角，具有奔腾的张力和豪气，充满了趣味性与幽默感，更有一种说不出的荡气回肠。

大连的海岸线很长，面朝大海，诗意栖居，人们由内而外洋溢着坦荡清朗之气；大连广场多，那些知名的大广场就不必说了，它们被誉为"城市的会客厅"，令人流连忘返，赞叹不已。在社区、小区也可见大大小小风格别致的广场，人们唱歌跳舞，谈心聊天，痴迷逗留，直到月上柳梢。城市的大气格局熏陶着人们的性情，大连人视野开阔，接纳力强，融合速度快，既务实又高远。与大连人打交道，不累。

攒欺，掐把

"攒欺"，是逗弄、调戏、挑衅、欺负的意思。

在小区里，下午3点半之后，各家保姆带孩子到花园里晒太阳，每个小娃娃都带着自己心爱的玩具。一个同样以小区花园为江湖的老汉童心大发，一会儿抢她的芭比娃娃，一会儿夺他的蜘蛛侠，惹得娃娃们仰天长号，保姆们嗔怒道："你个老东西，总攒欺小孩子干什么？""攒欺"在此是戏弄的意思。

过去大连有一种日式两层楼房，楼道走廊是公共区域，每家都在这里摆放大量的生活用品。去年秋天，张三家的秋白菜占了王二麻家的地盘，王二麻家提出了抗议，结果两家大吵一场，伤了和气，断了关系。张三有两个膀大腰粗的儿子仗腰眼子，在邻居间飞扬跋扈霸道得很。今年秋天，张三家的酸菜缸子又杵在王二麻家门口，王二麻欲将其挪开，却被夫人苦口婆心地劝下："你去攒欺他们干什么？忍一时风平浪静，退一步海阔天空，不就是多占点儿地方吗？又不是抢咱家钱，忍一忍吧！"在这里，"攒欺"是惹是非的意思。存有领土争议的两个国家，也会在边界上发生互相攒欺的事件。

攒欺是欺负人的前戏。如果对方是条汉子，那是经不起攒欺的，转瞬间就狼烟四起了。

北京人善于吵架，两个人站在那里油嘴滑舌、云淡风轻地吵，谁也不吐一个脏字，乍一听以为二人在说笑，岂不知双方早已气得内出血。相比之下，东北人嘴糙舌笨，腹中辞藻也不多，特别不善于优雅地吵架，三句话说不到就亮拳脚，不见血不收兵。在外地人的口中，东北人打架一定要就近找武器，如果地上有砖头，绝不捡泥块；而攻击部位也是直奔要害，如果能掏心口，决不扫腿脚。东北人打架不多说话，上去就开踹，打得尘土飞扬的。

"不多说话"，说的就是东北人打架省略了"攒欺"的过程。

以"京城第一大玩家"王世襄斗蛐蛐为例，对"攒欺"进一步解释。

王世襄《秋虫六忆》一文分为六个小标题：忆捉、忆买、忆养、忆斗、忆器、忆友。其中《忆斗》一节，用大连话来概括内容就是讲怎样"攒欺"蛐蛐："双方将蛐蛐放入斗盆，各自只许用黏有鼠须的茨子撩逗自己的蛐蛐，使之有敌来犯……运用这几根老鼠须子有很大的学问。但主要是当自己的蛐蛐占上风时，要用茨子激发神威，引导它直捣黄龙，使对方一败涂地。而处于下风时，要用茨子遮挡封护，严防受到冲击，好让它得到喘息，增强信心，恢复斗志，以期达到反败为胜的目的。但双方都不能做得过分，以致触犯定规，引起公愤。精彩的对局，不仅看虫斗，也看人斗。欣赏高手运茨之妙，也是一种艺术享受。"

这"运茨"即是"攒欺"。王世襄"秋斗蟋蟀，冬怀鸣虫"，乐此不疲地"攒欺"小虫物，居然玩出了文化，使井市的"雕虫小技"登上了大雅之堂。攒欺小虫物好玩有生趣，是一种休闲养生的娱乐活动。而攒欺人，却绝不可取。

"攒欺"，也有撩拨、挑逗、搭讪的意思。某男喜欢上某女，以恶搞的手段去攒欺对方，以期引起对方的注意，然后进行下一步发展。这种方式因流于轻浮而为多数女人所不喜。

大人攒欺小孩，是逗弄；地痞攒欺百姓，是欺负；男人攒欺女人，是调戏。攒欺有时也是一种调侃逗乐儿，比如开会时，当全局陷入尴尬沉闷的境地，有人无伤大雅地攒欺一下某个人，令气氛变得轻松起来。但凡事要讲究尺度，不能让攒欺人成为一种习惯甚至爱好，否则既会跌身份，也会影响人际关系的和谐。

据《现代汉语词典》记载，"掐"有两种方言语义，一是指争斗，如"两人因一点儿小事掐起来了"；二是作为量词"掐儿"在方言中出现，拇指和另一手指尖相对握着的数量，如"一掐儿韭菜"。大连话"掐把"有两种含义：一是指受到限制、管制；二是指用力按摩。

长篇小说《醒世姻缘传》中："我生平是这么个性子，该受人掐把的

章程　手拿把掐

105

去处，咱就受人的掐把；人该受咱掐把的去处，咱就要变下脸来掐把人个够！"这里的"掐把"就是指受到限制、管制的意思。

在大连方言中，"掐把"也有用力按摩的意思，比如："你给我后背掐把了几下，别说，还挺舒服的。"更多时候，"掐把"是指待人过于刻薄、不近人情，比如："我要是再老实一会儿，还不把我给掐把死了啊！""你这样掐把我，我想哭的心都有了。""我好歹跟你是一家子，你这样掐把我，有意思吗？"

一个村庄，有两户人家因田间地头的争端而结怨，两户人家都不是"善茬子"（指好对付的人，多用于否定式），你在春天播种时掐把了我，我就在秋天收割时掐把你；你在初一掐把了我，我就在十五掐把你，最终闹出了人命，招致牢狱之灾。

那年夏天，一小伙儿在三八广场附近的永昌农贸市场卖螃蟹，一些社会闲人砸他摊子，执法部门也撵他，小伙子被各方势力掐把得心灰意冷。"老子不卖免费送还不行吗？"据说他每天去旅顺海边拉来1000多斤螃蟹，足足送了6天。没有发生哄抢，人们很斯文地排着队，每人可领20只顶盖肥的活螃蟹。"俺们的螃蟹卖不动，哪有这么搅和的？他这是跟谁掐把呢？他的钱是大风刮来的，还是海水潮来的？"

人生在世，怎么可能不受人掐把呢？也许，这个世界就是在互相掐把、互相制约之中不断前进吧。

豪横，不差事儿

在东北方言中，有这样一种现象值得关注，某些方言词虽然在音、形上与普通话相同，但在义项的取向和含量上、在语法功能上有相当不同的变化。这样的词语尤其应仔细鉴别，认真梳理。

在《现代汉语词典》里，"豪横"是以两个词条的形式出现的，作为普通话，是指强横，仗势欺人；作为东北话，是指性格刚强有骨气。类似的东北方言不在少数，比如"章程"，普通话是指组织规程或办事条例，东北话是指办法；"败坏"，普通话是指损害、破坏（名誉、风气等），东北话是指浪费、损坏（财物等）；"整整"，普通话是指达到一个整数的，东北话是果然（不出所料）的意思；"指定"，普通话是确定的意思，东北话是一定、坚定的意思。这些东北话也是典型的大连话。

"豪横"是一个特别有意味的方言词，它也可以用来形容一个人为人处世的极致状态。驰援上海的过程被公开之后，好评如潮，其实我更想用文学的方式来表现东北人骨子里的气韵。这样就想到了王小波写给李银河的一句情话："我认为你爱我和我爱你一边深，不然，我的深从哪儿来呢？"这种联想表面看似乎不搭界，细细品读，竟发觉再恰当不过了。东北人讲究感情，交朋轧友，感情投入很彻底，这往往是因为从对方那里感受到了同样深挚的情谊。东北人"就像火炭上的一滴糖"，永远吱吱作响。这种状态，除了"豪横"，还有什么新鲜词语可以形容呢？

稻盛和夫将人分为三种类型：自燃型的人、可燃型的人和不燃型的人。东北人显然是属于可燃型的人或自燃型的人，点火就着了，甚至不用别人点火自己就能燃烧起来。在灾难或困境面前，率先站出来的是东北人，一个跟着一个冲上去的也是东北人。东北人也许不够精致，不够浪漫，但在某些非常时期，跟东北人在一起格外有安全感。逆境中总要有人站出来，这是东北人骨子里的一种修养和自觉。总有一些人，为了更多人的安宁幸福，肯舍弃自己，做人海中那道沉默而有力的脊梁。

东北人为何有这样的秉性，其实是可以从历史深处找到答案的。

东北有辽河、白山和黑水。辽河过去叫巨流河，这个名字在中国万千河流中具有极高的辨识度，在文学史上也有生动记载。辽河是中华文明的发源地之一，是辽宁人的母亲河。作为中国七大水系之一，早在清朝时期就有规模不小的贸易往来。据《营口文史资料》记载，同治年间，辽河流域的船有烟台、威海、石岛、青岛、天津、宁波、汕头、厦门、香港等地区和英国、日本等国家的大木帆船、轮船，航海沿河而来的船只，一年总量高达4万多艘。另有资料记载，1901年至1910年10年中，外国人从营口码头运出的大豆、豆油、药材、煤炭等物资每年不少于100万吨。辽河水道已经成为沟通中国关内与关外、中国与世界各国的一条黄金枢纽。

在历史上，一个地区有了河流，有了码头，就有了更多的故事和可能性，文明之曙光，家国之情怀，也孕育于此。这里的人们似乎比别处的有更多见识，也有更多磨难。在河的沿岸，多个民族杂居，经济上互相依存，文化上兼收并蓄，形成了比较鲜明的地域文化，并向底蕴深厚的中原文化渗透。

巨流河就这样浩浩汤汤，不舍昼夜，奔向了浩瀚大海的怀抱。白山黑水也以其博大的襟怀庇护着从苦难中迁徙而来的民众。有山有水，大江大河，还有肥沃富饶的黑土地，特殊的地理环境使得东北在历史上"存在感"极强，也是这样的地理风貌和历史文化，培植了东北人耿直、宽厚、乐观、善良和幽默的美好品性。

钱穆先生曾说，山东人最有做中国标准人的资格。其实，大多数东北人是"闯关东"的后代，据朱僎《满洲移民的历史和现状》记载，1900年满洲人口总数是450万，1928年增至2200万。增长的人口，除少数属自然增长外，绝大多数都是"闯关东"的关内流民。学者陈彩章认为，移往东三省的人口，80%为山东人，其次是河北人及河南人。常听到人们这样评价东北人，"东北人彪""东北人豪横""东北人不差事儿"，只有真正走进东北人的前生今世，才深知这些俚言俗语所叙述的东北精神有多么宝贵。"彪"直接反映了东北人的品德。一个人只有忘却自己，才能奉献社会。翻阅"大连好人榜"，你会发现这些好人身上都有一种"彪子精神""傻子精神"。

所谓"不差事儿"，有两种理解：一是指遇到困难绝不退缩，遇事往后捎，那不是东北人的性格，而是迎难而上，敢拼敢干；二是指在人情往来方面做得比较周全、到位、大方、敞亮，令人温暖和感动。东北人的"不差事儿"，是几天几夜也说不尽的。

20世纪八九十年代，东北小品是春晚的重头戏，那语意淋漓、腔调热烈的乡言村语是东北小品的主要特色。小品火了，连带着方言也火了。除了小品，东北乡村题材的影视剧也离不开方言的助力。就这样，众多东北籍艺术家通过影视剧、小品、二人转等艺术形式，将东北方言推向了全国。在这个时期，以东北方言为基础创作出的许多优秀文学作品，也在国内外产生较大影响。应该说，东北方言的广泛性是东北风格的艺术作品得到认同并走向全国的重要条件。

近年来，随着各种新兴媒介的强势传播，东北方言又流行起来了，在各类短视频中，"老铁""豪横""不差事儿""完犊子"等典型的东北方言成为流行语，连南方人都有腔有调地学会了。为何在现代化进程不断推进、经济不断与国际接轨、思想观念不断更新的今天会再度兴起"东北风"呢？

新时期以来，东北人有过辉煌，也有过坎坷，无论处于何种境遇，东北人骨子里的秉性始终难以更改。在国家需要的时候，在兄弟省份有难的时候，东北这个大块头总是第一个站出来，书写了一个又一个感人肺腑的故事。东北人的善良、仗义和担当，为东北方言注入了新的内涵，烙刻了鲜明的印记，这应该是东北方言能够在大江南北流传开来的主要原因。

近年来，东北的发展是一个燃点话题，东北人置身于时代激流中的表现也受世人点评，这令人想起鲁迅先生对南北两地人的观察，北方人的优点是厚重，立身处世稳健笃实，南方人的优点是机灵活泛。缺点呢？"厚重之弊也愚，机灵之弊也狡。"甚至还提及某先生的评价，北方人是"饱食终日，无所用心"，南方人是"群居终日，言不及义"。也许这样的评价并非妄议，而是其来有自。但东北人不曾迷茫，一直有反思精神和警醒意识，不吃老本，不躺在功劳簿上，正视差距，承认不足，将失败与教训转化为经验资源。"临渊羡鱼，不如退而结网"，这是东北人重新树立的发展理念。

不论是机灵，还是持重，守望初心，永葆本色，记得来路，这种痴劲儿是可敬的，是弥足珍贵的，也是东北人的魅力所在。

支腿儿，眼气

一条凳子缺了一只腿儿就成了废物，沦为烧柴。若本着物尽其用的原则，给缺腿儿的凳子"支个腿儿"，这条凳子就可重返生活区，派得上用场。

"支腿儿"就是"打下手儿"，"我给你支腿儿"或"我给你打下手儿"，是说在一个团队里做副手或协助他人做事情。

说"支腿儿"，当然绕不开大连人极喜爱的一种牌类游戏——打滚子。我不会打滚子，和同事们出差，就成了途中最乏味、最无用的伙伴。有朋友组织去旅行，人家事先问我："打滚子学会了吗？"在大连，不会打滚子简直成了人际交往中的一种缺陷。

那么，"支腿儿"与打滚子有何干系？简单地说，每一局都有一人担任庄家，利用庄家的特权尽量不让对手得到分牌。在庄家的身后，隐藏着一位牌技高超、全力拼杀的对家，这个对家就被称为"支腿儿"。如果对家抓得一手好牌，也可喧宾夺主，让庄家给支腿儿。据说，这是"支腿儿"的来源。

久而久之，"支腿儿"有了更广泛、更有趣的含义，基本上可以理解为"当好配角""跑好龙套"，是支持，是配合，是帮衬，是一个战壕里的倾力相助，是命运共同体的休戚与共。

20世纪90年代中期，下岗浪潮令很多人一夜之间失去了工作，有人四处上访索求补偿，有人却整装披甲走进了风雨中。"昨天所有的荣誉，已变成遥远的回忆。辛辛苦苦已度过半生，今夜重又走进风雨……"刘欢这首《从头再来》歌唱的正是这些不惧变革、在困境中迸发激情的领军者。他们带领一班人马准备创业，这时有人主动请缨："我给你支腿儿吧！"支腿儿是一种自谦，肯给别人支腿儿的人，大多是实力派，是优质分子，绝非一般跑龙套的。

日本企业家稻盛和夫在《活法》一书中提出一个颇为新鲜的"燃烧理论"。一个人要有所成就，有所作为，就必须拥有自发性的热情。他将人分为三种类型：自燃型的人、可燃型的人、不燃型的人。自燃型的人，往往最先对事情采取行动，用自己的能量和态度去感染、鼓舞别人。这类人内心既有激情，又有责任感。可燃型的人，是指受到自燃型的人的影响，能够充分活跃起来并发挥作用的人。愿意为别人支腿儿的人，如果不是自燃型的人，就一定是可燃型的人，既有能力，又有热情，左辅右弼，不可或缺。不燃型的人，即使从周遭感受到强烈的能量，也不为所动，消极、冷漠、懒惰，并且会打击周围人的热情。这类人只会拆台，绝无给人支腿儿的可能性。

大连话有两种风格：一种具有"越轨的笔致"，越品越有趣味，越品越觉高明，比如"丁净""辣眼""浪""姿势""布拉吉""挽霞子"，等等；另一种是不掖不藏，毫不隐讳地将意思摊在字面上，"支腿儿"就属此类。你要做一件大事，我不说给你做帮手，却说给你"支腿儿"，"腿"确实比"手"更生动有力。

方言有一种"地域的神味"，再小的地方，语言也是有尊严的，也是大有存在价值的。方言一旦消失，很多有特色的地域文化和民间文化就无法生存，文化的差异性和多样性必然遭到破坏。在苏州，有艺人曾做过这样一个试验，用普通话来表演苏州评弹，结果失败了。苏州评弹是用苏州方言来"说噱弹唱"，吴侬软语，弦琶琮铮，非常动听，早就入选首批国家级非物质文化遗产名录。艺人所做的试验表明，普通话根本无法表现苏州评弹的精髓，甚至令其面目全非。这门艺术的灵魂就是苏州方言，二者是唇齿相依、互为表里的关系。

苏州保护方言有不少新创举，令人称道。去苏州旅游，在姑苏区乘坐公交车，"第一人民医院到哉！"先用普通话报站，紧接着用苏州方言报站。外地乘客虽然听不太懂，却一下子跌进了迷人的江南意境里，这种感觉妙不可言。

在大连，乘公交车去"泡崖儿"，广播报站字正腔圆地说"泡崖子"，听起来十分别扭。还有"马栏子""青泥洼桥"等站名，被普通话一喊，那"海蛎子味"已荡然无存。咱们不好向苏州学习一把，也来个"双语"报站？

2008年，国家语言文字工作委员会启动中国语言资源有声数据库建设试点；2012年，大连话语音数据已经完成采集。在民间，一些文化公司热衷于以大连话创作小品、微电影在网络上传播，赚足了人气。在社会各界的共同参与下，大连人保护方言的意识得到较大提高。

"眼气"，说白了，就是眼红。例句："别人中奖了，他眼气得不行。"

《东北方言口语词汇例释》记载：眼气，是妒忌的意思。

"这事被李老五知道后，很是眼气，他决心要坏一坏大民。"（《民间故事》第50期13页）

"我说青刀豆，打酒不问醋价钱，你硬跟着搅和啥？眼气呀！"（《黑龙江戏剧》1983年第1期40页）

"眼气"居然还是贵州、山西、四川、河南和河北的方言。在四川方言里，"眼气"是看在眼里，气在心上。对应当下网络流行语就是"羡慕妒忌恨"的意思。"眼气"适用地域之广，可见其表现力很强大，各地对"眼气"的释义基本相同。

人家拿奢侈品当日用品，换名车像换领带似的频繁，你眼气；人家薪水不低福利不薄压力却不大，你眼气；人家有车有房却不欠银行钱，你眼气；人家夫妻恩爱日子过得幸福美满，你眼气……"你别来眼气我了！"面对人家的好山好水好风景，大连人脱口而出的这句话，有羡慕之情，却无妒忌之意。"你看你家宝贝女儿，真是眼气死个人，不用父母操心，轻松地考上了名牌大学。"此处，"眼气"是褒奖，也是恭喜。人们大概不会眼气达官贵

111

人、明星大腕的人生，而是眼气身边那些看得见够得着的成功。

某高校体育系一女教师，30多年前就开始做体育用品生意，如今已跻身本城富贵阶层。女教师喜欢名车，隔几年就会换一辆百万元以上的名车。但是女教师非常低调，每天开着名车来给学生上课，将车停在校园僻静之处，在车内换好运动服穿上球鞋，从不将自己的另一面示人。年终系里搞茶话会，她会主动买几斤瓜子花生，从不做一掷千金之举。逢教师节，系里安排教师到安波洗温泉，她也跟着大家一起坐大巴。她是刻意掩饰，将调子降下来，还是低调的价值观原本就出自内心？她不去眼气别人，藏起富贵，敛起奢华，于人于己都是一种自在。

拿自己的好东西去眼气别人，不肯分享，显然不够厚道，也特浅薄。今天人们喜欢用"低调做人，高调做事"来评价某个人。低调是一种修养，是做人的最佳姿态；高调是一种气魄，是做事有信心的表现。怎样把握为人处世的藏锋哲学与亮剑精神，不该眼气人时要保持低调，该眼气人时要不遗余力地张扬，这实在是一门不可小觑的处世功课。

在漫长的岁月长河之中，某些方言跟当初来时模样一致，没有任何变异或演变，这大概是因为这些方言在表情达意方面具有"舍我其谁"的精准感。"眼气"便是这类大连方言的代表。具体来说，"眼气"是山东蓬莱方言，还有一个蓬莱方言叫"害气"。"害气"侧重表达妒忌的意思，而"眼气"虽有妒忌之意，却也含有羡慕之情。

"眼"字头下还有哪些方言呢？

眼力见儿：见机行事或善丁及时表示殷勤的能力。

眼大漏神：调侃对方瞪着眼睛却有所忽视。

眼眶子发青：不顺眼，不可心。

眼发蓝：因情绪激动而眼色难看的样子。

眼眶子高：即"眼光高"，评价与选择事物的标准高，多指不切实际。多用来形容择偶。

眼泪巴嚓：眼中含着泪，楚楚可怜。

眼窝子浅：形容人爱哭，动不动就掉眼泪。

眼罩儿：遮挡眼睛，使看不见东西的工具。引申为故意使人为难，制造麻烦。

眼不见为净：看不见则认为不存在（意在回避矛盾或问题）。

方言是老祖宗留下的家底子，像一件款式老旧却蕴藏太多回忆的衣衫，穿不了，却也扔不掉。人们无法割舍与方言的联系。当一个人用方言表达内心感受时，他的心灵是安详的、柔软的、慈悲的。方言寄存着太多过去的生活经历。重温方言，就是对那个一去不返的时代、对那些渐行渐远的人生往事的深情回眸。

　　往日重现，或许，仅需一句大连话。

隔锅上炕　五脊六兽

瞎嘞嘞，臭败

"瞎嘞嘞"，是指大量、高密度、长时间地说话，并且言说质量非常低劣。老百姓爱瞎嘞嘞，掌握话语权的领导者也爱犯瞎嘞嘞的毛病。《大连日报》副刊当年对大连话进行梳理，对"瞎嘞嘞"词条如此举例："台上某领导意识流已达数小时，台下群众牢骚满腹地说：'瞎嘞嘞什么，都嘞嘞酸了！'"瞎嘞嘞的人，情商低、自我感觉良好，经常不识时务、不合时宜。

"瞎嘞嘞"，也是东北方言。例句："顺嘴瞎嘞嘞啥，你别打岔。"（《黑龙江戏剧》1983年第1期36页）

东北人爱瞎嘞嘞是出了名的，过去东北有句老话：一个月过年，两个月要钱，三个月种地，六个月干闲。在那漫长的休闲期里，东北人需要"大娱乐"，所以东北人扭大秧歌，唱二人转，满山遍岭地唱啊扭啊，以驱赶漫长的孤独寂寞闲。但是，唱和跳也是颇费周章的，最信手拈来的娱乐就是坐在热炕头上唠闲嗑儿。单调枯燥的生活哪里禁得起那么漫长的唠扯，唠着扯着，便开始瞎嘞嘞了。往好处说，"瞎嘞嘞"是东北人的口头创作，也是需要想象力的，东北人普遍具有的幽默感就是由炕上口头创作锻炼出来的。贫苦生活并非一无是处，很多才华就是从贫苦之地生发出来的。莫言曾说，他的想象力是饿出来和吓出来的。同样，东北人的幽默感是闲出来的，是瞎嘞嘞出来的。

想到成都人的"摆龙门阵"，它不同于一般的聊天或吹牛皮，像古代一种叫"赋"的文体，极尽铺陈、排比、夸张之能事。即便一件素常小事，也要添油加醋，摆得七弯八拐，吊人胃口，夺人耳目。这样的"作品"当然需要在茶馆里"发表"。事实上，成都茶馆的魅力就在于摆龙门阵。龙门阵的内容五花八门、无奇不有，作家林文询在《成都人》里是这样概括的："既有远古八荒满含秘闻逸事古香古色的老龙门阵，也有近在眼前出自身边顶现代顶鲜活的新龙门阵；有乡土情浓地方色重如同叶子烟吧嗒出来的土龙门阵，也有光怪陆离神奇万般充满咖啡味的洋龙门阵；有正经八百意味深沉庄重严肃的素龙门阵，也有嬉皮笑脸怪话连篇带点黄色的荤龙门阵。"

成都人爱摆龙门阵，就是要向他人展示自己的嘴巴功夫，用大连话说是一种"显摆"。从中可以看出成都人自我认可度较高。林文询曾将北京、广州、成都三地的出租车司机做过比较，结论十分可笑：北京的司机喜欢和乘客说话，广州的司机几乎不说话，而成都的司机喜欢和自己说话。成都人实在太重视"嘴巴瘾"。成都人爱说话，除了有事情要说之外，"更多的是说着玩，把话语在舌头上颠来颠去地品味、欣赏、展示。犹如绿茵场上的好手，把一颗皮球在脚尖头顶颠来颠去颠出万千花样来一般"。显然，东北人的"瞎嘞嘞"还不能与人家的摆龙门阵相提并论。

成都也有不少方言是形容爱说话、会说话，比如"涮坛子"（开玩笑）、"冲壳子"（吹牛皮）、"展言子"等。其中"展言子"最具特色。所谓"展言子"，是指说话时带几句谚语、歇后语，藏头露尾，让你去猜、去品，在心领神会中获得乐趣。也许是因为新鲜感，也许是被龙门阵的魅力所感，我觉得"涮坛子""冲壳子""展言子"比咱的"瞎嘞嘞"好听多了。

东北人嘴里"疙瘩话"多，"爱嘞嘞""瞎嘞嘞"几乎成了东北人的性格标签。如果坐火车，你会看到这样的画面：大家安置好箱包之后，最先取出茶杯、水果、鸡爪子、皮蛋什么的，大多是东北人。因为会嘞嘞，东北人善于跟陌生人搭讪。一趟火车坐下来，你发现这个东北人"满嘴跑火车"，火车一路奔驰向前，他也奔驰般地嘞嘞了一路。

"瞎嘞嘞"与另一大连方言"忽悠"近义。"忽悠"为何意？看一看东北小品《卖拐》《卖车》《功夫》这三部曲就知晓了。东北人的性格曾被人总结为"三拍"：一拍脑门想起来了，一拍胸脯"交给我了"，一拍屁股走了。令人汗颜，简直无地自容。

来说一说"迂叨"吧。凡是说话太絮叨、缺少具体内容的人，大家就会说他太迂叨了。这里的"迂"是曲折、绕弯的意思。

有一首歌号召天下儿女"常回家看看"，就是说要常回家听父母迂叨迂叨。俗话说，树老根多，人老话多。老人之所以话多，除了老来有闲和害怕孤独之外，也是因为老人阅历多、见识广，有一肚子话可说。在大连有这样一个文化现象，很多退休老人提起笔写家史、写自传、写回忆录。几乎每个历经沧桑的老人都有为后人存史的责任感。老人比较适合写回忆录，退休之后有大把闲暇时间，生活积淀深厚，无名利欲求，一般都敢于说实话、吐真言。钩沉久远的往事，打捞逝去的感念，这些老人晚年生活安排得很充实，不是特别依赖儿女们"常回家看看"。但并非每个老人都能写自传，他们有话还是愿意跟儿女们迂叨。儿女们有时会烦老人太迂叨，说老人"迂叨"可以，切不可说老人"瞎嘞嘞"。

再来说一说"臭败"吧。"臭败"乃诋毁之意，通俗地说，就是背后说别人的坏话，败坏别人的名声。在大连坊间，会听到有人说："这个人就爱四处臭败别人，可得离她远点！"

所谓口德，就是说话的道德。人贵有口德，背后臭败人是为人大忌。利用莫须有之事将一个人的名声整臭了，败坏了，就是"臭败"。古人云："静坐常思己过，闲谈莫论人非。""臭败人"之徒却说："谁人背后无人讲，哪个人前不说人？"如果这类人再结成一个小圈子，成天开"嚼舌头"茶话会，那可麻烦大了，令人唯恐避之不及啊。

一段感情破裂之后，最不堪入目的桥段就是互相臭败。当初是出于感情和信任，才将自己难言的隐私和盘托出，想不到后来被对方捏在手中四处臭败。令当事者痛心疾首的是，那些素材都是真实的，是自己一触即痛、鲜为人知的往事。

多年前，《大连日报》开设《大连流行语词典》专栏，以三句话为栏目确定宗旨：自我定位，自我审视，自我扬弃。我想，这既是对大连方言的寄语，也是对大连人的勉励。当我们反感东北小品里某些人物时，当我们在网络中与人激辩努力维护东北人的形象时，其实已经完成了自我审视与自我扬弃，从批判走向了建设。

隔锅上炕

"你能隔锅台上炕吗？""你这不是隔锅台上炕吗？"在大连生活中，你常会听到这两句话，如果在成语中找个词儿来解释这条方言，就是"越俎代庖"。厨子不做饭，管祭祀的人不能越过自己的职守，放下祭器去代替厨子做饭。显然，"越俎代庖"是比喻超过自己的职务范围，去处理别人所管的事情。

"隔锅上炕"与"越俎代庖"意思基本贴近。如果再精准一些，"隔锅上炕"更多时候是比喻人们在处理事情时越过了某种权力程序。以职场为例，普通职员在工作中发现了问题，应向部门主管反映，如果越过部门主管捅到更高级别领导那里，就很容易引起矛盾。

有时候，连"隔锅上炕"也嫌冗长，简约为两个字：过了！可不是嘛，用大白话解释，"隔锅上炕"不就是"过了"吗？"人生有度，过则为灾"之类的鸡汤文在网上阅读量极大，这反映了中国人普遍的处世态度。

林语堂在《中国人》一书中曾批判过"遇事忍耐""消极避世""超脱老猾"这些"与其说是美德不如说是恶习"的成分，并一针见血地道破：消极避世的"活命价值"是基于这样一个事实，即由于个人权利缺乏保障，人们参与公共事业——"管闲事"——就有相当的危险。

"隔锅上炕"不就是"管闲事"吗？不在你的流水线上，不在你的权责范围内，或许你有能力处理这个问题，但你的权限远远不够，你偏偏要去管，能不招人烦吗？"隔锅上炕"的职场人，一般比较自信，业务能力也不差，性子大大咧咧的。但若此类行为过于频繁，则风险极大。

年轻的伊卡洛斯飞得很高，身上的一对蜡翼遇热熔化，他坠海而死，而他的父亲代达罗斯飞得很低，安全抵家。这是林语堂在《中国人》中讲到的一段希腊神话，"一个人随年龄的增长，会发展一种低飞的才能"。在人生舞台上我们费尽心思去处理各种关系，就是为了获得一种安全的飞行高度，天长日久，便变成这副老成温厚的可憎面目。林语堂的文章对今天仍有极强的批判意义。

方言孕育于民间生活之中。方言的创作者是老百姓，和作家搞创作一样，老百姓创作方言也需要灵感，当一条方言从生活中提炼出来，那别样的表现力令人赞叹，也难怪很多作家在创作中情不自禁地使用一些方言。

那么，"隔锅上炕"这条方言的灵感来自何处？

在东北农村或小城镇，住房结构是这样的，先进厨房（有锅台），再进卧室（有火炕）。你要进卧室，必须得经过厨房；不越过锅台，你就上不了炕。那时候，厨房叫"外地"，卧室叫"里屋"。"外地"这块呈长方形的空间，前半部分是锅台，通常是左、右各有一个锅台，为各自所连接的里屋供暖。锅台是一方用水泥砌筑的台面，中央安置了一口大铁锅，一家人一辈子的饭食就在此处酝酿、烹调。后半部分是饭厅，饭厅置一张高桌。饭厅有后窗，春夏季节，高桌横在地中央，一日三餐在高桌上进行。到了深秋，后窗要用土坯砌堵，四腿高挑的高桌这时被横陈于窗下，成为农户人家过年祭祖的摆台。里屋有一铺炕，占据里屋空间一半左右，炕面铺着地板革，里屋地下摆放着家具。还记得那些家具的模样吗？我在布置茶室时，总想去辽南某个家风好的人家淘个老柜子，连带着老柜子上摆放的瓷瓶和老挂钟。当然，我也想将那个年代的所有美好都请回来，以茶香书香滋养、加持人生。

写这条方言，我曾问过长辈："咱们家过去的房子为什么一进家是厨房，左右两边才是卧室呢？"果不其然，长辈笑着说了一句："你这孩子，你还能隔锅台上炕吗？"毫无疑问，先厨房后卧室是为了保温。锅台设在门边，也是为了散烟火。在祖辈漫长的生活史中，实用主义是至高无上的生活理念。在岁月长河中得以传承下来的各种生活讲究，都泛着实用主义的精光。

拿人，抓唬人

"拿人手短，吃人嘴软""拿人钱财，替人消灾"，这是"拿人"一词的常见用法。而大连话"拿人"，是指精湛、厉害或迷人。

与"拿"相关的方言还有两条：一条是"拿把"，具有两层含义：一是刁难、要挟；二是傲慢、骄矜，眼皮子向上看，瞧不起别人。比如，

"当时我追她，她很拿把没同意"。另一条是"大拿"，也具有两层含义，一是指在某方面有权威的人，二是指掌大权的人。凡是大事，都由他拿主意，这是"大拿"的字面意思。"大拿"一词一旦用上了，就带着那么一点儿桀骜不驯和挑衅的意味。"大拿"是北方方言，也是北京土语，意思基本相近。

在"拿把"与"大拿"的基础上，大连人另辟蹊径，"拿人"一词就鲜活地诞生了，其表达效果只可意会，不可言传。

保姆是《中国好声音》的粉丝，她对喜欢的歌手一律评价为："这个歌手唱得真拿人！"工人出身的父亲，教育子女不会讲大道理，常说一句大实话："你没有拿人的家把什，将来怎么到社会上混？拿什么娶媳妇？""家把什"也是方言，是指用具、器物，引申义为专业或技术。

以直白、通俗、幽默而为人乐道的大连话，其实有着令人叫绝的韵味之美，只可意会，不可言传。就像茶韵一样。中国有六大茶类，每类茶都有自己的滋味气韵。以普洱茶为例，普洱茶讲究"陈韵"，何为"陈韵"？在岁月的长河中，经过奇妙的自然陈化及微生物的长期作用，普洱茶具有了不同的香气，不论是樟香、荷香，还是兰香、枣香，都具有相同的气质韵味——陈韵。依我的品鉴体会，所谓"陈韵"，往感性里说，就是岁月的味道，有纵深感，却没有沧桑气。再比如岩茶，"岩骨花香"是岩茶的韵味特点，既有一副铮铮风骨，又有一腔似水柔情。可是，花香与柔情容易捕捉，"岩骨"能喝出来吗？这种玄妙的领悟、感性的咀嚼，与大连话确有几分相似。

除"拿人"这一例，还有"辣眼""干净""姿势""抓色"等，这些看起来富有姿色的大连话，在内涵上也有着特别的精妙，这使大连话妥妥地走上了大雅之堂，成为地方文化的经典之一。

"抓唬（大连方言里发音为zhuǎ hu）人"，即欺骗人的意思。

普希金的诗《假如生活欺骗了你》，用大连话来说便是："假如生活抓唬人了你……"

"唬"在古代同"吓"。"唬"的本义是指虚张声势、夸大事实来吓人或蒙混人，如"唬人""差一点儿叫他唬住了"。大连人将两个动词连用，将人"抓"住了进行"唬"，生动地刻画了被人欺诈的无奈与悲愤。比如，

隔锅上炕　五脊六兽

张三去外地旅行，在一家饭店吃饭，点菜时觉得菜单上的价格挺合理，可结账时却发现价格翻倍。张三表示质疑，服务员淡定地取出一本菜单算给他看，张三发现这本菜单和点菜时的菜单不是同一本。"这家饭店实在是太抓唬人了！"张三扔下钱气咻咻地走了。

一个人用什么来"唬"人呢？当然是嘴巴，所以"唬"又暗指一个人嘴巴厉害，辩驳能力强。当然多数时候，这种辩驳能力是指颠倒是非、混淆黑白、唬鬼瞒神的能力。

恃强凌弱是抓唬人，占尽便宜是抓唬人。一个人太过老实受到不公正的待遇，大连人会说"他被抓唬了"。

再以旅行途中那些事来解释"抓唬人"。某寺庙大雄宝殿前面的香龛里，最细的一炷香比胳膊粗，最粗的一炷香比碗口粗，长度都超过一米。香龛旁边坐着三个和尚，请香的客人过来，他们并不告知价格和规矩，而是请你在签名簿上签上自己的名字。游客哪里能想到这签名簿是一个陷阱，还以为那是寺庙对香客的尊重，稀里糊涂地就将自己的名字签了上去。这一签，你就中了圈套。有和尚告诉你，凡签了名的香客，住持法师都会亲自诵经念佛为你消灾。"施主，您请哪炷香？"听说住持法师会亲自为自己念经消灾，好面子的香客一般都会选择粗大、华丽的高香。当你高香在握，和尚这才轻轻地告诉你："这炷香是6000块钱。"你顿时呆住了。名字已经签上去不说，香都拿到手了，周边又围着看客，面前又供着大佛，只得心惊肉颤地将钱掏出来。当然，少不了在心底放泼打滚地吼一声："这佛家净地怎么可以这样抓唬人啊？"

不耳视，不坤

"不耳视"，即不理会的意思。在大连人的日常生活中，"不耳视"常被这样使用："他成天五马六混，我让你不要跟他来往，你耳视吗？你连耳视都不耳视！怎么样，栽进去了吧？""不听老人言，吃亏在眼前。父母都磨破嘴皮子了，你也不耳视，早晚要摔跟头的。"

多数大连方言是以语焉不详的字眼来代替。相比之下，"不耳视"颇耐人寻味。耳，即耳闻；视，即看见。"不耳视"，即视而不见，听而不闻，爱咋咋的。

"不耳视"多用在家庭领域，孩子不耳视父母教诲，令父母伤心失望，产生恨铁不成钢的无奈之情；夫妻之间也存在不耳视的情况，可能是审美疲劳，也可能是精神冷战。

丈夫饭局多，妻子沦为"应酬寡妇"，免不了对丈夫软硬兼施地唠叨："要少喝酒多吃菜，酒能喝就喝，不能喝就赖，赖不了就找人代。""喝醉了就别回来，大马路等你睡！"人生难得几回醉，喝酒一定要到位；宁可胃上烂个洞，不叫感情裂条缝……男人一肚子酒嗑儿，根本不耳视女人的叮嘱与威胁。大连男人老张购置了一套高档住宅，喜迁新居之际，妻子下达一条死令：坚决不许醉卧小区花丛中。老张酗酒成性，一日不喝手脚乱颤，根本不耳视妻子的话，新房住上第二天，便给了物业公司书写事迹的机会。那天凌晨时分，几位保安轮流扛着老张转遍九九八十一栋楼，才找到了他的家。妻子顿觉颜面尽失，居然将不省人事的老张胖揍了一顿。第二天老张清醒过来，只见一头母"藏獒"围着酒后呆滞的他左右狂吠。老张知道自己醉后就是一头死猪，并无妻子所陈述的累累丑态，所以不反驳不道歉不保证。妻子面对他的"三不"主义，也只能反复重申，以观后效。至于老张耳视与否，且听下回分解吧。

不被耳视的话，大多是絮叨之语；不被耳视的人，大多是与自己最亲近的人，只有最亲近的人才可以无底线地怠慢。

凡事太耳视，被别人的思想所左右、所牵制，没有自己的主张与规划，不仅心灵受累，也容易失去自我。

对东北人的言说能力有两种评价：一说东北人少言寡语，口齿拙笨，少说多干，沉默是金；一说东北人能说会道，巧舌如簧，靠一张嘴皮子谋稻粱谋自行车。在炒作意识大行其道、谄媚之声聒耳不绝的当下，懂得保持必要的沉默，愿意发自内心倾听别人，正视别人，实在难能可贵。

倾听，诉说，沉默，人生在世无非这三种状态。侧耳聆听是人与人之间交往最受用的姿态。我们很憷那些不愿倾听、不给别人讲话机会的人，总以为自己的观点最深刻、最有用，越讲越兴奋，口吐白沫，简直像打了鸡血似的，毫不耳视别人的看法。也许，他们的话不乏真知灼见，却因密不透风的语速和庞杂不经提纯的信息而令人疲惫窒息。

隔锅上炕　五脊六兽

不耳视，是一种漫不经心，也是一种傲慢。多倾听别人的意见，兼听则明，胸中有谱，才能出手不凡。在喧嚣的网络时代，人们都热衷于做"意见分子"。"意见分子"这个概念具有很强的时代性，它是开放、多元化社会的必然产物，是思想得到更大解放的表现形式。140字的微博，不能叙事，只能表达观点。因为不够权威、不够深刻，有些人的"意见"我们根本不耳视。我们关注各领域的大V（在微博平台上获得个人认证，拥有众多粉丝的微博用户），其粉丝数以万计，远远超越了弱势纸媒的读者量。他们是大鳄，是翘楚，是精英，已突破圈层及行业，在中国发挥着个人影响力，他们的只言片语都被世人关注着、转发着，他们被人耳视率极高。

与"不耳视"近义的大连话是"不坤"。"不坤"也是不理会、不搭理的意思。赵本山小品里曾有这样的台词："这事这么的，你找他，完了提我，提我肯定好使。"大连人在生活中也常说赵本山的台词，比如，张三为孩子就业找朋友王二麻帮忙，王二麻说他跟某局长关系很铁，让张三直接去找该局长。结果，张三提了王二麻的大名，人家局长没坤他。大连小伙儿爱上了一个姑娘，小伙子是工薪族，而姑娘却是"富二代"，朋友们都笑话小伙子是癫蛤蟆想吃天鹅肉："你就死了这个心吧，高、富、帅你占了哪一条？人家姑娘肯定不坤你的！"哪承想小伙子以炽热而持久的爱情掳获了姑娘芳心。

说起大连人的品质，首先想到的便是"仗义"一词。大连方言里还有一个词儿叫"讲究"，大连人互相引见朋友，经常是言简意赅地说一句"这个人很讲究"。"讲究"在这里就是仗义的意思。大连人夸奖一个人，尤其是夸奖男人，最给力的褒奖词便是"讲究"。一个人如果不讲究，便没有人坤他，这是做人最大的失败。

大连人披一身侠气

122

行走江湖，遭人诟病的，也恰是这一身侠气。在崇尚理性、秩序、和谐的社会，"义气"二字可能是冲动、鲁莽的代名词，很容易出事。大连人也不是没有契约精神或合同意识，只是交往时更重视面子。你给我面子，我给你面子。如果你损折了我的面子，从今往后我就不坤你。一个"坤"字隐含了大连人的个性特征。张三不坤王二麻，并非王二麻毁约令张三损失千金，很可能是王二麻在某件事情上没给张三面子。某些时候，大连人又是很任性的，比如在一个圈子里，张三从来不坤王二麻，其实他们之间并无过节，只不过是张三看不上王二麻的做派。如果在精神层面无法共振，无法相悦，大连人也会摆出不坤的姿态。

大连人的"讲究"与"仗义"缺乏必要的理性，而煽情意味居多。有趣的是，大连人也时常会被自己的"讲究"与"仗义"所感动。在酒桌上，经常可见一个大连男人向众酒友讲述他是怎样为哥儿们两肋插刀肝脑涂地的，那份铿锵诉说像讲评书似的。这种自我感动虽有自恋之嫌，却也无伤大雅。认同自己、喜欢自己、欣赏自己，是难得的好事啊。

有一首歌告白朋友："朋友啊朋友 / 你可曾想起了我 / 如果你正享受幸福 / 请你忘记我 / 朋友啊朋友 / 你可曾记起了我 / 如果你正承受不幸 / 请你告诉我……"大连人希望与朋友休戚与共，一生一起走，快乐着彼此的快乐，悲伤着彼此的悲伤。在旅游旺季，几乎每个大连家庭都要接待外地来连旅游的朋友。以热情慷慨而著称的大连人，在这个时候挈妇将子，呼朋唤友，付出不菲的金钱和时间款待自远方而来的朋友吃好喝好。大连人就是这样热情好客，就是这样重视感情。当大连人去外地旅游度假，也会在第一时间知会当地朋友。如果朋友谎称出差不肯照面儿，那就是朋友没给面子不坤你，这绝对会让大连人很受伤。不过多数情况下，大连人以一颗真心换来的是一份实意。

大连人爱热闹，喜欢热闹的排场，排场的规模事关面子的大小，有的排场是由官位衍生的，被大连人视如浮云并不羡慕。"地势坤，君子以厚德载物。"大连人真正欣赏的人生排场是由那些"德艺双馨"的人主演的，他们的门庭四季如春，充满了曲水流觞的世俗欢乐与文化风雅，那是人情的四季如春，那是人格魅力的四季如春。而那些虚情假意、私心深重、不学无术、浮夸矫饰，在人际交往中散发着坑蒙拐骗、欺行霸市气息的人，终将跌入不被人坤的境地。为了表明对某人的彻底否定或厌恶，大连人通常会说：

隔锅上炕　五脊六兽

"我连坤也不坤他。""我根本不坤他。""他过来跟我搭话，我没稀得坤他。"大连人说这几句话时，洋溢着一股子强烈的精神快感。

五脊六兽

一个人一出生便坠入方言的温柔乡。生于斯，长于斯，用这样的一种语言来经营着世俗生活，柴米油盐、生老病死、喜怒哀乐，所有的发生都用这种语言讲述着。每一种方言的背后都是一个活生生的人群。越是小地方，语言越是有尊严。无论经历多少磨难，我们都不曾退却或沉默，始终以这样的言说方式努力而深情地活着。

"五脊六兽"是非常典型的东北方言，是老百姓日常生活中的常用词。老舍《四世同堂》第六十九章中："这些矛盾在他心中乱碰，使他一天到晚五脊六兽的不大好过。"此处"五脊六兽"是形容心烦意乱、忐忑不安的状态。在齐鲁之地，"五脊六兽"也可形容闲适、"躺平"的状态。在东北地区，"五脊六兽"多是用来形容一个人终日无所事事所导致的精神空虚、情绪烦躁。

汉语有七大方言，其中官话是使用人数最多的一级方言，占总人口的70%以上，影响力也较大。在官话大区，排在前四位的是北京官话、东北官话、冀鲁官话和胶辽官话（大连话属于胶辽官话）。由于古代几次大规模的人口迁徙以及清代满汉文化交融渗透等历史原因，这四个地区的方言有很多相同之处，"五脊六兽"最能体现这个特点。

方言是历史的活化石，记录着一个地域的生活现场，若读懂方言，许多生活现场也就复活在眼前。很多方言没有出处，从汉字形、音、义的

角度来考量，没有任何线索，简直像是从石窠里蹦出来的似的，让人一头雾水。但是有一些方言却大有来历，内容丰富，令人赞叹。

在古代建筑中，庑殿顶是等级最高的屋顶，有一条正脊和四条垂脊，即"五脊"，每条脊的两端各有一只小兽，统称"五脊六兽"。到底是六只还是十只小兽，已经不重要了，连德国历史学家爱德华·福克斯（1870—1940）也被中国人的想象力和创造力所折服："在整个人类建筑史上，中国屋顶的脊饰是独一无二的，再没有第二个与之类似的建筑现象。"中国屋顶上的这道老风景所彰显的宏大气魄，以及深厚的人文内涵，恰好是西方文化艺术所欠乏的部分，于是福克斯开始潜心研究，先后出版了多本著作。其中一本名为《西洋镜：五脊六兽》，从建筑、文化、宗教、艺术等多个角度，全面系统地介绍了中国屋顶脊饰，据说是这个领域的开山之作。

原来，"五脊六兽"是建筑用语。有这样一个猜测，在学者没有研究之前，民间百姓很有可能对此已有观察和想象。日光之下，沃土之上，村夫野老才是语言的发明家，他们扎根泥土，敬畏天地，尊重自然。他们的语言，就像清晨刚从崖畔拔下来的青草，挂着新泥，披着鲜露，还有一种恣肆淋漓的野气。所有弱势的事物会给我们的日常生活带来慰藉，五行八作的贩夫走卒也最有语言天赋。他们在各种磨难中历练，是底层生活的在场者，其言谈虽然充满了"浑口""切口"的粗粝之气，却并不缺少"炼字锻句"的能力，某些时候甚至显得颇有"学问"。百姓创造语言、运用脑力与灵感的过程，不比作家写小说逊色多少。

建议家长多给孩子讲解方言知识，方言在中国传统文化里有很多触角，无论从何处探究，都是有收获的。就说"五脊六兽"吧，给孩子讲起来非常有趣，每只脊兽都承担使命，要么是守护家宅平安，要么是冀求社稷繁荣，要么是祈盼丰衣足食子孙满堂。而且，这些脊兽大多是想象的产物，在实际生活中并不存在。千姿百态、形神俱备的脊兽寄托着人们对美好生活的向往，也是中国人的一种心灵安放。其实，脊兽最初是用来保护木栓、铁钉，防止其渗雨生锈的。在生活中发现美、升华美是中国人最擅长的。如梁思成先生所说，这些神兽"使本来极无趣笨拙的实际部分，成为整个建筑物美丽的冠冕"。后来，脊兽的实际功能取消了，作为装饰却被传承下来。就这样，几只小兽在天地之间彻头彻尾地闲了下来，这个意象被人们捕捉到了，将其作为方言进行生活叙事。

遗憾的是，手头的两本东北方言词典都没写对"五脊六兽"，《东北方言大词典》中的写法是"无极六受"，《东北方言口语词汇例释》中写成了"五饥六瘦"。清代白话小说《醒世姻缘传》第五十九回有句对话："这五积六受的甚么模样？可是叫亲家笑话。"民国媒体人穆辰公笔下也有一句："乍得几百块钱月费，烧的五鸡六兽的。"显然，只有老舍先生写对了。

不少东北方言有音无字，在《现代汉语词典》中难以找到相应的字眼，因此在实际应用中各行其是。像"五脊六兽"这种出处非常明确，不论是书写用字、发音以及含义都有着落的词条，在东北方言中并不多见。

方言的正音正字，一般要遵循四个原则：一是音似，二是义达，三是从俗就简，四是归类统一。四者应综合考虑，趋利避弊。所谓音似，就是在《现代汉语词典》中选择声、韵、调三同的字。如果找不到这样的字，宁可用现代汉语拼音表示，也不要使用毫无关联的字。"方音异读"的字词例外。如果能够在音似的同时，所用字的表意也十分准确，或者起码做到不伤害词汇的原意，不妨碍人们对它们的理解，这就很理想了。从俗就简是强调易认读、易书写、易查检，恰如民国报人裘廷梁所列举的"白话"诸多益处：省日力、免枉读、便幼学、便贫民。凡是可以从《现代汉语词典》中类推的字就不必再找新字，如"捅咕""扎咕""摅咕""踹咕"，都要用"咕"。后缀为"咕"的东北方言有20多条，所以，强调归类统一是大有必要的。

方言是通过代际传播的，老辈人与方言终生厮磨，但新生代已经远离方言。家长担心方言影响孩子学习普通话，在孩子学语阶段就提防着方言近身，入学后强制普通话教学直接造成了方言的断层，新生代不会说方言，对网络语言却是耳濡目染，朗朗上口。所以说，方言走向灭绝并非危言耸听。

美国语言学家哈里森教授说："想象一下，如果无缘无故的，鲸要灭绝了，或者金字塔要倒塌了，亚马孙雨林要被砍伐了，人们会非常气愤，并且想尽办法去阻止，因为那些是人类共同的遗产，是肉眼可见的。语言是更加古老、复杂精细的人类财富，每一种语言都是一个结构独特的人类存在方式。每种语言都有无限的表达可能性，无限的搭配可能性，它们的词汇、发音系统和语法，以精妙的结构组合起来，比我们手建的任何建筑更伟大。"

早在2009年，联合国教科文组织绘制了一张《全球濒危语言分布图》，向人们直观展示了全球部分族群濒危母语的现状。在全世界现存的6000多种语言中，大约2500种语言濒临灭绝，比2001年发布的濒危语言数量增加了数倍。中国虽然不在语言濒危的热点地带，但在中国的129种语言中，有一半以上活力很低，至少二三十种语言处于濒危状态，比如东北的赫哲语、云南的阿奴语、新疆的塔塔语、甘肃的裕固语等。当一种语言消失，与之对应的整个历史文化也会消失。相比之下，动植物的灭绝速度要慢得多。这不能不引起我们的重视。

近些年来，各地方言保护工作逐渐兴盛起来，人们已经意识到这项工作的重要意义。"莫让乡音成乡愁"，保护方言就是保护地域文化的多样性，传承由我们普通人所创造的稳定而自适的生活，这其中所蕴含的苦难和荣耀值得后辈铭记。

打人家什，当盘菜

有"打人家什"，才能被人"当盘菜"。

先来说"打人家什"。《东北方言口语词汇例释》记载：打人家什，是指有说服力的依据或令人折服的技术或手艺。家什，也称家把什，泛指用具、器物，相当于"东西"。

"别推，千万别推！有批件，有批件……我一看有打人的家巴（把）什了，心里甭提多敞亮了。"（《黑龙江艺术》1982年第7期32页）

"白经理的'打人家什'……就是在吸引顾客上下功夫。"（《鹤城晚报》1990年11月27日）

一个人有了技术专长，才能生存，才能参与社会竞争，实现人生价值。在外地人眼里，东北人手荒，一没金钱，二没手艺。没手艺，没打人家什，怎么能有钱呢？看南方人，打小就讲究跟人学个手艺，将那些不起眼的手艺练成了绝活，练成了养家糊口的打人家什。

一姑娘大学毕业后去北京工作，芳龄26岁，长得挺漂亮的，谈恋爱非"富二代""高富帅"不谈。春节，姑娘领回一个"富二代"，几间寒舍蓬荜生辉，姑娘父母点头哈腰低至尘埃，唯有"海南丢子"出身的老祖母敢于

隔锅上炕　五脊六兽

质问："你爹有钱有什么用？富不过三代，那钱是你的吗？你有什么打人家什？"一身沧桑的老祖母说着一口山东话，小嫩兔子"富二代"听得一头雾水。

"富二代"的父母没看好姑娘，对当今一些姑娘凭姿色谋生亦谋爱甚是反感，怎奈儿子与她蜜里调油拆不散，只好到大连登门造访以探虚实。这个工薪家庭的平衡感完全被"富二代"父母的到来颠覆了，还是老祖母，她从头到脚一派淡定，坐在一张大床的中央，身子沐浴在金灿灿的太阳光里，像一个巨大的能量场，散发着无尽的暖意与慈悲。老祖母大嗓门说话，任凭世事变迁，沧海桑田，这一口山东话不曾更改。那"富二代"的父亲逐渐变了脸色，原来他的祖辈也是"闯关东"的。乡音温暖了他的心，轻轻扯去了那张傲慢的脸皮，他的身子低下来，放松又虔诚，像游子回到故园，依偎在母亲身旁不愿离去。

随着后工业化时代的来临，对一个人能力的定义居然又回到了老一辈的标准。

经济学家亚当·斯密说："一个国家的发展主要取决于其劳动者所掌握的技能、熟练程度和判断力的高低。"经济学家这个观点用咱大连话来说，在学习型社会的背景之下，我们每个人都要有一份打人家什，而打人家什绝非"惟手熟尔"，它是需要学习的，具有一定的知识含量和技术含量。

世界银行曾推出"国民财富新标准"：全世界人力资本、土地资本、货币资本的构成大约是64∶20∶16。显然，人力资本是全球国民财富中最大的财富。经济学家在思考，什么样的人力资本素质可以被称为能力？什么样的人是人才？好人是人才吗？有能力的人是人才吗？用好人还是用有能力的人？好人的传统标准是：忠诚、苦干、投入，具备专长；有能力的人的标准是：具备较强的口头表达能力、人际关系处理能力、团队精神、职业精神、分析能力、实施能力、新事物接受和运用能力等。时代不等人，许多问题的答案一目了然。

能力不是一纸文凭，能力最终要体现在实战场。倡导能力主义的管理者认为，学历高、资历深并不等于素质好，唯有终身学习并发挥所长的人，才是事业发展所需要的高素质人才。近年来，我国的职业资格认证制度正悄然发生变化，在实际考查中淡化了纯学术、纯知识成分，而强调现场工作能力和技艺实施运用表现。这种变化证明了我们正在迎接能力主义时代的到来。

一个全新的能力主义时代已来临，你准备好了吗？借老祖母的话问你：你有什么打人家什？

　　一个人在单位被信任，被重用，调转工作时大家都舍不得，更重要的是，工作离不开他，这样的人就是被"当盘菜"了。在一个单位里，被"当盘菜"的人很多，说明这个单位人才济济，是一个攻无不克、战无不胜的集体。

　　被"当盘菜"的人大多属于"知识型工作者"。"知识型工作者"是美国管理学家彼得·德鲁克在1959年首先提出的概念，简单地说，"知识型工作者"就是脑力劳动者。在欧美国家，最发达的城市往往拥有最高比例的知识型工作者。让知识型工作者发挥最大的能量，是企业成功的关键所在。精明的企业会把知识型工作者"当盘菜"，以待遇留人，以感情留人，以发展前景留人。

　　被别人"当盘菜"是一种能力，证明了做人做事的成功。可怕的是，有些人不学无术，钻营取巧，还总是将自己"当盘菜"，成天趾高气扬，夸夸其谈，自我感觉非常良好。一个妄自尊大不可一世的人即使是盘菜，也不会走得太长远。一个人走得快，一群人走得远。俞敏洪曾说："在远行中，即使争吵都是一种克服孤独和恐惧的热闹。"这句话真是令人感慨万千。那些自己将自己"当盘菜"的人，是无法体会这种孤独的。他们只会在利益上纠结不休，很难在精神上与团队休戚与共。

　　红烧海参、油焖大虾、清蒸鲍鱼、油爆海螺、干烧鲅鱼、酱焖牙片鱼、炸蛎黄、苏扬大烤、樱桃肉、糖醋里脊、小鸡炖蘑菇、酸菜炖血肠……这些都是硬菜，在婚宴、寿宴、考学宴、升迁宴上，这些菜都被"当盘菜"。它们个个都是精英，都是主力，将其荟萃一堂，这个饭局便显得档次不俗。如果每张桌只放一道硬菜，更彰显其实力，没错，这道硬菜是来撑场面的，是来提升档次的。周边的家常菜是配角，至于那些开胃小菜只能算是"跑龙套"的。没有主菜不成席，没有人才不成事。当然，跑龙套也是需要敬业精神的，多少大明星当年都有过跑龙套的经历，只要肯努力打拼，跑龙套也会迎来春天，也会有被人"当盘菜"的那一天。

　　每个人都想让别人将自己"当盘菜"，这是一种好现象，但我们要清楚自己的实际能力，这是很重要的。是旁边的凉拌小菜，就不要想着做中央的油焖大虾。是什么材料，就发挥什么作用，这也没什么不好。"假如是一个萝卜，就力求做个水多肉脆的好萝卜；假如是棵白菜，就力求做一棵瓷瓷实实的包心好白菜。萝卜、白菜是家常食用的菜蔬，不求做庙堂上供设的珍果。"

每个人都应该将自己"当盘菜"。你分明有实力，却不把自己"当盘菜"，任人支配，抛弃个性，放弃信念，这种自暴自弃绝不可取。站着、蹲着、跪着，人在不同的境遇里选择了不同的生存姿态。在这个价值多元化的社会里，每个人都有自己的活法和选择，学会尊重和接纳，这也很重要。

在家庭里，被父母妻儿"当盘菜"；在单位里，被领导同事"当盘菜"；在圈子里，被朋友们"当盘菜"。被"当盘菜"，便意味着为人处世被认可。尤其是在单位里，有的人是人才，有的人是人力，人才与人力虽一字之差，含金量却大为不同。人力随处可见，人才却稀缺难觅。很多人在单位不被领导"当盘菜"，结果人家跳槽另觅高枝。

"当盘菜"也是北京话。那年，易中天接受媒体采访，记者称赞他不仅学术水平高，还拥有令人崇敬的社会良知和公民责任感，记者问他对那些"两耳不闻窗外事"的学者或所谓的"公共知道分子"有何启示或建议，易中天说："我哪能给别人启示或建议？那也太把自己当头蒜了。如果说有什么建议，也就是'千万别把自己当盘菜'，以为谁谁谁就可以'一言兴邦'。在我看来，所谓'学者'，也就是'脑力劳动者'。打好自己那份工，就可以心安理得地领工资、拿补贴，没有义务一定要关心公共事务。不过，学者还有公民身份。公民关心社会，是天经地义的。"

知识分子是盘菜，是盘硬菜，而如今，"公共知道分子"多起来了，真正的知识分子不知哪儿去了。

迂里刮外，跟头把式

"迂里刮外"是街头巷尾说得比较频繁的一条大连方言，至今仍时常挂在大连人口头。大致意思是形容一个人没有正经精神，都是外路精神，为人处事不靠谱。

甲和乙，从小光屁股在一个大院里长大，高考将他们分开，并重新设置了起跑线。甲大学毕业后在职能部门衣食无忧，下海又赚得盆满钵满；乙没考上大学去工厂当技工，下岗后在社会底层不思进取，债务缠身。那年同学聚会，二人喜相逢。从此以后，乙常找甲，今天安排一顿饭，明天安排一顿酒，甲从来不拒绝。乙成天舔嘴咂舌意犹未尽，觉得特有面子，常跟穷哥们儿吹嘘，明眼人不仅不羡慕，反而讥笑他："你同学那么有能耐，怎么不找他要个项目干？"乙说："人家干的是大买卖，我这两把刷子，能干什么啊？""越是大生意，需要人的地方越多。你成天迂里刮外没个正经，人家哪里会想到你？"

不论身在何处，乡音是根深蒂固的，如影随形，一生相伴。相声演员陈寒柏是大连人，说一口大连话，也常用大连话表演相声。有人说，将大连话搬上舞台，是在糟蹋大连人。其实，这是一种偏见，或者说是一种不自信。《无价的情》是陈寒柏创作的相声，讲一个外地人来大连旅游，在海边不慎落水，大连人向他伸出援手。其中一小伙子扔下200元转身就走，外地人说你给我留个名吧。小伙子回头说："我让你开了，多大点事，你知道我是大连人就行了！"用朴实幽默的大连话说相声，能够生动表现大连人的性格。

大连人的善良和幽默是不动声色的。前几天看到一条新闻，凌晨时分，一位老人步履蹒跚拦下一辆出租车："我要去渔人码头海边，你给我停得越近越好。"司机看出老人的情绪不对劲，回说："渔人码头那里现在是退潮，海太浅了，才没脚脖子，我送你去海深的地方。"司机调转方向，悄悄将老人送去了派出所，给老人找到了家人。

大连方言完好地寄存在一个社会群体之中，他们就是土生土长的出租车司机。有一次坐车与司机聊天，聊起城市往事，司机慢悠悠地说了一句话："镶的一口金牙，吃的一口饼子。"这与"送你去海深的地方"有着相似的诙谐风趣。

我家附近有一栋家属楼，所谓家属楼，是计划经济年代单位或国营企业给员工分配的安置性住房。在那个年代，通常男人才享受分房福利，所以这栋楼里的男人都在一个单位上班。后来大家都下岗了，住一楼的有经营的便利，几乎都开个小门脸儿解决生计。老张家也住一楼，他好吃懒做，媳妇却超级能干，不足一米六的个头、细声细气的样子，却在附近几个高档小区身兼数职，早晨给一户人家送孩子，中午给一位老人做饭，晚上去接另一户人家的孩子放学。周末还要给几个留学生做保洁，每天忙得像个陀螺。家中

131

有女汉子，老张就心安理得地闲着。早晨，女汉子前脚出门，他后脚也跟着出去了。先去菜店抽支烟，再去建材店喝口茶。茶是自带的，他长年随身携带一个大号塑料杯，里面沤着一堆烂叶子。上午打发过去了，中午回家吃口饭，睡个长觉儿，下午又出来逛荡了。看见收废品的小媳妇，上前撩拨几句；看到磨剪子抢菜刀的老汉，又是一阵胡吹乱侃。很快，暮色四合，倦鸟归巢，他拖着疲软的身子回家了。有邻居在背后嘲笑："在厂里上班时就成天迂里刮外的，这么多年一直闲着，穷馊馊的，兜里永远比脸干净……"都说东北男人疼老婆，其实有些东北男人吃起软饭、压榨起女人来，是相当过分的。

"跟头把式"有这样两个意思：一是形容跌跌撞撞、连滚带爬的样子。例句："于洪涛跟头把式撞进了地窖子里，'扑通'一声，倒在了一堆干草上。"（《北方曲艺》1982年第4期）二是形容不顺利，遭受挫折。例句："这一年你们五个党员，跟头把式地没白干哪，我这是乐呀。"（《新剧稿》第2期）

一个人因为体力过度消耗难以支撑的状态，这个释义无须阐述。耐人寻味的是第二个释义，人在困境中不放弃，即使跟跄着也不肯倒下。一个跟头就要栽倒，却又一个腾空而起。这个过程用一个凛然大气的词语来形容，就是"砥砺"；用一个咱老姓熟悉的字眼来形容，那就是"熬"。

大连话有一个词儿叫"熬糟"，就是煎熬、熬磨的意思。"熬糟出来了"，就是渡过困境有了出头之日。在熬煮中药的方子里，常见到这样的文字：将药浸于香油内，文火熬焦去渣，再徐徐入丹，熬至滴水成珠；将药入油熬枯，滤去渣，熬至滴水成珠。

人生熬至滴水成珠，便有了自己的气场和格局，也有了属于自己的未来。

"一个人经过不同程度的锻炼，就获得不同程度的修养、不同程度的效益。好比香料，捣得愈碎，磨得愈细，香得愈浓烈。"这是杨绛先生的百岁感言。其实，这个"捣"、这个"磨"与"熬"含义相同。

在那个年代，杨绛先生被剃"阴阳头"，被罚扫厕所，但她没有绝望，将所有的磨难和痛苦都转化为磨炼灵魂的机会。

人生在世，难免遇坎坷，难免栽跟头，只要能抗过去，风雨总会停的。

我所供职的杂志社离茶城很近，午休时我常去喝茶。那家茶店的老板许女士，举止娴静，言谈低调，原来是上海人。许女士的丈夫却是地道的东北大汉，他说："我家那只小狗是媳妇从上海带来的，我唤它从来不理会，它只认上海话。"

许女士说，上海蔬菜个头小，模样精致，口感细糯，不像北方蔬菜又硬又脆的。蔬菜不就是清脆的口感吗？谁家的蔬菜像发糕？

上海人讲究含蓄，拿捏得当，留有余地，话到舌尖留半句；北方人讲究敞亮，说话是掰开了揉碎了往你心窝子里钻，也要求你不能掖藏着，必须和盘托出，以诚相待。

前几天，和朋友去茶店喝茶，许女士说："我们要去植树了，茶店交给你们，有空就过来喝茶吧。"买卖之间达到这种信任程度令人意外，对他们外出植树也感到好奇。

"我们在北边有座山……"丈夫眼睛放光，大咧咧地准备说开来。

"行了，喝你的茶吧。"许女士温柔地拦截了丈夫的话头。

若换了东北媳妇，该是怎样的台词？"狗肚子装不了二两香油，成天瞎嘞嘞，不累啊？"

说上海人"小气"，早些年上海婚宴最后上桌的"四大件"（全鸡、全鸭、全鱼、蹄髈），知趣的客人是不动筷的，这"四大件"要留给主人用钢精锅装回家慢慢享用。这应该是真事儿。

说上海人在家吃饭，一条鱼要吃四顿：切成两段，每顿只吃其中一段的一面。这绝对是编派（大连方言里指夸大或捏造别人的缺点或过失）人家的。

学者朱大可曾为上海人的"小气"正名："一个炫耀财富的时代已经结束，精算主义是人们从幻觉中清醒过来所做出的生活选择。"上海人的"精算主义"是一种应当倡导的生活方式，是值得称道的上海做派。

"北人卑视南人"似乎由来已久，鲁迅先生曾在《南人与北人》一文中说过："据我所见，北人的优点是厚重，南人的优点是机灵。但厚重之弊也愚，机灵之弊也狡，所以某先生曾经指出缺点道：北方人是'饱食终日，无所用心'；南方人是'群居终日，言不及义'。"当然，鲁迅先生又强调，"就有闲阶级而言，我以为大体是的确的"。鲁迅先生分析问题，讲究辩证之法，富有逻辑，令人折服。鲁迅先生还认为，相书上所说的"北人南相，

隔锅上炕　五脊六兽

南人北相者贵"并非妄语，"北人南相者，是厚重而又机灵，南人北相者，不消说是机灵而又能厚重"。

对于北人的"贫嘴"，鲁迅先生也是有担忧的，如果不扼制，怕是会有"一种不祥的新劣种"产生出来。当然，南人也是有缺点的，"权贵南迁，就带了腐败颓废的风气来，北方倒反而干净"。这令人想起林语堂先生以"自然之子"评价北方人，也是说北方人心思简单，精神纯粹。

大作家们写南北两地人的风范，既深刻又有趣，他们百年前的议论与评说成为今天网络上两地人互相嘲笑、攻讦的证词。

说起两地人的差异，我又想起身边事儿。

楼下的亮亮在香港中文大学读书，新冠肺炎疫情之前，女儿和她同在一所私立中学读书，每天早晚一起坐校车。亮亮父母工作很忙，平时是爷爷或姥爷姥姥在她家值守。姥爷和姥姥是上海人，温和细腻。两个孩子先后下了校车，姥爷等着，一个不落，前后照应着，左右扶携着，一路上吴侬细语聊着天，将两个孩子一起领进了小区，领进了楼道里。而爷爷比较粗心，大门"哐啷"一声关上了，女儿落在后面，被关在了小区门外。女儿进了家，气喘吁吁地说一句："亮亮爷爷又把我关外面了。"或者说："今天是亮亮姥爷接我们。"有时候喘息太急就省了"亮亮"二字，亲昵极了。

昨日清晨，与亮亮的姥姥楼下相遇，聊菜价，聊疫情，都是入心的话题。突然，亮亮的爷爷出现了，他来送菜了。气氛和节奏被打乱了，想起了林语堂先生谈南北语言差别时讲的一段小故事。

一位北方军官检阅一队南方士兵，他脸色紫红地吼了一嗓子："齐步——走！"士兵们都纹丝不动，北方军官蒙了。又喊一遍，还是不动。一位苏州籍小连长明白其中奥秘，上前请求让他来试一试。北方军官允许了。只见小连长挺直了腰肢，用婉转清扬的南音吟了一句："开——步——走——嗳——"乖乖，队伍昂首前进了。

"这几年过得跟头把式的，古人说，大疫不过三年，快熬出头了。你就老老实实在大连待着吧，想什么家，这不是你的家吗？虾爬子下来了，我跟船儿约好了，明天给你送。"说完，他朝地上狠狠地啐了一口，一个人一支队伍呼呼远去了。

姥姥笑了一阵儿，低头看着脚下的一兜子蔬菜："瞧瞧，这菠菜长得像小树苗似的，今天不买菜了，你快去吧。"

蔬菜是无辜的。软与硬，糯与脆，不就是南北两地人秉性之差异在心理层面的影射或暗示吗？！

搅牙、掉歪，闹妖儿

一个人刁钻刻薄、骄纵傲慢、偏执狭隘、暴戾乖张、使坏难缠，就是"搅牙"或"掉歪"。"搅牙"与"掉歪"近义，都属于贬义色彩强烈的大连话。

当年《大连日报》的《大连流行语辞典》对"搅牙"是这样解释的："搅牙"是形容那种说话办事不痛快，故意找碴儿，设置障碍，不把你弄得心烦意乱誓不罢休的人。这令人"恐怖"的难缠劲儿有的是天生的，属于江山易改、搅牙难移的类型，而有的被惯出来的搅牙毛病则让人深恶痛绝。手中有点小权力，就对求到他门上的人百般刁难，极尽搅牙之能事，这样的人血待人恨。

《东北方言口语词汇例释》记载：搅牙，是磨牙的意思。例句："分开家以后，老太太寻思，虽然不在一屋住着，还没离这个屯啊，低头不见抬头见，还怕再有啥搅牙的事，才搬到河南柳家屯来了。"它对"掉歪"的记载，则是不正派或调皮的意思。

人的情绪具有附着性和传染性，好情绪是自己的生产力，也令周边一派和谐。而搅牙者大多是充满暴戾之气的失败者，那份坏脾气源于内心的恶浊环境所滋生的腐败。估计搅牙者的身体素质都很差。所谓修身养性，修的是一份淡泊宁静的情怀，养的是一股中正平和之气。搅牙者坏得头顶生疮脚底冒脓，头顶成天燃烧着一股邪火，怎么能够安康？

跟搅牙者打交道，一般人都会不寒而栗。除了以理、以制度为武器，最好也备上一套更搅牙的办法。这多少有点"恶马恶人骑，恶人恶人治"的意味。

在职场，既有搅牙的上司，也有搅牙的下属。为搅牙的上司画像，每个人都有相当精彩的一笔。网上职场段子无数，主题大都是搅牙老板遭受惩罚。话说某日，外出归来的老板见一个人在办公室里东瞅西看无所事事，就阴险地问："你一个月挣多少钱？"那人答："2000块。"老板掏出4000块

135

钱扔给他说："马上从我面前消失，不要再来了。"那人抓着钱骇然离去。老板转身训斥人事主管："你怎么会招这种人？"主管说："他只是个送外卖的！"

搅牙的下属，各款各式，而老板眼里的搅牙行为，可能是职场苦力眼里的正义与美德。职场江湖，白与黑，神与妖，其实是说不清道不明的。立场不同，角度不同，便有了不同的看法与结论。

在家庭中，既有搅牙的婆婆，也有搅牙的儿媳。婆媳搅牙起来，受苦受难的是男人。

在小区，若摊上搅牙的邻居，那简直是永无宁日，只得搬家以求解脱。

"掉歪"语义同"搅牙"相似。"歪"，即不正当的、不正派的。从心里掉出来歪点子，即刁钻使坏的意思。

"掉歪"也是云南方言，对着干、不听话的意思。和别人发生争执或要求别人听从自己的意见时会说："你不要和我掉歪！"含一种警告、蔑视的口气，与大连话"掉歪"的意思基本相同。

"闹妖儿"，即出洋相、整事。还有一句大连话叫"闹景儿"，与"闹妖儿"同义。景儿虽好，但"闹"出来的便不好看了。

"闹妖儿"与北京方言"妖蛾子"、天津方言"作妖"同义。作家王小柔是天津人，曾出版过两本段子文集名叫《都是妖蛾子》《还是妖蛾子》。拿平日生活里的鸡零狗碎说事，尽显市井里的各种闹妖儿的人。三五分钟的小短文，都跟甩闲话似的，句句赶劲，段段过瘾。

词典里对"妖蛾子"的写法是"幺蛾子"，是指鬼点子、坏主意；也指有悖于常理的事物，如"他就会出幺蛾子戏弄人"。"妖"字得劲，想必是爱整事、爱闹景儿的人都带有某种妖孽之气吧。

大连人选了个"闹"字来形容那些搞假的、玩虚的人，颇为恰当。

大连人常说："放着好日子不过，你成天闹什么妖儿？"在这里，"闹妖儿"是不安分、异想天开、胡作非为或铤而走险的意思。一个人不按常理出牌、举止荒诞怪异，也是"闹妖儿"。一个人幽默风趣、活泼好动，爱"耍怪"，也是"闹妖儿"。

"闹妖儿"就是闹动静以引起人们的关注。这动静也可称为噱头，"闹妖儿"也就有了炒作之意。"炒作"一词诞生于娱乐圈，明星们为了提高人气，不惜抛弃自尊心，牺牲美誉，制造真真假假的绯闻给娱乐记者。这种炒作手段以"闹妖儿"来形容是很恰当的。一些明星"闹妖儿"的手段越来越低俗，这种"妖"臭不可闻，当休矣！

咔刺，艮

在大连方言中，"咔刺"是象声词，多用来形容说话做事干脆、利索，敢于在复杂艰险的形势下拍板定夺。魏巍《东方》第一部里有一句："在一些小事情上，她是那么绵软，可是在大事情上，她却能做出果断的决定。"将"果断"换成"咔刺"一词，与"绵软"相对，表达效果更加生动。

"咔刺"又有爽朗、痛快的意思。"张三够哥们儿，找他办事，能办不能办，真咔刺。"也说"喊里咔嚓"。"喊里咔嚓只用几句话，小两口就算分了家。"

旧时，商行拍卖货物采用竞争买卖的方式，当双方讨价还价至适当价位时，由商行工作人员拍打木板表示成交。"拍板"由此引申为主事的人做出某种决定。一个领导对重大问题的拍板定夺，既要赢得上级的肯定，又要获取群众的赞许，那是需要一定水平的。影视剧中经常闪现领导"拍板"的镜头：在严肃紧张的会议室里，众目睽睽之下，一领导稍做沉思，大手一拍，浑厚有力地说了一句"就这样干"！如果给"拍板"这一瞬间配上音效，就是咱大连话——"咔刺"。

大连人说话办事讲求一个"咔刺"的效果。大连人最无法忍受的是"研究研究再说""不着急，等等看"——这些都是低效行为，含有优柔寡断、患得患失、徘徊观望等心态。大连男人走路带风，做事很"咔刺"，从胸腔里呼出的气都是滚烫的。"咔刺"是一种性格优势，却也需要把握尺度，否则就易脆易折、缺乏韧性，甚至变异为鲁莽武断。"咔刺"多用来形容男性，形容女性果断做派的大连话是"飒棱"。做事很"咔刺"的男人具有大将风度，他们大多白手起家，声誉和名望都很高，在关键时刻他们能够把握大局，高瞻远瞩，处事冷静果断，具有化险为夷、扭亏为赢的实力。

一个大连小伙儿爱上了一个南方姑娘，这场马拉松式的恋爱花费了小伙子不少时间和金钱。正盼着这份感情瓜熟蒂落结成婚姻硕果，可姑娘移情别恋提出了分手。大连小伙儿很"咔刺"，没有纠缠，没有摆账本，没有藕断丝连，表现出了一个大连男孩的高傲与大度。

一个东北姑娘爱上了一个南方小伙儿，南方小伙儿短小精悍，说话绵软，姑娘将他带回家后被七大姑八大姨七嘴八舌一顿恶评，"长得缺斤短两的，哪配得上咱家英子一米七五的大个，这样的男人领出去多掉价儿啊！""说话像个娘儿们，将来能支家立摊吗？"这时候英子的闺密开始说话了："这位南方帅哥做生意很'咔刺'，几百万的摊子呢！男人不能看外表，而要看内在。"这一大家子人顿时噤声不语。有人开始回旋："听说这南北结合生出的孩子，聪明得很，考清华、北大都没问题……"

在现代社会，不论是在生活中还是工作中，我们都要面临诸多抉择。在抉择时刻，绝不能优柔寡断，该"咔刺"时要"咔刺"起来。"世上没有一个伟大的业绩是由事事都求稳操胜券的犹豫不决者创造的。"一个人瞻前顾后、犹豫不决固然可以少出错，却也失去了更多的成功机遇。

怎样培养自己"咔刺"的作风？职场专家给出了9条建议：做更少的决定；确定所有决定的唯一决策者；凭直觉做出决定；制定决策的原则；找出关键要素；将大多数决定当成不重要的，因为它们的确不重要；练习对不重要的琐事迅速做出决定；对复杂决定运用你的潜意识；为重要决定设一个最后期限。

"艮""艮纠纠"，都是形容一个人头脑不灵光或动作迟缓笨拙，也可以形容食物的口感，与"脆生生"相反。在词典里，"艮"有两种释义：一是形容食物坚韧而不脆，如"艮萝卜不好吃"等；二是形容一个人性子直，说话生硬，如"这个人真艮""话说得太艮"等。缀上"纠纠"二字，大连话"艮纠纠"就更加形象生动了。"纠"是缠绕、集合的意思，将"艮"的情态生动地刻画出来。

话说20世纪80年代的相亲活动，男女青年不能私自见面，双方都带着各自的亲友团，相亲的主要安排是在某个亲友家吃顿饭，通过这顿家宴的前前后后，各自亲友团将相亲对象剥皮剔骨分析个透彻，"这姑娘有点嘚瑟""这小伙子太艮了"。通常，"艮"要比"嘚瑟"的下场好一些，"艮"有可能是因为初次见面放不开，熟了后才会显现出活跃与玲珑。"嘚瑟"也是大连话，是炫耀、显摆、招摇的意思。"嘚瑟"是全部打开，"艮"是向内缠绕纠结，二者互为反义。

一个人过于老派稳重，也会被说成"艮"。在计划经济时代，这样的人显得忠厚老实，比较可靠。"躁疾者为厥速，迟重者为常存"，艮纠之人是谨慎稳重、不浮躁的表率。如今，一个人如果太艮纠，就会缺乏生气和情趣，缺乏执行力和领导力。

日本作家渡边淳一有一部小说名叫《钝感力》，很多人并没有读过这本小说，但"钝感力"这个词儿却深入人心。渡边淳一在小说里写道："钝感力是必不可少的。与其有锐利的敏感度，不如对于大多数事物不要气馁，这股迟钝的顽强意志，就是得以生存在现代的力量，也是一种智慧。"以渡边淳一这段话解释大连话"艮"未尝不可。

再来说一说食物。当银杏树叶大面积凋零时，大连人便开始储白菜、晒小鱼。家家户户都会买上几十斤鱼，有偏口鱼、小嘴鱼、老板鱼、胖头鱼、鲇鱼、兔鱼，个头不要太大，在自家阳台上晒，嫌麻烦也可以花点钱交给鱼贩子打理。鱼贩子在自己的地盘上拉起了一根根绳子，被净身的鱼悬空而起，最气派的是老板鱼，一大张一大张在空中招摇着。被剖腔的鱼完全露出了内容，那灿烂耀眼的鱼子，那细腻丰美的肉身，令人垂涎。晒干的鱼，或油煎，或清蒸，其口感就三个字：艮纠纠。

晒鱼是重头戏，晒萝卜是花边。切萝卜是个技术活，心灵手巧的女人能将萝卜切成各式花样，悬挂高处进行晾晒，远远看去像一件件精美的工艺品。萝卜条晾晒的过程类似茶叶的萎凋，水分逐渐减少，脆生生的萝卜条变得干瘪柔软，又被强劲的秋风揉捻成紧结的条索。晒干之后的萝卜条，被称作萝卜瓜子。凉拌萝卜瓜子是大连人最喜爱的小菜。以开水将萝卜瓜子洗净，适度浸泡，切丝或切丁，调入精盐、鸡精、白糖、花椒面、红油、香油，再加入香酥花生米、熟芝麻、葱花等拌匀即可。萝卜晒干凉拌吃，就是为了追求那种"艮"的口感。

有闲情的大连人还要晒点地瓜干。一个大地瓜一剖两半，入高压锅压制，上气后，中火焖10分钟左右。之后，取出晾凉，切片或切条，平铺盖帘晾晒几天，要翻面，要防蝇防尘，晾好后即可食用。地瓜干是非常原始的东北零食，绿色天然，低脂低热，是东北人常伴身边、物美价廉的零食。上学的孩子抓一把放书包里当间食，上班族带一包到办公室，喝下午茶时吃一点儿，很养生的。那曲折的艮纠儿劲里渗透出来的点滴甘醇，是特别入心的美味。

忽悠，咋呼

在大连方言中，满语的音译借词较多，这是一个不争的事实。

比如"忽悠"与"咋呼"。这两个方言词，大连人再熟悉不过了，居然都是来自满语，是不是有些意外？

"忽悠"源自满语，本义是欺蒙、诳骗、撒谎。在东北方言中，其词义基本不变。早些年东北小品塑造了不少"大忽悠"类型的人物，他们说话没谱儿，喜欢夸大其词，擅长编造动听之词取悦于人，获取信任，布置骗局。大连人基本不说"骗子""混子"这些词了，习惯以"大忽悠"指认这类人。

"咋呼"源自满语，本义是指泼妇，进入东北方言成为形容词，一般是指虚张声势、吆喝，也含有张扬、炫耀之意。通常是用来形容男性为人处世的做派。

如今，这两个词条以方言身份进入词典，并且活跃在全国各地，南方人朗朗上口，完全忽略了它们的来处。

一种语言在衰亡的过程中，一定发生了什么。清朝定都北京之后，为了政治统治需要和生活便利，满族人开始学习汉语。先来看看执政者的语言水平。据史料记载，努尔哈赤精通汉语，可以熟读《三国演义》。康熙帝的满文水平是超过汉文的，满汉互译也不在话下。他在位期间首倡编纂了一部大型辞书《清文鉴》，这部历时30余年才完成的辞书是满文译作中的一部纲领性巨著，为后来满文辞书的编纂打下了坚实基础。在清朝官场，会汉语的官员升职空间大，只会说满语的只能在八旗内升转。当上了领导，不会汉语易被那些奸佞狡诈的官吏欺蒙。所以，雍正帝曾特别勉励满族大臣学习汉语。八旗子弟也是从骨子里倾慕汉人的生活方式，喜欢与汉族士人交际往来、唱酬应和，热衷于给自己取双名和别号，与汉人通婚，抱养子嗣，建立亲密关系。他们深知，只有精通汉语，才能跳出狭窄封闭的旗人圈子，进入更广阔的空间寻找发展机会。

满族人的学习能力和融合能力实在太强大了，他们也很诚实，毫不掩饰对汉族文化的仰慕之情，尤其是八旗贵族、满族官员和知识分子，他们皆以讲汉语为荣，也以"满汉精通"为身份尊贵、地位显赫之标志。一位满族官员在公开场合讲一口流利动听的汉语，那是一件相当惊艳的事情。满族官员下班回家阅读汉文小说，已蔚然成风。他们的体态动作、精神气质和兴趣爱好，压根就不像满族人，里里外外都是一派"汉人气象"。"偏坐锦鞍调紫鹘，腰间斜插桦皮鞭""衫敞前襟草帽横，手擎虎叭喇儿行"，在清朝诗人的作品中可见八旗兵丁的真实模样，入关之初那股精气神已荡然无存。除了遛鸟，满族人还喜欢听戏、泡茶馆、熬鹰，将中国人的消闲能力发挥到极致。林语堂曾剖析中国人沉溺悠闲生活的种种情态，文中所列举的66种游戏或把戏，十之八九都是满族人玩剩的。

康熙十年（1671年），一个叫"通事"的部门被精减了，这个部门是负责满汉文翻译工作的。这从侧面反映了满族官员的汉语水平已相当成熟。

满族人不仅抛弃了满语，还荒废了骑射，这令各代皇帝非常头疼。清八旗禁卫军健锐营的旗兵讲满语时，口音近似汉人语气，满语的正韵完全听不到了。对这种"音韵错谬"的现象，乾隆帝用"渐渍"二字来解释，也就是两种语言互相浸润、渗透、吸收的结果。乾隆帝的判断无疑是准确的，与之呼应的另一现象是，京师汉人的语汇中，也吸收了不少满语词汇，词语进来了，腔调自然发生变化。

乾隆中叶以后，满语开始快速衰落，驻防各地的满族官员，用汉语缮写奏折已成风气，即使满族将领调遣满族兵丁作战，也用汉语书写。乾隆帝对这种风气痛恨不已，可是除了训斥几句，别无他法。这里不得不说满语自身存在的一个问题。满语其实是有缺陷的，有关刑名、钱粮等复杂事件，满语是难以准确表达的；有关紧急军务或复杂军事，表述必须严谨，而满语常常词不达意。汉语的优势是简洁便利，可以说是世界上最善巧方便的语言，季羡林曾这样称赞汉语的优势："使用汉语，能达到花费最少的劳动，传递最

隔锅上炕　五脊六兽

多的信息的目的，汉语之功可谓大矣。"

为了改变这种状况，乾隆十七年（1752年），"国语骑射"政策出台了。"国语"即满文，"骑射"是指骑马射箭。当年满族人的能征善战是出了名的。"国语骑射"成为清朝的一项国策，为历代皇帝所尊崇并大力推行。

其实，"国语骑射"政策的出台，恰恰说明了满族文化传统已经难以保持了，说满语处于濒危状态也不为过。从乾隆二十二年（1757年）到四十年（1775年）前后，清政府曾从北京、西安、宁夏、凉州等地派遣八旗兵丁3万余人到新疆驻防，据当地人回忆，这些满族兵丁居然没人会讲满语，都说一口流利的汉语，只是其中夹杂了一些满语词汇。那些看似威风凛凛的满族大臣也不会说自己的民族语言，将自己的传统和特色丢得如此彻底，被当地"回回"诸部耻笑不已，这实在是太没脸面了。

嘉庆年间，有官员提议，让天下士子都读满文书籍。嘉庆帝颇为忧伤地说，如今满族人都不会说满语了，又何必强人所难呢？咸丰帝也一再重申，八旗子弟要"国语勤习，骑射必强"。事实是，光绪中叶，会讲满语的满族人只有1%，而从全国总人口来看，会满语的则只有1‰~2‰了。近代以后，除东北满族人聚居的农村还有少数人讲满语之外，满语基本是消亡了。

从清朝中期开始，满语逐渐地融入汉语之中，丰富了汉语词汇，变化了汉语语调，最典型的例证，就是如今的北京话。常说北京话是"京腔"，这种"京腔"从何而来呢？其实就是满语参与、渗透、融合的结果。

这里不得不提到《燕京妇语》这本方言集子，译者是个日本人，名叫北边白血。所谓"妇语"，是指以女性为对象，记录她们日常生活中所说的话，包括寒暄、游玩、宴请、针黹、首饰、租房等女性生活内容。这本书的原著者不详，由北边白血抄写并译为日语。书中记载了1905年日军占领奉天（今沈阳）、铁岭事件，有学者认为这本集子抄录于1906年，实际编著时间不晚于1906年，抄写地点青原山为江西省吉安市的佛教文化名山。这本集子反映了清末民初北京话的语音和语法特点，比如颇具特色的敬语"您"字，就是在汉语"你"字的基础上，吸收满语语调转化成的。这类满语词汇在《燕京妇语》中肯定不少。这本集子还有很多反映晚清北京民俗的内容，里面少不了满族遗留下的那些讲究，必然也贯穿于女性的日常生活之中。

满族作家老舍在自传体小说《正红旗下》中有这样一段描写："至于北京话呀，他（指书中人物福海二哥）说的是那么漂亮，以至使人认为他是这种高贵语言的创造者。即使这与历史不大相合，至少他也应该分享'京腔'创造者的一份儿荣誉。是的，他的前辈们不但把一些满文词儿收纳在汉语之中，而且创造了一种轻脆快当的腔调；到了他这一辈，这腔调有时候过于轻脆快当，以至有时候使外乡人听不大清楚。"

这段文字道出了一个事实，满语借词是北京方言的构成部分，并且被赋予一种新的腔调。相似的情形，势必在东北方言中也有发生。

在东北，最早对满族人的生活方式产生深刻影响的人，居然是他们。

因犯罪而流放到远地的人被称为流人，不顾清政府禁令而自行出关的农民被称为流民。这两种人的到来，对当地的满族人来说，"像是吹来一股清新诱人的空气，从将军到一般兵丁，都对这些犯人怀着难以抑制的羡慕心理"。

从清初开始，辽宁的尚阳堡和当时属于吉林的宁古塔等地成为清政府发遣罪犯的地方，到雍正末年止，流放到东北的罪犯已达10万人，这其中有相当数量的汉族知识分子。最早的汉族犯人到宁古塔时，这里的满人还不知有布，他们穿兽皮，或缉麻为衣。有犯人用布与他们换谷物，变化就从日常生活琐事开始了。满人从心里喜欢汉人的生活方式，将木碗扔了，端起了瓷饭碗。夜晚不再点糠灯，学着汉人用野蜂蜜制造蜡烛。这些从大森林中走出来的狩猎民，有着超强的学习能力和令人惊叹的开放的胸襟，他们不遗余力地摒弃自身的"蛮夷"之气，如饥似渴地汲取新的文化养分，借由更高级的文明重新塑造自己。

流人中的饱学之士，有的被驻防此地的满族官员聘为家庭教师，有的在流放之地开办学堂，对当地人进行汉文化启蒙教育，"竞谈文墨"居然成为这片苦寒绝地的日常所见。

至于流民到此，当时有人这样描述："……皇上的上谕虽是上谕，满人的需求也总是需求。流民到达后，他们不仅不加以驱赶，反而极尽招徕之能事，于是借给他们牛畜籽种，让他们白住房屋，能下田的下田，能伐木的伐木，能种菜的种菜，能喂猪的喂猪，铁匠送到铁匠炉，木匠送到木匠铺，念过书的功名人就留到府里，陪老东家清谈，教少东家读书。"任何一个感性

隔锅上炕　五脊六兽

143

之人，读了这段文字都会生发激动之情，脑海中自动浮现出一幅幅画面来。外来文化于苦寒处散发光芒，流放者心底的那份高贵在此处得到了保留，民族融合的传奇在历史的这一页获得了生动彰显。假使灵魂之间已经产生深刻的影响，遑论语言之更替、嬗变。

然而，一种语言，怎么可能在历史的长河中彻底消亡？它必然有遗留，有寄寓。福海二哥们的先辈也将他们的日常语言寄存在东北方言之中，"风一更，雪一更，聒碎乡心梦不成，故园无此声"，满族词人纳兰性德的诗歌道出了他们的心声。

满族人善于学习和吸收其他民族的优秀文化，这个过程其实并不平静，但正是这种敢于变革的精神、乐于融合的情怀，满族这个民族才得以崛起，留下了其他少数民族难以媲美的历史功绩。

干净　展扬

干　净

在大连话中，"干净"是形容人或事物呈现的状态非常完美，是一条极具代表性的大连方言。

大连话就像一个泱泱大家族，儿女成群，每一个都有着自己的性格与气质。显然，"干净"是最能代表这个家族出场的一个。可以说，仅"干净"一条，便将大连话的风味表现得淋漓尽致。

"干净"令人想到形容程度的一些成语，比如滚瓜烂熟、炉火纯青、游刃有余、挥洒自如、得心应手，等等。有学者推测，大连方言"干净"表示程度可能是从文学作品中吸纳来的。《醒世恒言·徐老仆义愤成家》中："老奴托赖二位官人洪福，除了本钱盘费，干净趁得四五十两。"这里的"干净"在《汉语大词典》中的解释为"纯粹"。《西游记》第二十回："老官儿，你若以貌取人，干净差了。我们丑自丑，却都有用。"《金瓶梅词话》第三十九回："既是素的，等老身吃，老身干净眼花了，只当做荤的来。"这两例中的"干净"在《汉语大词典》中解释为"完全"。释义中的"纯粹""完全"均带有表示程度义的色彩。

当大连人想表达内心涌动的赞赏之情，却一时间词穷语亏，就会想到"干净"这个词儿。外地人学大连话，也总是先从"干净"入门。怎样说"干净"呢？这需要一点儿口技，"干"要读去声，拉成长腔，不仅要用力，还要带点儿匪气；"净"是滑音，有儿化音的意思，要读得轻松飘逸，一扫而过或戛然而止。

血干净！真干净！特干净！如果一个外地人能将"干净"说得很地道，那么，他算是真正地融入了大连的民间生活。

女人与足球，常被大连人以"干净"来形容。比如："小王的对象长得血干净。""俺去年给张三家姑娘介绍了个对象，那小伙儿长得周正。没想到，张三家姑娘不干，说小伙儿是个大奇将（指爱说大话，好吹牛）。今年人家小伙儿找了一个在机关上班的大姑娘，那大姑娘长得特干净，比张三家姑娘强百倍。"

大连媒体报道球赛时也经常使用"干净"一词，如"亚洲杯血干净"等。大连球迷看了一场精彩漂亮的球赛之后，有的人一下子就疯癫了，像大黄蜂似的满场扑腾；有的人一时失语不能表达，待缓过神之后，才低沉地、梦呓般地吐出一个词儿：干净！

"干净"的球赛都是神似的，但"血臭"的球赛各有丑态。前些年，大连球赛好的时候，大连人嘴里经常蹦跶着"这场球踢得血干净"这种话。在外乡，一群人聚在广场上看球赛，你听到旁边有人说了句"干净"，或许是离乡多年，发音不太正宗，像掺水的海蛎子鲜气不足，水分很大。尽管如此，这依然是条好线索，这是咱大连哥们儿！

"这活儿干得血干净！"这是对一个人业务能力与职业精神的高度肯定。一个人只有业务能力而没有职业精神，不可能干出"血干净"的活儿；一个人成天计较工资待遇却没有职业情怀，也不可能干出"血干净"的活儿。

有学者曾以《半岛晨报》为例，对大连报刊题目中的方言词语进行分析研究，最终得出一个结论：大连人较强的归属意识及群体认同感，使得大连方言在本地人心中有较强的潜在声望。

2012年2月，中国语言资源有声数据库建设开始招募大连话发音人，要求发音人是20世纪40年代至70年代出生，从小到大一直生活在大连，家庭语言环境单纯，也就是说，其兄弟姐妹、配偶、孩子也都是土生土长的大连人，不曾在外地生活过，不曾携带外地口音。要求老年发音人要有小学或中学文化，青年发音人语言表达能力强、牙齿整齐，男性没有吸烟史。这些要求保证了大连方言的原汁原味，便于日后深入研究和有效开发利用。

中国语言资源有声数据库建设，是科学保护国家语言资源、掌握语言国情、推进语言信息化建设的需要。

根据国家、辽宁省语委的工作部署，辽宁库建设试点首期在大连市启动。大连方言有声数据采集主要集中在大连市内四区和金州杏树屯。评委们以唠家常方式考察选手们的"海蛎子味"，最终有28位喜爱大连方言的"大连银"入围。大妈大婶们一口地道纯正的"海蛎子味"将评委们乐得够呛。我想，评委们考察选拔"海蛎子味"发音人，是万万少不得"干净"这个词条的。

高大帅气的大连小伙子，若不分场合满口大连话，可能与国际化城市的风貌不搭，但在快意恩仇之际蹦一句"血干净"，更彰显大连男儿本色。大连女人在鲜花着锦、烈火烹油的美好时刻，也可以来一句"血干净"，这并不削减我们女性的温柔本色。

如今，不少方言在大连人的生活中渐行渐远，但"干净"依然频繁使用。"干净"与大连人的生活愿景同在。我们渴望干净的活法、干净的思想，这种愿景使得这条大连方言历久弥新，与大连人建设富庶美丽文明家园的美好追求同在。

脏样儿，稀碎

两个人在街头因琐事吵起来，谁也不服谁，谁也不让谁，结果就彻底丢了斯文，开口叫骂起来。大连的文明指数在东北地区是令人称道的。在一场骂仗中，没人敢说脏话，最激烈、最频繁的字眼也就是个"脏样儿"。"你看你个脏样儿，我都不惜跟你一般见识，我打你，都怕脏了我的手。""你看你个脏样儿，你动我一下试试？"就这么两句话，你来我往，反反复复，直到看眼儿的都撤了，两人互唾一口，也散了。

从字面看，"脏样儿"，即肮脏的样子。但很多时候，对方的样子并不肮脏，男人衣冠楚楚，女人水光溜滑，都是很上讲的扮相，却仍有可能被骂成"脏样儿"。所以，"脏样儿"与外表打扮无关，与道德品质有关。

由"脏样儿"联想到另一句大连话"干净"。在普通话层面，"干净"还可形容说话、动作不拖泥带水。大连话"干净"完全超越了这个意思。

干净
展扬

147

人或事物所呈现的状态特别妥帖、特别合心、特别完美，这是大连人所说的"干净"。

"脏样儿"亦如此，不是指外表的脏乱差，而是对一个人内在质地的批驳、否定和憎恶。比如，某人不孝敬父母，离婚后寄身父母家，不务正业，嗜酒如命，喝醉了就砸锅摔碗。有一天居然跟父母动起了粗，被一位邻居大哥撞见，上去踹了几脚将其按倒："你看你个脏样儿，成天在家'啃老'，居然敢动手打父母，我今天替你父母教训教训你……"

"稀碎"，即稀巴烂。在大连话里，"稀碎"基本维持这个意思，但表达领域却十分纵横恣肆。

一只玻璃杯子或一块豆腐摔在地上，其形态状貌都可以用"稀碎"来描述，这是"稀碎"的通常用法。而在大连人的生活中，"稀碎"是这样被运用于口头之中的：下午4点左右，出租车司机开始准备交班，赶往与夜班司机约定的地点交车。在交车途中，还是会顺道载客。送客与交车赶在一起，司机就祈盼着千万别塞车，然而事与愿违，这一路不断遭逢菜鸟级私家车主，这一辆开着开着一头撞向了道牙子，那一辆甲壳虫的体量却不断地跟庞大的运载车抢道，运载车后屁股喷出的一股烟就令其晕头转向。出租车司机看着眼前这个场面，说了一句："这些彪子，车开得稀碎！"

某机关调来一位秘书，据说是一位颇有名气的作家，出过书、获过奖、开过作品研讨会，领导甚喜，忍不住跟心腹私语："咱局来了个大笔杆子，咱再也不愁'干得好不如说得好'了……"秘书上岗第二天就接到写材料的任务，在电脑上几番敲打很快交差，却令领导大失所望："这么简单的一个材料，写得稀碎！这作家会写小说不会写材料？"

编辑部孙老师曾给我讲了一个关于"玻璃鱼"的相声：由大连玻璃制品厂生产制造的"玻璃鱼"，是20世纪80年代比较讲究的工艺品，是馈赠领导、亲朋好友的高档礼品。一个业务员拎了一箱"玻璃鱼"坐火车去送礼，这箱"玻璃鱼"共36个，130多元。列车员维持秩序时用脚向里推了一下，业务员很生气，"你分明就是踢嘛，将俺一箱'玻璃鱼'踢了个稀碎！"这个相声名为《列车新风》，是孟繁山、范仲波于20世纪80年代创作的。在那个年代，人们的文化娱乐生活比较单调，一段相声、一部电影、一首歌曲，往往成为一代人共同的记忆。这些记忆，也许在岁月的长河中日渐模糊，但凭借一句方言土语的呼唤，便像复活的精灵一样扑面而来。"将俺一箱'玻璃鱼'踢了个稀碎！"几位老同事反复学说这句大连话，仿佛贪恋一杯香茶，饮啜不止。

补充一下，"稀碎"的"碎"要读成sei，两个字都要读成去声（四声）。

与"稀碎"经常互动的一条大连方言是"作搓"。"作搓"，是捉弄、破坏的意思。被别人坑苦了、害惨了、埋汰毁了，都可以称为"作搓"。"我让他作搓毁了""他给我作搓稀了"，"稀了"即"稀碎"。高中女生王小丫要出国留学了，父亲的朋友们隆重设宴为她饯行。王小丫在家捯饬了一整天，于黄昏时分摇曳生姿地来到父亲的办公室。父亲不悦，说她衣着太暴露了，令其立即回家换装。王小丫坚决不从，惹火了父亲。王小丫也火了，小嘴儿噼里啪啦地响了起来："我好好的心情，让你作搓个稀碎！"说完便拂袖而去。物品遭受破坏后的样貌，与严重受挫的心情，确有几分神似。

去天津看古文化街，一条古意盎然、文图并茂的长廊，如一幅徐徐展开的画卷，生动地展现了津门的历史文化与风土人情。漫步其间，左顾右盼，行至长廊中央，一块铜匾赫然入目，上面记载："俏皮话——天津卫的俏皮话具有鲜明的地方特色，是天津人特有的智慧与趣味语言，具有浓郁的生活气息，幽默风趣，耐人寻味。""俏皮话"是方言的昵称。在各地方言中，俏皮话包含了揶揄戏谑、吹牛拍马、瞎扯胡侃种种意思。"稀碎"，有一股子特别的腔调，特别幽默，着实道尽了大连话的真谛。当很多负面情绪难以表达时，道一句"稀碎"足矣！词穷意尽无语时，唯方言最为给力。

各地以方言创作的小品流行于网络，被年轻人遗忘的方言似乎重新回归生活现场。不过，有学者认为这种方言热只是一种"片面繁荣"，是带有猎奇意味的"市井化调味品"，并不能真正地促进方言的复兴。但在大连，还有一个不容忽视的现象是，近几年，大连的话剧演出市场十分火热。话剧作品有两个资源渠道：一是引进名家作品；二是就地取材，以大连话为元素，打造带有地域特色的话剧，如《大话西游》《色戒》《路人甲》《我爸爸是天使》《这里有情况》等，都深受大连人的喜爱。这些由大连人创作的大连话剧，毫不费力地分得大连文化演出市场的一杯羹。

近年来，保护、拯救方言的呼声越来越高，有学者认为，有些地区的"刻意抢救"显得用力过猛。比如苏州将方言纳入高校必修课，编写苏州话教材，成立苏州方言培训中心等。南京大学董健教授曾说："应该让方言顺其自然发展，保护方言与保护文化是两码事，地域文化完全可以用普通话来传播和传承，应该让方言去适应普通话，而不是相反。"见仁见智，争议持续不断。

方言是一座城市的基因密码，一旦衰微消失，这座城市就像汪洋中的一条小船，忘了来路，不知归处。以恰当的方式去记录、保存方言，是一种历史责任。

一包劲，钢钢的

"一包劲"，是形容一个人投身某项事业的精神状态。精神力量是看不见摸不着的，但大连人用"包"做量词，这形而上的东西就变得具体可感了。

多年前，我被借调到大连市政协参与编撰《十四个沿海城市开放纪实：大连卷》，这本书以"亲历、亲见、亲闻"的方式回顾和展示了大连市30多年来的改革开放成果，用"起锚""扬帆""犁浪""远航"四个篇章来阶段性地讲述大连的发展步伐。在"起锚"篇中，我们看到了大连的建设者们在改革开放初期不畏艰难、乘势而上的"一包劲"的精气神。

来讲几个小故事吧，看看"一包劲"的精神力量是多么宝贵。

1984年9月25日，国务院批准建立大连经济技术开发区。这是继中国十四个沿海开放城市之后，国务院批准建立的第一个国家级经济技术开发区。那是一个激情燃烧的年代，以服从组织安排、听从党的召唤为荣。一夜之间，一支精干的建设队伍组建起来了，共98人，来自各行各业，既精通业务，又有事业心。

有人说，市房产局有一位工程师是一把好手，曾干过几项大工程，可惜就是年龄偏大。领导一拍桌，年龄大怕什么？只要不怕吃苦，肯奉献，我们就想办法把他挖来。和这位工程师一沟通，他很激动，年富力强的时候总是搞运动，耽误了许多时间，没有发挥好专长，现在赶上了这样的大项目，再苦再累也要去。就这样，这位工程师"一包劲"地来了。

有一位毕业于清华大学建筑系的高才生，阴差阳错分到了省盐务局下辖的制盐研究所，听说大连要建开发区了，主动请缨来搞规划设计工作，可制盐研究所不放人。制盐研究所是省直属单位，人事关系不归大连市管，最后市长出面，高才生才如愿以偿"一包劲"地赶到马桥子报到。还有一位从总参谋部退伍的干部，被安排在机关工作，他的专长是日语，听说建设开发区要招聘外语人才，就赶紧报名应考。结果考了个第一名，"一包劲"地来开发区上班了。

各路精兵强将会集在马桥子，大家都怀着这样一种信念：大连市里的主要街区都是日本人、俄国人建的，如今我们有机会用自己的力量和智慧建设一个新城区，一定要超越他们！

这支队伍是如何"一包劲"地干工作呢？有人常回大连市内开会，却车过家门而不入，会议结束就赶回马桥子。那时只有两辆办公车，其中一辆是美式吉普，不久就在工地上跑散架了，这从中也反映出大家"一包劲"地劈山开路、投石填海的建设激情。设在乡政府的指挥部经常空无一人，没有人在这里喝茶看报，大家都在工地上火热地奋战着。没有车，每逢部署工作或召开会议，只能派通讯员四处送信。通讯员骑着自行车"一包劲"地在各工区间穿梭，大家都说他送的是"鸡毛信"。美式吉普都跑散架了，何况两个轮子的，自行车废了一辆又一辆。那时的冬天很难熬，晚上住在阴暗潮湿的农舍

里，房前屋后都是一眼望不到头的苍茫大地。屋子里燃一个火炉子，烟熏火燎中勉强入睡，第二天清晨火炉子早灭了，屋子里寒气逼人，被头挂一层白霜。可到了开工时间，没人畏缩磨蹭，大步流星"一包劲"地走向工地。咱到马桥子是来创业的，不是来享受的。

一个心中有信念、有理想的人，整个人生机勃勃，通体散发着光芒，心脏里澎湃着沸腾的血液，骨子里燃烧着湛蓝的火苗，那是激情充分燃烧后才会有的颜色。光芒、血液、火苗，这些用来形容一个人精神品相的词语都只可意会，而大连方言"一包劲"却真实可感，可称可量，朴实生动，将一个人投身事业的高亢明亮、喜乐自信的姿态非常传神地描摹出来。

"一包劲"也常用来形容失当的行为。比如，男人爱看球，下班回家沏茶备烟美滋滋地坐下来，幼子哭闹，鸡飞狗跳；夫人一边煎炒烹炸，一边哄孩子，休闲时跟姐妹们在一起难免倾诉抱怨："他懒透了，回家什么也不干，看球却看得一包劲！"那女人呢？女人爱逛街、爱购物，平时手无缚鸡之力，逛起街来披头散发"一包劲"，手拎肩扛，将大半个城逛下来也不觉得累，直到钱包花空了为止，也令男人头痛啊。

在大连话的语境里，"钢钢的"有两种含义，一是形容人与人之间的关系十分密切，二是形容身体健壮。不论哪一种，所蕴含的褒义色彩都极为强烈。

方言大多是口耳相传，流传下来的只是个发音，很难用确切的汉字来表达。学者石汝杰不赞成方言的规范化，因为这是极其困难的，几乎是无法实现的。石汝杰研究了大量的吴语文献，发现方言的各种写法层出不穷，应有尽有，历来没有人企图建立一种方言的"共同书面语"。他认为，"在当今的时代，方言的书面语是不必要的，也无法真正'升格'，进入实用阶段"。

"钢钢的"，网上的写法是"杠杠的"，如果循语义去推敲，则写作"刚刚的"比较恰当，"刚"作为形容词，是硬、坚强的意思，与"柔"相对。比如，这个人的性情太刚了。但是，"刚刚的"不如"钢钢的"效果来得快，并且有感染力。

夕阳红里，老友们相聚谈论人生，高频话题是彼此的身体状况与养生心得，身体没病没痛，眼神明亮，步子轻快，被人点赞："那老家伙，体格钢钢的，走路噔噔的，一包劲……"体格"钢钢的"老汉，一旦老伴先撒手人寰，他的情感生活就会令儿女很操心。

在钢筋水泥丛林中，你有几个与你关系"钢钢的"心灵密友，从心里为你点赞，为你祈福，给你一份有意义的陪伴？

在都市的灯火中，你看到男人们在一块儿吃喝玩乐，在这个竞争激烈的社会，男人的吃喝玩乐可不简单，每一杯酒里都有诉求和答案。在吃喝玩乐中缔结了"钢钢的"关系，可抵达世俗意义上的成功彼岸。

北方人的人际交往，所要的效果就是"钢钢的"。男人之间关系好，也唯有"钢钢的"这个方言词可以形容得到位。以"钢钢的"形容女人之间的关系，似乎过于粗放，但细观女性生活，发现这个词儿也极恰当。女人单身或婚前时光，几乎所有闲暇是与闺密缠在一起，除牙刷和男人，其余皆可共享。至于不防闺密一说，那也是女人之间关系"钢钢的"一个旁证。

方言是生活中的老物件，历经人间烟火的打磨润泽，散发着安神静心的光亮。将方言掰开了揉碎了品读，非常有意思。

在方言里，所有的奔波都停止了，所有的慌张都消失了，所有的思念也都抵达了。

展扬，嘚瑟

在大连话中，用来表明心态和情绪的词，最常见的是"展扬"。

"展扬"在当下大连人生活中仍是热词。公司年终搞全年绩效考核，张三的业绩名列前茅，拿到了高额奖金，他很"展扬"；李四的孩子被保送清华大学，李四全家人那个"展扬"啊。

"展扬"与"显摆"不同。"显摆"（同"显白"）也是大连话，是炫示并夸耀的意思。"你别在这儿臭显摆了，哪儿凉快哪儿待着去！"一个"显"，一个"摆"，很生动地将一个人自我炫耀、自我吹捧的嘴脸刻画出来。"展扬"也有"显摆"的成分，但拿捏得当，不会令人反感。

路遥《平凡的世界》中："秀莲一见少安的面，就惊喜得心嘣嘣乱跳，天啊，这就是她要找的那个人嘛。他长得多帅！本地她还没见过这么展扬的

干净
展扬

后生！"此处的"展扬"不仅是说帅气，也指男性的强悍之气令人心生安全感。"展扬"是大连方言，怎么会跑到陕西作家笔下呢？

据史料记载，广袤富饶的关中平原，东起大荔、西至眉县的渭河南北两岸200多公里的范围内，分布着400多个以山东人为主体、完全保持着齐鲁习俗、沿用山东纯正方言的"山东庄"，总人口达到30万，尤以关中腹地的三原、泾阳、高陵、临潼、阎良、临渭、富平、蒲城、大荔九县区最为密集，在这些县区内形成了"山东庄"与本地村落交织相间、和谐共处的格局。关中大地为何有这么多"山东庄"？其实，这一切都源于清末民初那场旷日持久、规模浩大而又鲜为人知的移民风潮。

由于战乱不休、天灾频生，关中平原赤地千里，十室九空，人口锐减，仅同治年间回民起义和光绪初年大旱就使陕西人口损失约710万。而山东自清代以来人口剧增，人众地狭的矛盾十分突出。到清末民初，山东现有耕地根本无法满足人们最基本的生存需求，迁徙宽乡、逃荒谋生便成为不二之选。山东民众抵达关中后，大多集中定居，形成了为数众多的"山东庄"，他们通过联姻传承血脉，并且与原籍保持紧密联系。就这样，他们在关中平原非常强势地将自己的生活风俗和语言习惯保留下来。

除了路遥，另两位陕西作家贾平凹、陈忠实也在创作中大量使用关中方言，郃远春在《〈白鹿原〉方言词运用探微》中对《白鹿原》中涉及的关中方言追本溯源，发现很多关中方言与齐鲁方言有说不尽的瓜葛。

文学创作怎样使用方言才能避免理解上的障碍？赵树理认为，应该选用地方独有或具有一定表现力的方言词；积极避开冷僻的方言词，选用与普通话有相同语素的方言词；巧用"异词同义词"；选用兼有普通话、方言词用法和意义的方言词。陈忠实在选取方言词时遵循了易懂、典型、贴近人物形象的准则。用这些标准来考量"展扬"，是不是悟出一种别样的意味？

先来欣赏一段大连球迷制作的网络视频《你来我们主场嘚瑟干什么》，歌词如下：

金州体育场是属于蓝色的
你来我们主场嘚瑟干什么
我们大连队是不可战胜的
你来我们主场嘚瑟干什么

再强再狠的都已经被灭了

你来我们主场嘚瑟干什么

还挣扎什么快举手投降吧

你来我们主场嘚瑟干什么

……

"嘚瑟"主要有两个意思：一是过度地炫耀自己，二是举止轻浮不稳重。在不同的语境里有不同的感情色彩，一般带有贬义或调侃之意。

"嘚瑟"是很早就进入汉语方言的满语词。在满语中，"嘚瑟"有三种释义：一是指河流涨潮、泛滥；二是指浩荡，无边无际；三是指花盛开、怒放。进入大连方言，其词义发生变化，常用来形容一个人因得意而向人显示或炫耀，显得张扬、浮夸或轻佻。有时也作动词使用。如今"嘚瑟"已进入词典，成为全国人民熟知的方言词，在各地的语义基本相似。

多年前，《三联生活周刊》记者采访铁岭民间艺术团原副团长乔杰，曾问过这样一个问题："东北为什么能出来那么多明星？"答曰："东北人爱嘚瑟。"还真是这么回事，这人表现欲强了，就爱嘚瑟。嘚瑟是天性，只好当演员去了。

大连人性格豪爽，豪爽的"近亲性格"就是"嘚瑟"。在过去年代，一个爱嘚瑟的人肯定不受人待见。在单位，领导会提拔那些性格稳重、处事谨慎的员工；找对象，男方及其家人都喜欢成熟、文静的姑娘。一个姑娘爱嘚瑟似乎隐藏着情感出轨的风险，男人娶这样的姑娘常心有顾虑。在过去年代，一个女人生活作风不好，人们会闪烁其词地说一句"她嘚瑟得不轻"。

若用"嘚瑟"来组词，会有"穷嘚瑟""嘚瑟腚""嘚瑟疯"等。在身体各部位中，屁股应当是最沉实的，一个人唯有坐得住才能出成果。比如作家这个职业，安如磐石，耐得寂寞，才能出创作成果。如果是个"嘚瑟腚"，今天应邀去剪彩，明天应邀去讲话，能静下心写出好作品？

一姑娘要模样有模样，要才气有才气，要人品有人品，这样的姑娘非要嫁给一个穷小子。姑娘的父母强烈反对，姑娘要随穷小子去外地闯荡，父母含泪痛斥："走吧，走了就别回来，看你们能嘚瑟到哪儿去！"

其实，嘚瑟需要勇气，更需要资本。年轻人爱嘚瑟，稍染风霜的人，心有负担和惰性，大多数按部就班、缺乏新意地生活着。年轻，没有什么不可以，我嘚瑟，我快乐！在年轻人身上，嘚瑟是一种活力，是一种积极向上的

干净 展扬

精神风貌，是酷，是拉风，总之是好看的。

还有两句大连话与"嘚瑟"近义：一是"轻腔子"，二是"浪摆"。"轻腔子"乃"嘚瑟腔"，是轻浮的意思。例句："你看那个轻腔子，一天到晚穷嘚瑟。""浪摆"是招摇的意思，常见大连人这样调侃或训斥别人："别四处浪摆了，狗肚子藏不住二两油……"

即使有水平，也不可过度张扬卖弄；没水平，就更不该嘚瑟了。人们发自内心尊敬的是那些有智慧、有修养的人，他们平时话语不多，说出来的却被人记在心上。

秃噜翻张，疵毛撅腚

"秃噜翻张"，是指事情没办利索、容易变卦，有时也指说话啰唆、紊乱。

杀鸡宰猪有一个特别麻烦的环节就是去毛褪皮，乡下人称其为"秃噜"。"你把这只鸡拿去秃噜秃噜"，意思是将这只鸡的皮毛去净，处理成白条鸡。"秃噜"作为方言，已入词典，有两种意思：（鞋带）松散开；（毛、羽毛）脱落。"翻张"也可说"翻浆"，形容事物凌乱、不在状态的样子。在乡下，宰杀通常由男人来操作，而"秃噜"则由女人来张罗。这个活干得不利索或不得要领，就会"秃噜翻张"的。

宰杀家禽是个技术活，手起刀落之间讲究个"快、狠、准"，但"秃噜"却是一个工夫活，像泡工夫茶似的，处处讲究细节。

"秃噜翻张"的事物缺乏美感，"秃噜翻张"的产品都是劣质品。

一个人做事有头无尾或杂乱无章，会被人指责"你看他这活儿干得秃噜翻张的"。"秃噜翻张"的反义词是"喊里咔嚓"。做事干净利落，绝不拖泥带水，就是"喊里咔嚓"。

一个人说话做事"秃噜翻张"，与个人习惯、智商和情商都有关联。前些年，一本名为《细节决定成败》的管理学书籍很畅销。该书作者以大量案例论述了"细节"在管理中的重要性。

"细节决定成败"如今已成为职场箴言。其实早在春秋战国时代，老子就曾说过，"天下难事，必做于易；天下大事，必做于细"。海尔集团的张瑞敏也曾说过，将每一件简单的事情做好就是不简单，将每一件平凡的事情做好就是不平凡。精细化管理时代已经到来，每个企业都需要细节管理专家。职场上并不缺少雄韬伟略的战略家，缺少的是精益求精的执行者。对于职业者来说，"秃噜翻张"不再是可以忽略不计的缺点，而是一种丧失竞争力的致命缺陷。

"疵毛撅腚"，形容一个人吹毛求疵、桀骜不驯、浑身毛病。简单地说，就是刺头。

疵毛，是挑毛拣刺的意思。周立波《暴风骤雨》第二部有一段文字："这么一比，就分出上下，解决问题。但也有弊病，疵毛的家伙，叽叽嘈嘈，争个不休，问题难解决。"

"疵毛"是山东方言，具有三种意思。一是指做事很差劲。例句："这事你做得咋这么疵毛呢？"二是形容一个人品性不端，素质低劣。例句："这人太疵毛，少跟他打交道为妙！"三是形容物品质量差。例句："小杜要买一款电脑，我说你别买那款，很疵毛，老出问题。"

大连方言属于胶辽官话。109年，中原地区瘟疫肆虐，战乱不休，一些淡泊仕途的齐鲁名士纷纷逃亡至辽东避难。他们在这里开坛讲学，传播中原儒学文化薪火，因此有了"大连曾是中原文化的退守地"之说。19世纪中叶，当虚掩的山海关大门敞开，苦难的山东人和河北人如滔天浊浪汹涌而入。"山东村"在东北地区密集出现，人数占绝对优势，使"海南丢子"保持了中原文化的特征，而不必削足适履改变自己，正所谓"聚族而居，其语言风俗一如旧贯"。

大连人在"疵毛"后面缀上"撅腚"二字，首尾呼应，将一个不服管、不服输的"歪瓜裂枣"鲜活地刻画出来。

山东德州小吃"撅腚豆腐"颇有意思，将熟豆腐担子挑至十字街头，一不带碗碟，二不带筷子，只带许多十厘米宽的小木板，卖豆腐的人用刀将一片片嫩豆腐移到小木板上，吃豆腐的人小心地端着，怕弄脏了衣服，只好低头撅腚吃热豆腐，因此得名"撅腚豆腐"。撅腚吃豆腐显然不雅，大连话"疵毛撅腚"也可以形容一个人的容貌姿态。一个人衣冠不整、不修边幅，尤其是对头发缺少打理，就会被说成"疵毛撅腚"。"疵毛撅腚"的反义大连话是"水光溜滑"，是说一个人爱面子，精于扮靓，将头发梳理得一丝不

干净 展扬

苟，某些时候稍有油头粉面之意。比如："你看张三媳妇整天把自己打扮得水光溜滑的，家里家外什么活也不干。"

20世纪80年代的校园里都会涌现出几个潮人，"潮"的本义是时髦，作为方言，"潮"形容成色低劣或技术不高。那么，"潮人"是褒是贬，完全在于一己偏好。当年的潮人的审美观在今天看来是惨不忍睹的。首先是大做头型文章，潮男留一肩油渍长发或刺猬短发；潮女纷纷烫发，追求高耸或爆炸效果。然后是潮裤妖衫，均以春光乍泄为美。他们大摇大摆地穿梭在校园里，若被教导主任逮住了，免不了挨斥："你打扮成疵毛撅腚的熊样儿，哪里还像个学生？活像个小瘪三，还以为自己是黑社会老大啊？还有你，一个女生穿成这样的，就感觉美吗？"这些在着装方面"疵毛撅腚"者，也大都有着"疵毛撅腚"的性格。到后来，他们如何穿衣戴帽那都是小事，打架斗殴和早恋才最令校方头痛。这些"疵毛撅腚"者是记忆里最鲜活的人物。

每个单位都有一个或几个"疵毛撅腚"者，此类人大多智商不高，情商更低，以与领导对抗、挑战制度而获得精神快感。将单位当成自家菜园子，长什么摘什么，一旦个人利益得不到满足，便疵毛撅腚起来。

偶有例外，上层眼中的"疵毛撅腚"者，也可能是正义的化身。他们大多是性格刚直、不拘小节的技术权威。因为在单位不可或缺，他们敢于嬉笑怒骂，更敢于与邪恶斗争，看似疵毛撅腚，其实心是软的。虽于市井沉浮，却有着"在最坏的时代，做最好的自己"的清醒与执着。

捞干的

"捞干的"，从字面上看，就是捞取干货的意思。

何为"干货"？以风干、晾晒之法去掉了水分的食品，保留了原始风味和营养成分，便于长期储存和食用。由此可见，"干货"是指实在的、有价值的内容。比如："这场讲座干货满满，我真是受益匪浅。"

"干货"原本兴起于网络，有"来点干货""求干货""全干货"，等等。对"干货"有所理解，也就不难明了大连话"捞干的"。

"捞干的"是指一个人说话做事比较实在、真诚、靠谱，没有虚假、造作、吹嘘的成分，值得信赖。

秋风起，蟹脚痒，大连人开始晒干货了，确切地说，是家中的长辈们热衷此道。晒干货让城市有了浓浓的生活气息。如今，物资富足，晒干货的意义与往日大不相同。过去晒干货是为了"熬冬"，漫长的冬季缺少新鲜蔬菜，在深秋时节将各种蔬菜晒干留冬天食用，这是一个生活窍门，也是生存之道。如今晒干货并非满足生活必需，更多像是一种生活仪式，借此怀念从前一饮一啜、半丝半缕的来之不易，感召子孙后代对生活要有知足心、敬畏心。

　　深秋里看到母亲和老邻居们兴致勃勃地晒干货，我就跌进了少年生活的氛围里，心里感觉特别温暖满足。

　　深秋之季，大连人喜欢腌制两种食物——萝卜瓜子和鱼。在秋天的晒场上，老人家个个化身为手艺精湛的工艺师，就说切萝卜吧，什么螺旋花刀、梳子花刀、渔网花刀、麒麟花刀，什么灯笼花刀、柳叶花刀、十字花刀、牡丹花刀……一串串萝卜条垂悬在浩荡的秋风里，以蔚蓝的天空为背景，好看极了。

　　在切萝卜这件小事上，老辈人的想象力和创造力令人赞叹。那些厌倦世俗生活、将柴米油盐视如畏途的年轻人，看到老辈人在秋天里的这场轰轰烈烈、持续多日的营生，有心者总会思索，老辈人勤劳节俭的品性自不待言，那种居安思危、有备无患的思想更值得学习。吃了上顿，不管下顿，这种生活方式在新冠肺炎疫情期间没少吃苦头吧？

　　晒鱼也是大连人秋天生活的重要主题。在玉华市场仰头一瞧，这北国独特的秋景令人震撼，鲅鱼、鳝鱼、鱿鱼、鲮鲽、黄鱼、偏口鱼、小嘴鱼、黄花鱼，在猎猎秋风中剖肝沥胆展示着全部的内在精华……海鲜商户几乎家家都有晒鱼服务，鱼身子上系着红布条，密密麻麻如香火之地祈福的红布条，上面写着买鱼人的名字和电话……鱼晒好了，一条条码在一起，沐浴着秋日的阳光，像一幅油画，令人对生活生出无限眷恋。咸淡相宜的鱼干，配上暄腾的玉米饼子，大连人最好这一口。咸鱼就饼子，越吃越有啊。当然，鱼干也可以作为土特产馈赠远方的故人。

　　早些年，易中天也关注方言文化。在他看来，文化就是人类生存和发展的方式，说得直白一点儿，文化就是活法。一个人有什么样的活法，就有什么样的说话方式。大连方言说着亲切，听着舒坦，刻录着大连人独特的生活方式。大连话有一股"海蛎子味"，海蛎子是大连的一种海鲜，以味道鲜

干净　展扬

159

美、生熟通食而著称，大连人格外喜欢生啖海蛎子，"面朝大海，现捞现牙"说的就是大连人久远时期的一种生活方式。拎个小挠子，揣块玉米饼子，来到海滩上，敲下个海蛎子，连汤带浆直接入口，就着饼子，吃得心满意足。这一幕生动体现了大海对大连人的慷慨和眷顾。这种自然原始的生活方式，有许多真意，与大连话的韵味格外相似。

"捞干的"是一条有"海蛎子味"的大连方言，通俗直白又有冲劲，令人过耳不忘。"捞干的"是过去年代的一个生活细节。20世纪六七十年代，城市人过着凭票供应的生活，粮票分为大米票、面粉票、粗粮票等，大米、白面的供应量通常不高，粗粮可以管够吃。粮食定量除了看年龄，还要看身份，机关干部、大中专学生、特殊工种从业者会高一些。那个年代，老百姓最重要的生活哲学是量入为出，延迟享受，从不叫苦。除了粮油，糕点、茶叶、白酒这类"轻奢品"，自行车、手表、缝纫机这类显赫的"大件"也都是凭票购买。这种"限量式"的生活方式是今天的"淘宝族"不可想象的，量贩式的购买、占有、消耗终有厌倦之时，极简主义渐成风潮，"断舍离"的生活理念也渐渐深入人心。

老辈人说，那时候只有过年时才会焖一锅白灿灿、香喷喷的大米干饭。平日里，只有粗粮可以实实在在地吃，细粮要细水长流"稀"着吃。倒半锅清水，撒一小把白米，煮的是稀饭。先旺火滚开，再文火细熬慢煨，米量实在太少了，无法熬出稠浓感，这锅一清二白、通透见底的米汤，给谁捞干的？给谁舀稀的？老人孩子是弱势群体，男人是养家人，唉，这日子就是一场纠结跟着一场纠结……

如今，粥的花样太多了，肉粥、面粥、菜粥、鱼粥、麦粥、乳粥、果粥、花卉粥、豆粥、八宝粥，等等，看似普通，滋补力却不凡。"闲时与你立黄昏，灶前笑问粥可温"，粥是醇厚绵密的，是长情陪伴，而稀饭清贫如水，不能捞干的。

冬季到饭馆吃饭，大连人爱点砂锅，砂锅的主料有牛肉、猪排、羊蝎子、鸡块、鸭血、鱼头等，配料也丰富，大白菜、豆腐、萝卜、海带、香菜、腐竹、山药、笋片等。吃砂锅前先喝一小碗汤，之后要捞干的吃。在物资匮乏的年代，有干的可捞那是好生活。而如今，我们将餐后一盘盘"干的"都倒掉了，所谓"光盘行动"不应是口号，必须成为一种教养。

想到张爱玲的散文《谈吃与画饼充饥》里有个细节，说她到杭州楼外楼去吃螃蟹面，单把浇头吃了，又把汤滗了喝，剩下面条不吃。有个读者说，说到这里，他觉得眼热，倒不是吃面只喝汤，而是为了那个"滗"字。青阳（地处安徽）话至今还用这个字，词典里解释成过滤的意思，不够准确。应该是用勺子或者筷子把面条挡住，还适当挤压，把汤逼出来。其实，"滗"在词典里不是方言，很多时候，老百姓说着非常精准的普通话却不自知。

将汤滗出来，就剩干的了，也是一种"捞干的"之法。

"捞干的"在大连话里又被引申为实实在在的意思。在裁员动员大会上，老板讲国际经济如何衰退，又讲国内经济如何低迷，有人站起来喊了一嗓子："别说那些没用的，你就捞干的讲吧，把裁员方案亮出来，谁去谁留，怎么个补偿法……"多年未见的老友突然造访，一番寒暄叙旧之后，老友拐弯抹角地说起了生存窘境，你不落忍，将话挑开："你就捞干的说，现在有何难处？需要我做什么？"省略开场白，直奔主题，这就是"捞干的"。

大连人说话有一股冲劲，每句话都像蘸着点儿辣根说出口。一句"捞干的"，既简洁直白，又有一股土气味和冲劲，生动地体现了大连人的真实性格，反映了"海南丢子"的命运背景。当年，我们祖辈的"山东家"满目疮痍，战乱、大旱、水灾、蝗灾肆虐不休，生活极其悲惨。祖辈们决定迁徙他乡找条活路，其实这也是一种"捞干的"精神——我就是要活着，活着是硬道理，活着是最后的胜利。"闯关东"成为祖辈们纾困求生的唯一途径。他们来到了大连，码头是落脚地，也是生存地，落地即生存。他们穿起了粗劣的短褂，扛起了麻袋包，成为大连港第一代码头工人。在命运深处，他们一言不发，甘做牛马，凭着一股子"捞干的"的打拼精神在异乡扎下了根基，燃起了生的灯火……

《中国城市性格》一书对大连的定义是"最清新的城市"。与南方人相比，大连人少婉约，多豪放；可在东北的阵营里，大连人又是婉约派。大连以浪漫时尚著称，受这种城市格调的浸润与涵养，大连人多了清新与灵动的气质。如今新一代的大连人，骨子里的实诚劲似乎不够突显，"捞干的"已成为老大连人的脾性，定格在遥远的回忆之中。

与"捞干的"意思相反的是"虚里冒套"。大连人不喜欢与虚里冒套之流打交道。那么，什么是"虚里冒套"呢？"虚里冒套"也是大连话，是大连人自己发明的成语，与"虚情假意"语义相同。大连人在人际交往中讲究

干净　展扬

161

一个实在，如今这"实在"被说成了"靠谱"，不靠谱的人，就是虚里冒套的人。这种人喜欢玩虚的，绝不会跟你"捞干的"。

不刮堆儿，烧包

"不刮堆儿"，是形容东西少，不够数。通常是形容食物，也可以形容金钱或其他生活物资。

"不刮堆儿"的"刮"，大连人不念guā，念kuǎ，意思是将少量东西聚拢、凑集一处，与"攒"同义。农村秋季打谷晒场，收尾的时候，将边边角角残余的粮食"刮一堆儿"，别浪费。"刮一堆儿"即为一餐。显然，"不刮堆儿"就是不够的意思。家里突然来了客人，主妇没有准备，尽力做了几样菜，却不怎么刮堆儿，不怎么够吃。

"不刮堆儿"这个词条是编辑部曲老师向我推荐的，当时反复品读，总觉得它不够典型。后来与几位长辈交流，确认"不刮堆儿"是非常有代表性的大连话，绝不容忽视。为何对"不刮堆儿"没感觉呢？原因很简单，我没有经历过那个"不刮堆儿"的年代。

"不刮堆儿"的年代是指三年困难时期。据家族一位长辈回顾：1959年9月，他升入初中成为一名寄宿生，学校的伙食比家里的好，定量又充足，可管够吃。学校没有餐厅和饭桌，天晴时就在操场上吃，刮风下雨就进礼堂里吃。开饭时，每个班的值日生负责到食堂抬馒头，稀饭和菜得自己排队去打。打回了稀饭和菜，围着自己班的那筐馒头开吃，一般是就地蹲着吃。然而好景不长，不论是站着还是蹲着，都没有东西可吃了。严重的自然灾害降临了，粮食的定量不断削减，紧接着，蔬菜及副食品的也骤降，白面馒头没了，高粱米、玉米面、红薯干出来了。后来，这些正经食物也少了，也"不刮堆儿"了。有一天班主任老师说："放学后大家都不要走，咱们去挖野菜，灰灰菜、野苋菜、马齿苋、杨树叶、柳树叶、榆树叶……凡是能入口的，都弄回来吧！"以瓜菜代口粮的生活拉开了帷幕。这就是著名的"瓜菜代"一词的来历。

多年前，《南方都市报》开辟《旧年旧词》栏目，对"瓜菜代"的记载是：低指标，瓜菜代，少吃粮食多吃菜。当时城市职工编了一句顺口溜：

"南瓜北瓜，天天吃它，无油少盐，味道不佳，和饭一煮，还挺呱呱！"城市还有瓜可吃，农村可就惨了，漫山遍岭的野菜被撸尽了，就开始扒树皮。农村人也编了一段民谣："低指标，瓜菜代，吃得饱，饿得快。肿了大腿肿脑袋。当天死了当天埋，穿上杠子往外抬。"到最后，白茫茫的大地上什么也没有，有人开始吃土……这已经超出"不刮堆儿"的叙事范畴。

在一篇小说中，看见"不刮堆儿"出现："二姐芦缨是在腊月里出嫁的……说起嫁妆，父亲说钱不刮堆儿，可也不能太不给亲家面子，按富屯溪嫁女儿的习俗，至少要有橱子、桌椅和柜子三大件……"

单位附近有一间"老张擦鞋店"，我在这里擦鞋有四五个年头了。去年冬天，擦鞋店改造升级成皮具养护中心，老张聘了一位60多岁的老汉做店员。他对老汉很不满意，修鞋是个灵巧活，老汉手脚太笨。老汉的服务态度也不好，不会迎来送往地热络寒暄，经常捧着一只女鞋破口大骂（因为过于时尚的设计导致细节难修）。有一次恰好被鞋主听见，结果丢了客，还丢了鞋之外的皮衣皮具养护的大生意。老张一直嚷着要辞退他。年关临近了，老张托我帮他买火车票，由火车票讲到他位于松花江畔的富饶老家，老张问我："你老家哪儿？""一个名叫城子坦的小镇，那里历史文化遗存丰富，生活气息浓郁，是辽宁省历史文化名镇。"在角落里修鞋的老汉突然直起腰身，爽朗地笑着说："你城坦的？俺也城坦的！"老张不满地瞅了老汉一眼："你怎么是城坦的？你不是大连人吗？"老汉瞪了老张一眼："谁告你俺是大连银（人），俺是城坦的！"将"城子坦"说成"城坦"，这确实是我们家乡人的口头习惯。

有一次去擦鞋，老张不在，老汉热情地与我聊天，他可是从来不招呼客人的。我问他："在这儿干得舒心吗？"老乡说："还行吧，出来给人打工，还能不看人家脸色？工钱还行，就是中午饭不刮堆儿，就管一个盒饭，没什么东西，吃不饱！"

后来，我跟老张说："中

干净 展扬

午这顿饭，就不能给我老乡加两个包子？他吃不饱，不刮堆儿！"老张惊讶地说："领导啊，就他这个水平，我不开他就够意思了！我这儿也不是体力活，8块钱盒饭怎么就不刮堆儿呢？"老张将他的顾客，不论男女老少，一律称为"领导"。"你们城坦人说话真蹊跷，不刮堆儿，不刮堆儿，像说暗号似的。"

可不是嘛，乡音俚语就是我们在人世间辨认彼此的暗号。

"烧包"，是指兜里有点钱就想花出去。它是北方方言，见于北京、山东、天津等地。

《北京方言词典》对"烧包"如此记载："这几天他正烧包哪！午饭刚吃了烤鸭，晚饭又要吃涮羊肉。"《北京土语辞典》记载："北京话的'烧包'也可以说成'烧'，讽刺人因有钱而不知所措，含贬义。"

北京话的"烧包"与我们大连话的"烧包"都是一个意思。"烧包"还有得意、炫耀的意思。例句："真受不了你那副烧包样。"

作为方言，"烧包"已入词典，释义为由于变得富有或得势而忘乎所以。

年轻茶友小翟跟我讲他的喝茶经历。两年前，他跟一位兄长学着喝茶，每个月最大宗的消费便是买茶叶。为了喝茶，他戒了烟酒，父母说这是好事。可时间久了，父母发现喝茶是高消费，年轻人赚钱不多，喝口清茶就行了，喝什么老茶呢？那老茶，真假莫辨，价格虚高，哪是工薪阶层喝得起的啊！"还有你这样喝茶的吗？多败家啊。"如老舍先生所说"戒了茶还怎样活着"。去年年底公司发奖金，钱在手里还没焐热乎，就被他花光了，买了几片垂涎已久的老茶砖。老妈很生气："你个烧包！不攒点儿钱留结婚，将来我可不管你，别指望我这把老骨头。"

"烧包"有挥霍一空的意思，但显然又不是那种穷奢极欲的败坏，不过是为了满足自己的那点亦正亦偏的嗜好，下手稍微狠了点。

新的一年，小翟依然和一些有钱有闲的大哥徜徉滨城大小茶庄。人家大哥经过半生打拼已拥有坚实的资本，喝茶理直气壮、云淡风轻。而小翟，年纪轻轻不拼事业成天泡在茶庄里，豪情泯灭，斗志疲软。一个月赚几千块钱，也就能吃个便饭，还喝什么茶？烧包！

颠倒，照量办

"颠倒"在《现代汉语词典》里有三种释义：上下、前后跟原有的或应有的位置相反；使颠倒；错乱。

大连话"颠倒"的含义很丰富。其一是筹集的意思。如今在辽南农村一带，人们还经常使用这个词儿。子女要去外地打工，临行之际，父母要颠倒俩钱儿让孩子带着。有时候，自家经济条件很紧张，实在颠倒不出钱来，就要去别人家颠倒。去别人家颠倒俩钱儿，就是借钱的意思。

如今，都市年轻人的生存境况如《蜗居》所写："每天一睁开眼，就有一串数字蹦出脑海，房贷六千，吃穿用度两千五，孩子上幼儿园一千五，人情往来六百，交通费五百八，物业管理三四百，手机电话费两百五，还有煤气水电费两百，也就是说，从我苏醒的第一个呼吸起，我每天要至少进账四百……这就是我活在这个城市的成本。"生活成本名目繁多，而薪水如此微薄，钱在手里颠来倒去，总是捉襟见肘。这些生活开支项目排名不分先后，哪一个都很重要，都不能削减。在过去的年代，父辈们饱尝在金钱上颠来倒去的窘境，但那是一个贫富差异并不大的年代，人们在心理上并未经受贫穷所带来的羞耻感。而如今，多少"蜗居族""蚁族"是以颠倒信用卡勉强度日。经济上的极度窘迫，是他们无法感受幸福的主要原因。

大连话"颠倒"的另一层意思是策划、思忖和掂量。在人情世故中，经常有人颠倒话儿给你听，也叫"扔话儿"。这种"话儿"是弦外之音，其指向性与目的性很强。还有"颠倒词儿"一说，写文章遣词造句，就可以称为"颠倒词儿"。张三要结婚啦，作为新郎官，他要在婚礼上说两句，可他不会"颠倒词儿"，朋友帮他写了一篇文采熠熠、情思飞扬的新婚感言，可他读不出口，索性放下装扮，竟以一口质朴火爆的大连话赢得满堂彩。

中午时分家里突然来了客人，女主人赶紧去颠倒几个菜，就是做几个菜的意思。根据现有材料在心里拉出一张菜单，这个过程就是"颠倒"，也就是思忖、掂量的意思。

张三托同学办事，并交给同学一笔公关费。"这事儿全拜托你了！你就颠倒着办，钱不够，你就放一声。你办事，我放心！"需要"颠倒着办"的事情，并不能在"窗口"光明正大地办，而要在"桌下"策划操作。"桌

干净 展扬

下"藏着太多的潜规则，太多的"颠倒"。

"照量办"，是根据情况办理的意思，与官方文件中"请给予酌情办理"的意思相同。《水浒传》中："宋江酌量已定，卢俊义领令去了。""照量办"就是"酌量办"的音变。

东北方言有"照量"一词，是尝试的意思。例句："去年担心价格下跌没敢如此照量，全村只种400多亩。"（《黑龙江日报》1983年1月26日）

在职场上，员工向领导请示工作，工作是有章法可循的，但很多时候又是可以酌情办理的。领导有时不做明确指示，只道一句"你照量办吧"，此处"照量办"是领导对员工的信任及授权。

朋友之间的"照量办"更常见。尤其是男人之间，个个说话办事讲究一个敞亮，讲究一个喊里咔嚓。男人之间的互相托付，往往言辞简单，话语寥寥，只来一句"你照量办"。"你照量办"常常被衍化成"你看着弄"。而被授权"照量办""看着弄"的那个人，多少是有些精神压力的。为了不辜负这种信任，转过身煞费苦心下了不少功夫。一句"照量办"突显了大连人的爽快，细品之下，也许还有几分义薄云天的味道。所托非人，遇人不淑是一大损失。在重要事上，还是少来这种空口无凭的"照量办"，应当依法行事，照章办事。

再举个例子：我家前保姆与我毗邻，看完我的孩子之后，继续在我们小

区看孩子。我与她彼此怀念，她念我宅心仁厚，我念她胜似亲人。我下班经常与她在小区相遇，见她拎着雇主家的几袋垃圾兢兢业业的样子，但她的敬业并未换来雇主的信任、尊重及相应的薪酬。最近一次相遇，她倾吐了这样一段经历：男雇主给她配了一个手机，便于她带孩子外出时沟通。女雇主常翻着她的手机，这令她大为不快。她女儿在国外留学，女雇主是在查国际

长途电话的拨打次数。雇主与保姆之间往往没有大是大非，净是鸡毛蒜皮一地琐碎，却令彼此渐生嫌隙，折损信任。她不想干了，女雇主却身患重病要去北京治疗，夫妻二人托孤般地将孩子交给了她。"两个多月啊，可把我累毁了，简直是扒了一层皮。这不，两口子快回来了，我也不多说，他们照量办！"此处"照量办"颇意味深长，既有期待，又有抵触。

婊养的，鳖羔子，鸡蹬子

《天下脏话是一家》，这是北京大学中文系教授李零一篇文章的题目，他在文中洋洋洒洒列举了多地方言中的詈辞，如果用汉字来表述实在粗俗肮脏不堪入目，所以他声明："凡临文不讳，儿童不宜，均用拼音表示，请读者原谅。"

各地方言詈辞大多与性器官、性事、身体和厕所有关，它们真真切切地来源于生活，结结实实地扎根于生活。"他们对脏话的运用太熟练，人人都是张口即来，而且自然天成，行云流水一般""脏话不可常说，常说则会上瘾"。李零还在文中讲到西方一位语言学家的观点：全世界的语言，论表达能力，水平颇为参差，有些发达，有些落后，脏话的活跃与否是判断其水平高低的指标之一。

美国教授伊丽莎白·克莱尔把脏话当学问来研究，还为脏话写了一本书，并搬到课堂上讲授。李零调皮地说，脏话最好是由从来不讲脏话的人来讲。伊丽莎白·克莱尔是一位"和蔼可亲的老奶奶"，她居然教成人学说脏话，多数脏话与性有染，少量涉及种族、宗教和文化的禁忌。在美国人的语言中，脏话是"最必要、最有用、最有趣"的部分，想要入乡随俗，深入美国文化，不懂脏话不行。

我们的脏话也潜藏在方言里。李零认为，这些不雅之辞肯定有人类最原始最古老也最基本的东西在其下铺垫。

20世纪六七十年代，全国各地掀起编汇方言的风潮，编汇方言有四点要求：一是宣扬封建道德的语汇或从封建制度得来的语汇不能入编；二是渗入迷信思想宿命论的语汇不能入编；三是攻击人身缺陷的语汇，如对聋哑人、麻脸、肢残人的讽刺，这类语汇极多，一概不能入编；四是下流骂人的语汇

干净　展扬

167

不能入编。

　　各地方言中都有大量的骂人话，大连话也不例外。从"海蛎子味"里发酵出的骂人话，气味冲天，非常传神。将网上流传的大连话小品中的骂人话、损人话做了记录后，发现这些难登大雅之堂的俗语都是来赚取笑声的。翻检记录在案的骂人话，发现最难听的"婢养的"绝非人们想象得那样龌龊，居然大有来历。

　　在古代，奴婢被视为贱民，奴是男性贱民，婢是女性贱民。唐代奴婢分为官属、私属两类。官属奴婢多为犯罪被斩的官宦人家的子女，私属奴婢多是贫苦农家的孩子，或被掠卖的底层人家的子女。只要沦为奴婢，便是贱民，与畜无异。《唐律疏议》中明确规定："奴婢畜产，类同资财""奴婢贱人，律比畜产""生产蕃息者，谓婢产子、马生驹之类"。

　　在婚姻方面，贱民的女子不能嫁给良民以上等级的男子为妻，如果奴婢擅自将女儿嫁给良民，就是盗取主人的财产，要判重罪。男主人占有婢女是自然合理的事情，婢女为男主人提供性服务是一种义务。婢女生养的孩子就是"婢养的"，这些孩子仍难摆脱贱民的命运。

　　"婢养的"是过去年代乡村野夫的口头禅，也是车间工人嬉笑怒骂间的高频词，似乎没什么指向，也没什么杀伤力。

　　"鳖羔子"是过去年代大连人教训孩子时频繁出口的方言。鳖，俗称王八；羔，是指小羊，也泛指其他动物的小崽子。"鳖羔子"就是"王八崽子"，隐含杂种、野种的意思，是一个侮辱性极强的俗语。

　　鳖为何物？鳖是卵生爬行动物，水陆两栖生活。在过去物资贫乏的年代，滋补品种类不多，鳖算是比较高档的营养品。《随息居饮食谱》记载：鳖甘平，滋肝肾之阴，清虚劳之热，宜蒸煮食之。

　　鳖，俗称甲鱼、团鱼、王八等，大连人习惯称其为"甲鱼"。去探望病号，大连人习惯到大商（大商集团的简称，通常指大商集团旗下的百货商店）买只"晓芹"甲鱼，没人说去买只鳖，或买只王八。在大连民间，鳖和王八都是骂人话，比如"鳖头"和"王八蛋"。"鳖头"形容男人胆小怕事，懦弱无能，稍有动静就像鳖一样缩进壳里。与"鳖头"对应的是"鳌头"，有一个成语叫"独占鳌头"，出自元代无名氏《陈州粜米》，泛指占首位或第一名。"鳖头"是耻辱，"鳌头"是荣光，二者的释义差别很大。

《新五代史》中："王建……少无赖，以屠牛盗驴贩私盐为事，里人谓之贼王八。" 乌龟为何被称作"王八"呢？原来，乌龟腹甲的纹理酷似"王八"二字，便得此浑名。同时，古人误以为雄龟没有交配能力，雌龟只有跟蛇交配才能下蛋，"王八蛋"显然不是雌龟与雄龟交配的成果。明清时期的小市民将妻子不忠、偷人养汉的丈夫称为"王八"，称他的孩子为"王八蛋"。 在明清时期，靠妓女为生的男人也被称作"王八"。在《白眉大侠》中，主角徐良的口头禅就是"王八绿球球的"。由此可见，"王八"是一个杀伤力极强的俗语。

过去常听街坊邻居骂自家孩子"鳖羔子"，孩子独占鳌头时，那是自家产的，孩子不着调时，便是来路不明的"鳖羔子"。有时也骂"鳖崽子""王八崽子"，这就有些难听了。

古人眼里，鸡有"五德"："君独不见夫鸡乎？头戴冠者，文也；足傅距者，武也；敌在前敢斗者，勇也；见食相呼者，仁也；守夜不失时者，信也。"

鸡虽是"德禽"，可它与老百姓厮混一处，成天鸡飞狗跳的，没人觉得它高贵，各地不太美妙的方言土语都与鸡有关，大连方言"鸡蹬子"便是一例。

"你真是个鸡蹬子，管什么都不是……"

"他是个鸡蹬子，跟他混能有什么出息？"

这两个例句都是在评论一个人的能力，没有真本事，缺少魄力，窝窝囊囊的。这些年，大连人看球也常用"鸡蹬子"谴责自家球队。

"鸡蹬子"为何物？

2016年深冬，我在后山书店听了一场关于大连话的讲座，主讲人是大连图书馆孙海鹏老师。在这场《未舍乡音——有文化的大连话举例》讲座中，他以严谨的治学态度把梳了大连话中鲜为人知的文化信息，其中也讲到了"鸡蹬子"。他说，已故的于植元先生曾告诉他，"鸡蹬子"虽是骂人话，却并非詈辞。

据乡下朋友讲，成年公鸡跗骨上朝后生长的那个趾，叫"鸡蹬子"。它高于其他四趾，走路或觅食，没有任何用处，故被视为废物。

大连人常说："你少给我装鸡蹬""你装什么鸡蹬？这事跟你有关系吗？"指责对方多事或警告对方不要多管闲事。

有趣的是，如今"鸡蹬子"居然变为文玩把件，金黄的大弯钩儿，油润光亮，价格不菲。岂止是废物利用，分明是华丽转身。

看眼儿，撮火

"看眼儿"，即看热闹。在多数情况下，这个热闹可不是好看的，尽是打架斗殴之类的恶性事件。这类事件经常会殃及无辜，所以才有了"看眼儿不怕乱子大"的说法。

《东北方言口语词汇例释》记载：看热闹的不怕乱子大，指旁观者不担心事态闹大（含幸灾乐祸意）。也说"看热闹的不怕扎彩大"。扎彩，指旧时办丧事用的纸糊的明器，如纸人、纸马等。

"看热闹的不怕乱子大。顾客不管那个，凭钱吃饭，哪儿好往哪儿凑。"（《讷河文艺》1986年第2期7页）

"三愣子没事还愿寻衅看热闹呢，看热闹还不怕乱子大，何况因包地和陈喜山早有前仇。"（《无名花》81页）

"我说焦燕啊，看热闹的不怕扎彩大，你哪能架弄你姐夫呢？"（《黑龙江艺术》1983年第9期51页）

除了"看眼儿"，还有"看不过眼儿""看得过眼儿"，这两条也是大连方言，语义与"看眼儿"有着千丝万缕的瓜葛。

看不过眼儿：感到过分；于心不忍，也说"看不下眼儿"。例句："为了达到另寻新欢的目的，他就找碴儿打骂妻子。左邻右舍实在看不过眼儿了，就出面指责他。"（《黑龙江日报》1982年12月16日）

看得过眼儿：看着舒服；差强人意。例句："（穿上衣服，自己打量着）这回嘛，还看得过眼儿。"（《黑龙江文艺》1982年第5期23页）

大连人喜欢用"仗义"来夸赞一个人，这是一个相当高的评价。对于大连人来说，"仗义"是最令人自豪的名声，无不自觉维护珍惜这一美誉。这些年，发生在大连地界的好人好事可谓层出不穷，经常被中央媒体关注，继而感动了整个中国。

在罪恶发生现场，人们总是将目光倾注在东北人身上，东北人在身材上具有优势，个个身高体壮，走路带风，气场强大。传说中的东北人都是活雷锋，被信赖，被期待。东北人有一种默契：决不能让东北人的美好"人设"在咱手里崩了。如果人群中多几个东北人，彼此递一个眼神心就齐了，再大的危机也不在话下。

那一年，鞍山女工程师白雪洁下班路上看见一歹徒砍杀孩子，她挺身而出，与歹徒展开了一场殊死搏斗。孩子得救了，可是她的右手腕被砍断了，左手被砍掉了三根手指，身中数十刀倒在血泊中。白雪洁不过是个弱女子，在罪恶面前却没有躲开，没有躲在一边"看眼儿"。她是女人，也是母亲，保护孩子是母亲的本能，是母亲的天性。她并不想当英雄，她只是做了一件成年人该做的事情。

见义勇为是中华民族的优良传统，而如今见死不救、见危不助的惨案屡见报端。一女孩欲跳楼轻生，女孩在楼顶苦痛挣扎之际，楼下的围观者都在看眼儿，拍手起哄大肆嘲讽，这种氛围像极了咸亨酒店孔乙己的出场，"孔乙己一到店，所有喝酒的人便都看着他笑""店内外充满了快活的空气"……

鲁迅先生写过不少"看客"，除了孔乙己，阿Q、祥林嫂的命运里都有看客的丑陋嘴脸。"整个中国就是一个'大游戏场，大剧场'"，看客心态根深蒂固。《示众》一文里有三个小孩出场，一个是卖馒头的胖孩子，一个是戴小布帽的小学生，一个是老妈子怀抱里的婴儿。胖孩子和小学生已经是相当老练的看客了，他们在人群里看眼儿的热情丝毫不逊色于大人们。

他们会利用自己个头小、身子灵巧的优势，在密不透风的人群中找到最佳的观看位置。为何这么小的孩子就会看热闹呢？原来他们在襁褓里已经被训练出来了。小说中，老妈子抱着孩子去看热闹，被人推

干净 展扬

171

了一把，顺势将孩子立起来，让孩子看个正着，"阿，阿，看呀！多么好看哪！……"小孩子在这种社会氛围中耳濡目染，无师自通，看客自然后继有人，这样的民族"将来的命运便大略可想了"。

看客心态是国民劣根性的首恶，鲁迅先生对看客心态的批判一针见血，极为扎心，"英雄的血，始终是无味的国土里的人生的盐，而且大抵是给闲人们作生活的盐"。

当看客队伍壮大形成"乌合之众"，其力量真的不容小觑，是他们把不幸者推上了绝路，是他们消解了先驱者奋斗的意义，是他们让英雄的鲜血白流了。

当下社会有没有看客，其实从各地为"见义勇为"立法保护中就可管窥一二。见义勇为的精神永不过时，咱东北人应该再次挺身而出，为见义勇为的精神庄重代言。

还记得东北歌手雪村那首广为流传的歌曲《东北人都是活雷锋》吗？

老张开车去东北 撞了

肇事司机耍流氓 跑了

多亏一个东北人

送到医院缝五针 好了

老张请他吃顿饭

喝得少了他不干

他说：

俺们那儿旮都是东北人

俺们那儿旮特产高丽参

俺们那儿旮猪肉炖粉条

俺们那儿旮都是活雷锋

俺们那儿旮没有这种人

撞了车哪能不救人

俺们那儿旮山上有榛蘑

那个人他不是东北人

（白）翠花，上酸菜

爱吃酸菜的东北人都是活雷锋，这是东北人给外人留下的印象。大连是东北的一分子，大连人的热心肠仿佛与生俱来，愿成人之美，愿雪中送炭，有人落难袖手"看眼儿"，这对于大连人来说是一种"不落忍"，也是一种人格危机。大连人不愿用华丽辞藻来夸赞自己的这份性情，只是很朴实地说一句："这事儿咱不能看眼儿啊！"

在白雪洁事迹中，有人质疑：现场的其他东北人哪儿去了？这一问确实令人汗颜，但我相信，在"江湖"上还能见到东北人的凛然身影，还能听到"多亏一个东北人"的传说……

"撺掇"，从旁鼓动人（做某事）；怂恿。

"在左邻右舍的撺掇下，他和老伴俩办起了个服装店。"（《黑龙江日报》1982年7月10日）

"他们一下子就撺掇来十六个人！"（《辽宁群众文艺》1984年第3期3页）

在大连方言中，"撺掇"的近义词是"撮火"，一个人搬弄是非、挑三豁四、破坏群体的和谐关系，使人与人之间产生了分歧、隔阂、猜忌、矛盾，甚至引发了冲突与伤害，这就是撮火。属贬义词。

作为方言，"撮火"已被收入词典，有两个语义：一是把燃烧的柴草等聚拢在一起，使火势更旺，比喻助长人的火气。例句："他不但不劝，反而在一旁撮火。"二是泛指生气。例句："今天这事越想越撮火。"

撮火是地道的大连方言，撺掇是流行面更广的北方口语，在古典文学中经常使用。冯梦龙《喻世明言·蒋兴哥重会珍珠衫》中："因话随话间，就有人撺掇道：'王老亲翁，如今令爱也长成了，何不乘凶完配，教他夫妇做伴，也好过日。'"

《西游记》中："前者在白虎岭上，打杀了那白骨夫人，他怪我撺掇师父念紧箍儿咒。"

《红楼梦》中："封肃喜得眉开眼笑，巴不得去奉承太爷，便在女儿前一力撺掇。"

《金瓶梅词话》中："你这边房子七八也待盖了，撺掇匠人，早些装修、油漆停当。"

《红楼梦》是用北方方言写的，而《水浒传》和《金瓶梅词话》被认为是用山东方言写的，尤其是《金瓶梅词话》使用了大量的山东方言，所以有研究认为作者是山东人的可能性极大。

173

最初，我将"撮火"写成"戳惑"，戳是动词，戳穿、破坏的意思；惑，是疑惑、迷惑的意思。搞破坏致使人迷惑不明。戳惑是一种怂恿行为，难免有流言散布其中，迷惑人心。

有一条语义相似的方言叫"戳舌儿"，是指颠倒是非，搬弄口舌。《金瓶梅词话》中："他又在汉子跟前戳舌儿，转过眼就不认了。"

不得不承认，东北人中确实有一小撮人爱编派瞎话、爱撮火，这并非东北人独有的品行瑕疵，大概是人类普遍存在的陋习吧。影视剧对东北人的撮火行径也有所刻画描摹，时间大约是在冬季，人物都穿着厚重的棉袄，地点在臭气熏天的墙根底下，撮火者双手抄袖，神情猥琐不安，如果个子不够高，便踮起脚尖斜抻着身子去攀附别人的耳根子，以三寸不烂之舌喋喋不休地制造着假新闻。撮火者若是女人，大多身材敦实矮胖，倚着别人家的门框，手攥一把受了潮气的瓜子，嘴巴烂熟地嗑着，黑白颠倒的瞎话与瓜子皮一道飞溅出来。日久见人心，这类人终将被识破。

飒棱　姿势

剜到筐里就是菜

"剜到筐里就是菜"的含义简单明了，像域外的比萨饼，所有的馅料都摊在饼面上，看得清清楚楚。

"剜到筐里就是菜"是比喻一个人不加选择、轻率认可的行为。例句："啊，娶媳妇呀，那也得挑挑选选哪，哪能剜到筐里就是菜！"（《黑龙江艺术》1984年第4期15页）

值得注意的是，"剜到筐里就是菜"是评价男性的择偶态度，不适用于女性。这条方言词与时下的网络语言有异曲同工之妙。时下女孩子谈恋爱，习惯称男朋友为"男票"，台湾人发音"男朋友"疑似"男票"，另外，还与韩语"丈夫"的发音接近。这大概是"男票"的出处吧。"票"字也精妙，在一些女孩子看来，男朋友就是饭票、钱票嘛。家长们不乐意了，这叫什么话？成天"我男票、我男票"挂在嘴上，太不像话了。女孩子们不以为意，这种讲法更多是调侃之意，不代表价值观。

男女谈恋爱，双方性情不合，情趣不搭，通常男方会私底下对朋友说"她不是我的菜"，潜台词是"我对她没兴趣"。将女人比喻为一道菜，既然是菜，对"色香味"就有考量。"她不是我的菜"可能说的就是女人姿色这一项，非女人的内在素养。

在辽南乡下，"剜到筐里就是菜"还用来形容一个人自私，爱占小便宜。乡下人家不论是住房还是田地都彼此挨着，挨得紧更应有地界意识，但有些人偏不，长势凶猛的果树从院墙探过来一串果实，模糊地界钻出来一架豆子，统统都是我的，剜到筐里就是菜！

方言来源于现实生活，老百姓都是语言的发明家。在农村生活过的人都有挖野菜的经历，如今挖野菜有采风、体验生活的意思，而当年挖野菜纯粹是为了觅食活命。野菜也分三六九等，有的野菜营养价值高，口感好，甚至可以治病，剜到筐里带回家，焯水之后蘸酱吃，或者做馅料蒸包子，在今天都成了有滋有味的回忆。有的野菜人不能吃，剜到筐里给猪吃。

在朋友圈看到乡下亲友开车去挖野菜，扡着两个筐，一大一小，大筐装牲畜和家禽吃的，小筐盛人吃的，剜到筐里都是菜！灰灰菜人吃了会肿脸，菱角菜口感发黏不好吃，却是家禽的口福。苦菜、水芹菜、马齿苋、杏仁菜、小孩拳、驴耳朵草等，才是可入人口的野味。

读王蒙长篇小说《奇葩奇葩处处哀》，无关青春，不谈理想，暂搁哲学，讲述一个钻石级老男人，在寻婚路上与各种奇葩女的艳遇故事。"感谢晚年俺与绚丽奇葩们不平凡的邂逅，使我老而弥喜，弥丰，弥奇，弥色。感

谢她们让我了解了更多的生命的奇妙与人生的滋味，特别是女性们的百态千姿，啊，每一个女子不分老幼，个个皆是风情万种，套路千般！多么丰富啊，我亲爱的奇葩们！""生活万岁！爱情万岁！妇女万岁！奇葩万岁！奇葩奇葩我爱你！我怎么搞的硬是配不上你……"小说主人公向世人证明了"老了才是人生"并非传说。书腰还有句话比较辣眼，"孤独寂

窠钻石男平生艳遇，异彩惊魂奇葩女各显神通"，如果没有"80后王蒙辣手妙绘当下中国俗世风情"这句提示，还以为是哪个自由撰稿人码字谋粥之作呢。

小说主人公晚年择偶的喜人局面，使我联想到"剜到筐里就是菜"这条大连方言。因自身条件差而"剜到筐里就是菜"，是值得同情的；放诞之徒贪婪纵欲而"剜到筐里就是菜"，就令人鄙视了。小说主人公对女性、对奇葩的赞叹，究竟是菜呢，还是不是菜呢？

保姆莲姐将我的女儿看大后，还在我们小区看小孩子。我在她家存了一把钥匙，她家的阳台正对着我们小区的网球场，有时候忘记带钥匙了，在网球场上喊一嗓子，她就探出头来，将钥匙用报纸包好扔下来。后来我家安了电子锁，留存在她家的钥匙作废了。但我们仍来往密切，情义不怠。

"莲姐，来喝茶啊？"我常约她来我家喝茶聊天，不谈文学艺术，不谈人生道理，只聊过日子之道。我平时说普通话，和她聊天却被她的一口"海蛎子味"带走了。有一次我俩去大菜市买干果，路上陷入拥堵，有一辆车始终不动弹，她探出头大声质问人家："你留那么大的当儿准备下蛋啊？"她的口吻分明有火药味，但对方却乐个不停，攀在车窗上调情般地聊了起来。听着二人用大连话摩擦火花，塞车的阴霾一扫而空。

前几天，莲姐跟我讲述了一桩烦恼的家事。婆婆住在庄河，这么多年来一直是由小姑子照料的，她和丈夫只在春节回去探望。小姑子有一个儿子，去年转业来大连，莲姐帮他找了一份工作，又操心他的婚事。年轻人喜欢上一个离异女子，女子年轻漂亮，性格刚强，带着俩孩儿。莲姐听闻火了："你这是剜到筐里就是菜啊，年纪轻轻的小伙儿，找个'二手货'，还带两个鼻涕鬼，你能养得起啊？你在我跟前找这样的对象，你让我怎么向你爹妈交代？"莲姐不遗余力地阻挠这桩恋情，无奈吃力不讨好。

2014年金秋，我所供职的《海燕》杂志社举办创刊60周年座谈会，专家学者齐聚滨城，共襄文学盛会。《人民日报》文学评论版副主编董阳的发言像一篇抒情散文，对家乡这本文学期刊60年征程的敬畏之意，都浓缩在对家乡话的一往情深之中。

董阳是金州人，他的爱人是庄河人，两人在北京求学时相识相恋。起初，二人都不曾吐露半点儿乡音。在董阳心里，家乡话是令人自卑的，这种自卑感在孩提时代就埋下了。四年级时，董阳从村小学转到镇子上的中心小学，年轻漂亮、气质优雅的音乐老师无意中说了句"大连话真难听"，这令他印象深刻。说话口音像一个短处，被人捏在手里，万般不自在。方言是丑陋的、难听的、落后的，这是年幼时的他对方言的理解。

上大学后，董阳不说大连话，然而给家人打电话时口音难免被感染，这令他脸红心跳，极为尴尬。如今，董阳将父母接到了北京，一家人其乐融融，洋溢着"海蛎子味"。儿子三岁，也会说大连话，偶尔蹦出一句不够文雅的俗语，作为看护人，老人会自责，董阳却明确表态："不要纠正，在家里说大连话挺好的。"

对于方言的保护，学者们各执己见，有的学者认为方言濒临绝境，应该大力保护；有的学者对方言的现状表示乐观，作为植根于民间的文化形态和文化载体，方言有着深厚的民间文化土壤，是不可能消失的。让几亿人口都说普通话是不可能的，国家大力推广普通话并非要其取代方言，而是将普通话作为一种交际工具进行推广。在现实生活中，人们在社交场合说普通话，在私人环境里流露方言口音。这种"两话生活"很稳定自洽，并非此消彼长。

"家乡话是具体鲜活的，它连着你的所有童年记忆，连着你的叔叔大爷、七大姑八大姨，连着你的衣食住行吃喝拉撒。你的那些细碎的过往，你的情感思想，甚至你的原初的生命力，都是用家乡话编码的。即使你平日里只说普通话，家乡话也还活在你的身体里，它只不过是暂时休眠。"董阳说。

游子未舍乡音。年轻的时候，我们去远方寻找梦想，愈走愈远。当晚秋的风吹来，脚步不知不觉地缓了下来，慢镜头般地转身四望，这才发现，所谓择一城终老，那城只能是故乡。最是乡音解乡愁，叶落归根，在乡音里终老是人生最后的金色之梦。

拉饥荒

在大连方言中，"拉饥荒"有两层含义：一是欠债，二是借钱。

"咳，偷着拉了不少饥荒，还瞒着老头子哪！"（《辽宁群众文艺》1979年第7期46页）

"里面问，'问他来干啥？'外面答应，'他说是来拉点饥荒的。'"（周立波《暴风骤雨》54页）

在北京方言中，"饥荒"还含有矛盾、纠纷的意思。《四世同堂》中有一句："在城亡国危之际，家庭里还闹什么饥荒呢。"

"拉饥荒"是辽南乡亲在过去年代常说的词语，居然在《红楼梦》里多次出现，语义也不尽相同。

一是借钱、举债的意思。第七十二回，凤姐笑道："我不管这事。倘或说准了，这会子说着好听，到有了钱的时节，你就丢在脖子后头，谁去和你打饥荒去？倘或老太太知道了，倒把我这几年的脸面都丢了。"

二是拖欠的意思。第三十六回，凤姐说道："再说了，如今在我手里，每月连日子都不错给他们呢。先时在外头关，那个月不打饥荒，何曾顺顺溜溜的得过一遭儿呢。"

三是纠纷、争执的意思。第十六回，凤姐道："……那薛老大也是'吃着碗里看着锅里'的，这一年来的光景，他为要香菱不能到手，和姨妈打了多少饥荒。"

四是出现麻烦的意思。第三十九回，平儿因问："想是见过奶奶了？"刘姥姥道："见过了，叫我们等着呢。"说着，又往窗外看天气，说道："天好早晚了，我们也去罢，别出不去城才是饥荒呢。"第九十七回，凤姐又好笑，又着忙，心里想："袭人的话不差。提到林妹妹，虽说仍旧说些疯话，却觉得明白些。若真明白了，将来不是林姑娘，打破了这个灯虎儿，那饥荒才难打呢。"第一百一十九回，平儿道："要快走才中用呢，若是他们定了回来，就有饥荒了。"一句话提醒了王夫人，便道："是了，你们快办去罢，有我呢。"

将《红楼梦》中的这些人物对话读给东北乡间老妪听，其心领神会的程度可能比我们这些文人还透彻、准确。

《红楼梦》里的胶辽官话比比皆是，如故乡原野上的无名花草，散发着不尽的乡愁。

20世纪80年代，我家住在辽南一座小镇。在我们那里，老人到了晚年大多由小儿子赡养，奶奶住在我家，我和妹妹是由奶奶一手带大的，我们小时候就睡在奶奶的房间里。人老了睡眠就少了，夜深人静，奶奶一个人自言自语，讲述各家各户的日子，"拉饥荒"在她口中频繁出现，那个年代日子过

飒棱
姿势

得殷实的人家不多。我们从小就知道"拉饥荒"是什么意思，拉了饥荒，生活质量就降低了，很难谈得上幸福感。

奶奶住在我们家，到了过年的时候，从初一开始，家里就人来人往，直到初七初八，将最后一盘油炸丸子、最后一盘皮冻吃光了，门前才稀落冷清下来。我们家是家族三代人拜年的大本营，见我父母过于操劳，我的一个大表哥提出合理化建议：集中四天时间，去老舅家拜年，保证在初四之后，让老舅家清静下来！记得那时年纪小，根本不懂得体谅父母的辛苦，反而喜欢家里人多热闹。下午2点左右，亲戚们都撤了，母亲要开窗放气，满屋子的烟酒气散了，那种团聚的喜气、温暖和莫名的香甜味也散了，我心里会有很重的失落感。

奶奶爱喝点儿白酒，平常家里做了好饭菜，父亲就会给她老人家倒上二两。过年了被晚辈们簇拥着，自然得喝一口。晚辈们是按习性、酒量来分伙的，谈得来的、能喝的初一初二来，不喜热闹、不能喝的初三初四来。在我的记忆里，我的堂哥表哥们个个都高大帅气，但大多寡言少语，平时他们来看望我奶奶，坐在老人家面前，问一句说一句，没有一句活泛话儿。只有在过年团聚的酒桌上，我才看到他们作为年轻人应该有的模样。但是我奶奶看不习惯，看谁贪杯，就豉一句："你背了一身饥荒，还喝酒？"奶奶对各家生活状况的唯一询问，就是拉了多少饥荒，还了多少饥荒。

我妈妈家这面有一位不争气的"二流子"，是我姨家的一个孩子，30多岁了，嗜赌成性，讲究吃喝，整日游手好闲，用我奶奶的话说"拉了一腔饥荒"。奶奶在讲述正经孩子时用的是"背了一身饥荒"，而在"二流子"这儿就变换了字眼和语气。"二流子"是20世纪七八十年代民间的负面人物。

"二流子"每次来我家，奶奶就会以明显的方式表达她的反感和不欢迎。有时候家里东西找不见了，奶奶会记到他头上。那时候年纪小，没有辨别能力，加上在奶奶被窝里长大，对她老人家向来是深信不疑，但妈妈不同意奶奶的看法，为此也产生了不少摩擦。

后来，我在文学作品中看到不少"二流子"的人物形象，说"二流子"的作息时间和正经人不一样。过去许多农村地区不通电，人们在晚上六七点钟就歇了。"二流子"属于夜猫子型的，晚上过了12点，在镇上赌输了钱，点着一根偷来的葵花秆，深一脚浅一脚地走了十几里山路回来了。"二流子"的家是不用上锁的，门上象征性地用草绳系着，进屋时拨拉开草绳就是了。这些文学描写，比奶奶丑化我们家的"二流子"生动好笑多了。

"二流子"大多见多识广，会说很多新名词，因为"二流子"喜欢到城镇活动。就像我们家这位"二流子"，明知我奶奶很烦他，却经常不打招呼，腾云驾雾就来了。他对我家的每样东西都好奇，那时候我买了把吉他，那是我青春期唯一的奢侈品，却被他从我妈妈那儿"泡"走了。"败家子儿"是"二流子"的前身，享乐主义是"二流子"的温床，所以，"拉饥荒"的未必是"二流子"，但"二流子"都拉了一腔饥荒。除了拉一腔饥荒为世人耻笑，"二流子"的轻薄浮浪也常被人嘲讽。作家刘玉堂的长篇小说《温暖的冬天》对此有描绘，场景是"二流子"在河边看到大嫂在洗衣服，荷尔蒙一下子飙升了。

"洗衣服啊大嫂，裤腿挽得这么高，腿还怪白的哩！"

"还有你娘的腚白呀？"

"什么态度？"

"这个态度就不孬！"

"二流子"其实是不恼的，只要有回应，心底某种欲念就深感满足。

在东北，在村子里流窜的叫"屯溜子"，在城镇里流窜的叫"街溜子"，都是指不务正业、游手好闲的男青年。

在过去年代，人们"拉饥荒"往往是因为生活出现了特殊状况。老百姓过日子，粗茶淡饭，平平常常，虽然经济条件不是很优越，但只要不懒不馋，勤俭持家，总能将日子经营下去。所谓特殊状况，一是指家里有人得了大病需要治疗，二是指儿子要盖房子、娶媳妇。

盖房子、娶媳妇是农村家庭两大负担。盖房子一般是为了娶媳妇，农村人攒钱就是为了盖房子，你没盖房子上哪儿娶媳妇？建造住房是农村人的梦想，也是难以摆脱的生存压力。过去农村人盖房子不能向银行贷款，只有向亲朋好友免息借钱。所以，背的是饥荒，欠的是人情。

有钱的盖房子，没钱的也得盖房子，不同的是，有钱的盖房子不拉饥荒。房子盖好之后，从外观上看基本差不多，但娶回来的媳妇差别就大了。

飒棱
姿势

人家没拉饥荒娶来的媳妇，既好看，又有修养；背负沉重饥荒的，找媳妇基本就放弃了要求，只要不呆不傻，身体健壮没缺陷就可以了！人家的新媳妇一进门，家庭的幸福感、凝聚力就上升了；这家的新媳妇过了洞房之夜就闹分家。讲道理有人味的，会分担一部分饥荒，不讲道理心肠硬的，将所有饥荒一股脑儿推给老人。老人为还饥荒，吃糠咽菜，挣扎在温饱线上，而小两口轻装上阵嗷嗷奔小康，脸色一天比一天红润，身板一天比一天直溜。在农村，那些厉害的、搅牙的、乇古的媳妇都没摊上饥荒。

拉了饥荒，家计萧然，大人吃苦，孩子遭罪。拉了饥荒，不仅要在物质上缩减，人的精神状态也深受影响。为求得信誉的圆满与良心的安宁，还饥荒成了一家老少的奋斗目标。"虱子多了不咬，债多了不愁"，这句大连话是形容那些拉了饥荒却不想办法偿还，对现实困境麻木不仁、无力改变的人。诚信是做人的根本，还清了饥荒，内心就清净且富有了。谁说清静不是人生一大福气呢？！

后来，农村人可以到银行"抬钱"。"抬钱"也是大连话，是改革开放之后农村人跟银行发生借贷关系的一种说法。银行钱多，可以用筐抬嘛。有些大连话特别有嚼头，有故事，令人心领神会，酣然铺写。就像"拉饥荒"这一例，居然能打捞出这么多过往生活的碎片。

"饥荒"的读音与书写没有变化。只是如今，这个词儿很少在人们日常生活中出现，物质生活极大丰富，经济领域的新名词层出不穷，"饥荒"注定是一个年代感极强的方言，活在人们的记忆中。

关于方言，如今最常用的动词是"消失"与"拯救"。方言是历史文化的活化石，每个地区都应将方言纳入文化保护的重责之中。我国自1955年10月开始推广普通话以来，方言的"话语权"逐渐被削弱，如今在城市化进程以及网络语言的强烈冲击下，方言正面临着消失的危机。学者周海中曾说："语言是人类文化的载体和重要组成部分；每种语言都能表达出使用者所在民族的世界观、思维方式、社会特性以及文化、历史等，都是人类珍贵的无形遗产；当一种语言消失后，与之对应的整个文明也会消失。"

这几年整理、书写方言，最深的体会是，方言记载着我们曾经拥有过的生活，凝结着我们对生活的无限眷恋之情。不能忘记，也不能放弃。

梗儿梗儿，不忿儿

大连话"梗儿梗儿"是指桀骜不驯、不服气、牛气冲天；"不忿儿"也是不肯服气的意思。二者是近义词。

两个人吵架剑拔弩张，一触即发，这时，一方伸出手拨弄对手的头，并怒喝："你梗儿梗儿什么？来，你再梗儿梗儿？"这种挑衅是恶战的前戏，头是身体要害部位，敢出手戳人家脑袋的人，大多是野蛮成性不怕死的主儿；被人动了脑袋而不敢出手的，便等于举白旗了。

"梗"，字典里有一个解释是顽固。在《红楼梦》里，常有"凤姐听了，把头一梗"的句子，仅一个"梗"字，将凤姐的性格脾气淋漓尽致地道了出来。"梗"亦指某些植物的枝或茎，凤姐把头一梗，活像一株迎风挺立的浑身带刺的植物，充满了霸气、顽固和狡黠。

在大连街，两个男人起了事端，脸红脖子粗地唇枪舌剑，开始都极力克制，保持语言上的干净，但显然心里都憋着一股火，终于一人爆发了，揪住对方衣领子咣咣地推搡着："你不忿儿，是不是？你有什么不忿儿的？"一场武戏由一声"不忿儿"拉开了序幕。

"不忿儿"还有一种说法叫"气不忿儿"。"气不忿儿"是大连人侠义性格的体现。大连男人经常会为陌生人打架。在公共场合，看到有人欺凌弱者，大连男人会怒火中烧，"气不忿儿"地拨开围观者冲进去，结果就惹火烧身挂了彩。这彩是光彩，是大连男人见义勇为的写照。

"梗儿梗儿""不忿儿"除了是打架术语，还可用来形容一个人的处世态度。一个人在单位"梗儿梗儿"有三种可能：第一种，他是专业尖子或技术权威，一不慕升官，二不慕发财，以钻研技术为乐趣。他的情商指数也许堪忧，如果上司是个德艺双馨的人物，他会服从管理；如果上司德行很差，他的表现便很"梗儿梗儿"，成天"不忿儿"。第二，他是刺头，是滚刀肉，有"浑不吝"的泼皮无赖混世风格。"浑不吝"是北京方言，与"梗儿梗儿"是一个意思。无知无畏，痞气冲天，这类人在计划经济年代居多，眼下已不多见喽。第三，他是关系户。女员工傍上了高山，男员工靠上了大树，也会在单位表现得很"梗儿梗儿"。坐享其成、不劳而获的都是这些主儿，不知会被人如何在背后唾骂。

飒棱
姿势

在过去年代，有些人"梗儿梗儿"是不得已而为之。他们并非天生刺儿头，在某次非常事件中被逼上梁山造了反，从此悟得"软的怕硬的，硬的怕横的，横的怕不要命的"之道理。

在大连话中，梗，猛也，虎也，直也。这三要素使东北人被称为"东北虎"。说起"东北虎"，我们会想到赫赫有名的东北抗日联军。这是一支由"东北虎"组成的抗日队伍。我们所熟悉的民族英雄杨靖宇、赵尚志、赵一曼就在这支队伍里，他们率领"东北虎"在冰天雪地里与敌周旋，以英勇无畏的牺牲精神塑造了"东北虎"的光辉形象。

今天，东北人依然会被称为"东北虎"，却不再有激赏之意。"虎"本是褒义词，与"英勇无畏"同义，如今却是"虎了吧唧""虎腥腥"的缩写。"东北虎"成了看场子的首选，东北人打起架来不要命，将对方打趴下之后还要质问一句："你服不服？还敢梗儿梗儿吗？"

大连是一座浪漫的国际化城市，城市的定位打磨着城市人的性格，城市的风格熏陶着城市人的气质。放眼打量，"梗儿梗儿"的大连男人已不多见了，曾被外地人津津乐道的东北打架街景也是千年遇一回了。

拉拉嘴子，轻腔郎当

在各地方言库里，含贬义色彩的俚言俗语占比不小，它们表现力强，趣味性强，令人津津乐道。品读大连方言，你会发现，形容一个人举止失仪、才疏学浅的词汇不少，若想从中找出两个代表性词语，应是"拉拉嘴子"和"轻腔郎当"。

"拉拉嘴子"，是指班级里的后进生，近义词是"拉巴丢儿"。

大连作家陈昌平在长篇小说《国家机密》里描写了一个北方男孩的童年，非常生动。男孩名叫小六子，擅长做梦，有预言的能力。小六子和伙伴们在老街上茁壮成长，他们好玩，也爱开动脑筋发明新游戏。"那时候，只要有一个人要撒尿，其他人马上被传染一样地都要撒尿。于是大斌就把撒尿提拔成一项赛事——第一看谁滋得高，第二看谁时间长。大斌嘴含铁哨，'嘟'的一声令下，每个人都腆起肚子，使劲往墙上吱吱吱地射尿。墙上顿时涌现出一波一波的湿线，脚下生成一条条生动活泼的蛇流……这是几乎每天都有的一项比赛，只是小六子的战绩一向不太好。因为小伙伴们的个头儿比他高、小鸡鸡比他大，所以即使小六子每一次比赛都使出改天换地的劲儿，也从来就是一个拉巴丢儿"。

在坊间，听到人们谈论大连足球。"阿尔滨（现在的大连人职业足球俱乐部前身）没有乌塔卡就是个拉拉嘴子。""我赞成两队合并，那些靠钱和关系踢上比赛的家伙赶紧消失，留在大连的必须是人才，拉拉嘴子请走人。""国内门将除了王大雷，其余都是些拉拉嘴子。"

关于"嘴子"的方言不少，天津的"卫嘴子"，是说天津人能说会道，口才非凡；武汉的"火嘴子"，是指嘴周生发的火疖子；河南的"扁嘴子"，则是指鸭子。这些"嘴子"似乎都没有"拉拉嘴子"生动形象，"拉拉嘴子"究竟是什么样子呢？衣衫不整，蓬头垢面，鼻坍嘴歪，做什么都不赶趟，提溜着裤子鞋还掉了，要么是精疲力竭的休克状态，要么是疲沓迟钝的麻木状态。从上到下，由内而外，都是一副"脏乱差"，有失体面和尊严。

值得一提的是，"拉拉"源自满语，是末尾的意思。相似的方言还有"笨笨拉拉""拖拖拉拉"等。

"拉拉嘴子"多用来形容孩子。"俺班那个拉拉嘴子，抓了条蚯蚓夹在老师的书里，给老师吓毁了。"成人世界里也有一些"拉拉嘴子"，才学浅薄，品德欠佳，大连人不说"拉拉嘴子"，道一声"哈啦"——"那是个哈啦，离他远点儿。"方言的语焉不详令人费解，像南方人吃蟹那般细细地咀嚼，才能品读出其中妙趣。

说起"拉拉嘴子"，难免想起"香饽饽"，这是一对有反义关系的大连话。大连老辈人将馒头、糕点或饼子称为"饽饽"。"香饽饽"是指受人欢迎和喜爱，都争着要，是吃香的、抢手的。《红楼梦》第六十回："他奶奶病了，他又成了香饽饽了，都抢不到手。"经查证，"香饽饽"也出自满语，是指满族的一种黏食。黏食耐饿，外出狩猎必带这种食物。满族人喜欢吃黏食，春天吃"黏饽饽"，又叫"豆面饽饽"，或称"豆面卷子"；夏天吃"玻璃叶饽饽"（又叫"波罗叶饽饽"），一年四季都可以吃的是"苏子叶饽饽"，其做法类似于蒸黏豆包，特别之处是捏成"耗子"形状，并用苏子叶包裹下锅蒸熟，所以又叫"苏耗子"。满族人喜欢吃饽饽，供奉着饽饽神，将香饽饽用作祭祀食品。

写大连话，最理想的呈现莫过于细说方言背后的历史变迁，还原祖辈的衣食住行等生活现场，重温他们的喜怒哀乐以及对生活的诉求。然而，这是一个不容易完成的功课，很多方言的来历难以查证，费时耗力所追寻到的一点点历史况味，还未必准确。

惊喜的是，常在大连作家的作品里发现大连方言的踪迹，邓刚、孙惠芬、陈昌平的小说里就常有大连方言出现，有一种明显的地域特色。以方言所进行的故事叙述，大多隐现着作家渐逝的精神原乡。对于扎根地域文化、眷恋乡土记忆的作家来说，使用方言是一种强烈而自然的情感本能。阅读方言作品，有些字虽然生僻，但很形象，完全可以"望文生义"。很多时候，方言出现在人物对话之中，但是表现力出色的方言可以在叙述中发挥作用。有人将大面积使用方言的小说作品，称为"地域小说""乡土小说"，其实这并不妨碍其文学魅力在更广阔的地域传播。

以"轻腔郎当"为首，形容一个人性格张扬、举止轻浮、做事不靠谱的大连话有一小撮，比如"小腔飘轻""嘚瑟腔""蹀躞""嘚瑟"等。

某人没啥真才实学，却一心想当官，有人私下嘲讽："嘚瑟着二两腔削尖脑袋往上爬，浑身没有二两重。"某村有一个小媳妇，好吃懒做，啥活儿不干，就爱抱着洗衣盆去村头小河边洗衣服，小河水清亮亮的，映着小媳妇姣美的脸庞。她一边洗衣服一边与其他小媳妇扯老婆舌。那小媳妇抱着洗衣盆向小河边走去的样子就是"小腔飘轻"。在此处，"小腔飘轻"是中性词。在职场，"小腔飘轻"却是贬义词。某人业务能力不强，还爱偷懒耍滑，成天"小腔飘轻"地往领导屋里钻。

众所周知，"腔"这个字眼是北方方言，汪曾祺写过一篇《铁凝印象》，铁凝的"不凡"令人赞叹，她还很幽默，汪曾祺写道："有一次我说了一个嘲笑河北人的有点粗俗的笑话：一个保定老乡到北京，坐电车，车门关得急，把他夹住了。老乡大叫：'夹住俺腔了！夹住俺腔了！'售票员问：'怎么啦？''夹住俺腔了！'售票员明白了，说：'北京这不叫腔。''叫什么？''叫屁股。''哦！''老大爷您买票吧。您到哪儿呀。''安屁股门！''铁凝大笑之后，给续了一个情节：'车开了，车上人多，车门被挤开了，老乡被挤下去了，"哦，自动的！"'"

从字面上看，"蹀躞"有些生僻，却是大连人的口头语。青春期的女孩子爱交友，爱游玩，难免会被父母数落，"屁股上安锥子了？成天蹀躞蹀躞往外跑，哪有女孩儿样！"

《现代汉语词典》对"蹀躞"的解释：一是小步走路，二是颤动、颤抖。蒲松龄《聊斋志异》中："女郎……蹀躞之间，意动神流。"蔡东藩《清史演义》中："三人欢喜非常，便从山下蹀躞前行，约里许，但见一泓清水，澄碧如镜……"冰心在《寄小读者》里也用过"蹀躞"："当她在屋里蹀躞之顷，无端有'身长玉立'四字浮上脑海。"其实，"蹀躞"是先秦汉语遗留在现代汉语中的活化石。屈原那句"众蹀躞而日进兮，美超远而逾迈"，翻译成大连话就是"那些小人蹀躞着二两腔四处钻营"，贤良的君子只能远远地离开并越来越被疏远了。

在方言中，"蹀躞"由动词转化为形容词，用来描摹那些轻浮、庸俗、谄媚的行为。山东方言体系比较庞杂，同一条方言在不同地区，含义有不小差别。济南人所说的"蹀躞"是指盲目积极和无效劳动，含失败之意，或形容脸色很难看；潍坊人所说的"蹀躞"是指穷显摆；"蹀躞"在青岛地区变为"踮涎"，从字面所表达的意思看，那种踮着脚、涎皮赖脸、小腔飘轻献殷勤，确是令人生厌的行径。

与山东作者交流，得知诸城正流行一条很有喜感的方言——"扶摇"。"扶摇"有腾飞之意，然而在老百姓眼里，这是高危行为，那种飘浮在空中、上不着天下不着地的姿态悬念重重。"看这家伙整天扶扶摇摇的，早晚得卡跌（摔跟头）。""今晚又准备上哪儿去扶摇啊？"与大连人常说的"今晚又准备去哪儿潇洒啊"是一个意思。男人应酬频繁，经常迟归，女人娇嗔："最近扶摇得不轻啊？不累吗？"

有人说，大连话难听，俗不可耐。其实，正是方言的"丑""土""拙"所蕴含的真情实感给我们带来了温暖和慰藉。当我们畅快地说着家乡话，灵魂是撒欢的，没有一丝虚伪。土里土气的方言表达着我们内心的喜怒哀乐，而这一方水土的历史、文化也都隐含在这一剂土味中。

有多久没说家乡话了？人海中的一句乡音是否勾起你叶落归根的渴念与惆怅？

飒棱姿势

迷了魔了，不上线儿

迷，即迷惑；魔，即魔怔。"迷了魔了"是形容一个人神情迷离、精神恍惚、魂不守舍的状态，也可以用来描述对人或物极度迷恋的程度。例句："说真的，我一离开你就想得迷了魔了的！"

《金瓶梅词话》第六十九回："林氏被文嫂这篇话说得心中迷留摸乱，情窦已开，便向文嫂儿较计道，'人生面不熟，怎好遽然相见？'"在西门庆的众多情人中，这位林太太比较有钱，生活安逸，是西门庆唯一不用贴钱的女人。西门庆的姘头以市井女人居多，像林太太这样的并不多。西门庆找文嫂说媒，文嫂在林太太跟前不遗余力地夸赞西门庆，先说"家中放官吏债，开四五处铺面"，又说"正是当年汉子，大身材，一表人物"，寂寞的林氏怎能不"迷留摸乱"？

方言词出现在文学作品中自古就有。先秦时期的《楚辞》和《诗经》中就有大量方言，《楚辞》中的有些方言至今还活跃在屈原的家乡。明清时期的白话文小说使用方言词数量较多、范围较广，《红楼梦》里北京方言较多，也有不少南京、扬州一带的方言。《水浒传》通常被认为是用山东方言写的，近年来有人指出其中有不少吴语的成分。《醒世姻缘传》里的山东方言、东北方言也层出不穷，《金瓶梅》也被认为是用山东方言写的。文学家擅长运用方言刻画人物形象，给读者留下了非常别致的阅读体验。

白维国编纂的《金瓶梅词典》收录方言词8129条，并为这些方言词做出精当的解释；还有多位学者梳理《醒世姻缘传》里的方言词，为方言研究提供了重要依据。

"迷了魔了"就是寂寞无聊的写照。没有方向，没有规划，眼神无光，脚步飘浮，心底有一小簇火暗戳戳地燃着。勤勉忙碌中偶得清闲，是愉悦的，是金贵的，是符合身心节律的。太清闲的日子，说到底是一种折磨。用美好的事物消磨时光，既需要艺术品位，也需要经济条件。没有生计来源，能不发愁吗？不懂琴棋书画，在庸俗的日子里沉沦，面目愈发可憎，连自己都嫌弃自己。

"迷了魔了"也常用来形容为情所困的状态，或者说是形容思念的一种情状。爱一个人，求而不得，痛苦之余，将爱深埋心底。让爱成为一个人的事，这听起来挺美好，其实很荒唐。爱分明是两个人的事，"我认为你爱我和我爱你一边深，不然，我的深从哪儿来呢？"埋藏心底的爱，并非静止状态，"迷了魔了"是情感火山的活跃迹象。

"迷了魔了"也可以形容孩子淘气、贪玩。

与"迷了魔了"联动使用的一条大连方言是"五脊六兽"。"五脊六兽"是形容一个人非常闲，闲得无边无涯、地老天荒，最后闲出病了，难受死了。

大连话源于山东话，同时，与东北话并存共用的词条也不少。哪些东北话是咱们还不熟悉的呢？如"大膘月亮"（形容丰满而明亮的月亮）、"老守田园"（就地谋生，不离家业）、"车轴汉子"（形容体格粗壮而性格刚强的中青年男子）、"捅肺管子"（比喻点中要害）、"充大瓣儿蒜"（形容装腔作势、冒充有身份或内行的人）、"半仙之体"（粗略地掌握某种技能或知识）、"翻蹄亮掌"（举止失态的样子），等等。这些俗语特别有味道，是可以用来写小说的语言。

方言是一种"地域的神味"，可惜，这样的"神味"正日渐消失。与方言同步消失的，将是文化传承的危机。多年前，我曾写过一篇论文《地方高校开设方言文化课的构想》，让学生了解方言的文化魅力，培养文化保护意识，坚定文化自信，延续城市文脉。

2014年秋天，大连理工大学成立了"粤语社"，这个以语言命名的社团在学校文化节中甫一亮相，就引起了学生们的极大兴趣。《羊城晚报》曾联合国内14家主流媒体举办"改革开放30年十大流行语"大型评选活动，有很多流行语居然出自粤语。中国方言非常庞杂，大多数能说不能写，而粤语是可以形成书面语言系统的方言，真正能够做到"我手写我口"。国内不少高校都成立了粤语社或粤文化社团，广东是年轻人向往的打拼之地，广东本土企业招聘员工的首要条件是会粤语，这种实际需求促使学习粤语成为大学生的自修课。

作为地球百种主要语言代表之一，粤语是登上过太

飒棱 姿势

空的。美国1977年发射的"旅行者1号"曾将地球上55种人类语言带到宇宙中寻觅外太空知音，这其中就有我们的粤语、闽南语和吴语。想象一下，当我们的方言与世界上其他古老的语言一起遨游星际，呼唤外星生命，那份旷古的孤独、绝世的神秘简直令人潸然泪下。人类生活对于整个宇宙来说不过是沧海一粟，所以，我们必须拥抱，必须扶携，必须爱。

"不上线儿"，即不够规矩，不合乎要求；胡搅蛮缠，不讲道理。

"我哪辈子作孽哟，养活这么个不上线儿的……"（《戏剧艺术》1984年第2期21页）

"这小子东拉西扯不上线儿，吞吞吐吐净打哑谜缠。"（《推荐剧目》第1集143页）

与"不上线儿"有关联的一条大连方言是"甩头拨拉角"。"甩头拨拉角"是形容一个人不讲道理、不听劝阻时摇头晃脑、桀骜不驯的样子。东北其他地区也说"拨浪头涮角"。

在微博上，有网友问：大连方言"死不上线"是什么意思？有网友回答：网络太慢打死也上不了线。很快，大连人上线了，七嘴八舌地说出了答案：掉歪，搅牙，拔犟眼子，破马张飞，拉硬屎……这些答案也同样是大连方言，令网友陷入新一轮迷茫之中，只有大连人在那儿自嗨不已。

说到"拉硬屎"这么恶俗的方言词，居然在《红楼梦》中出现过。瘦驴拉硬屎，倒驴不倒架子。说这话的是刘姥姥，见第六回："这倒不然。谋事在人，成事在天。咱们谋到了，看菩萨的保佑，有些机会，也未可知。我倒替你们想出一个机会来。当日你们原是和金陵王家连过宗的，二十年前，他们看承你们还好，如今自然是你们'拉硬屎'，不肯去亲近他，故疏远起来。"

一个人刻薄刁钻、骄纵傲慢、偏执狭隘，就是"掉歪""搅牙""不上线儿"。仔细端详，这三条大连方言描述的是同一类型的人物，贬义色彩比较强烈，是大连话中对一个人进行负面评价的典型词语。

俚言俗语出自人间烟火繁华处，品读方言，何尝不是对生活的眷恋呢？

常在庄河作者的作品里见到"迷了魔了""不上线儿"之类的方言。怎样形容庄河口音呢？我想到了普洱茶，具体来说，是熟茶。熟茶讲究发酵和仓储，不同地方储存出来的熟茶有不同的味道，有一种味道叫仓味，有人反感，有人迷恋。将庄河口音喻为仓味，并无歧视之意，而是它那极为特殊的韵味叫人一辈子也难以摆脱。

可以说，庄河话是大连话中的一朵奇葩。庄河话与大连市区话为何差别很大？山东方言的体系极为庞杂，当年，祖辈们"闯关东"，携带着各自原始居住地的方言漂洋过海来大连，如果将原始居住地的方言比喻为茶青，有的在庄河扎根，经庄河水土的发酵，便有了庄河腔儿；有的在杏树屯安家，经那一方水土的堆沤，便有了杏树屯调儿。

新冠肺炎疫情期间，不少庄河人发短视频讲述自己的生活，让人们再次领略了庄河话的魅力。有位医护人员说，疫情平息告别庄河，可是庄河话萦绕耳畔久久不散。从广义上讲，庄河话属于大连话的范畴，但是细究起来，庄河话的独特腔调、独特韵味，与狭义的大连话差别不小。人们都说庄河话土得掉渣儿，俗得冒烟儿，倘若你静下心来，像品茶一样细细地品读庄河话，你会发现庄河话甚是俏丽动听，既有大青衣的端庄正派，又有大花旦的明快泼辣。胶辽官话最生动的身段原来在庄河这儿。短视频里的庄河人，咬字清楚、腔调圆润、从容不迫地讲述一件事情，语气之间又泥浆四溅、火星迸射，真是百听不厌啊。

日月如流，沧海桑田，庄河人究竟走了多远的路，经历了多少风雨，才练就了这样一口腔调。爱上庄河话，你就会产生一个朴素的认知：只要足够真诚，便可无坚不摧。这是他们的生存哲学。

掉链子，装灯

大连是东北的一分子，是东北家族中刚柔并济、冷暖相宜的那一位。不少人以为大连话是东北话的下级单位，之所以形成这种印象，是因为两种方言中相同的词条较多，比如"掉链子"就是一个例证。

事实上，大连话、东北话皆与山东话有着难以抹杀的血缘关系。大连话通俗直白，简洁精练，诙谐幽默，生动体现了人们的性格。"掉链子"是比喻关键时刻发生意外，出现问题。如今年轻人对"掉链子"已无从体会，共享单车遍布大街小巷，风景不一样，故事自然也不同。20世纪八九十年代，几乎家家户户都有自行车，大人上班，孩子上学，离不了自行车。自行车是

飒
棱
姿
势

191

每个人的交通工具，也是每个家庭的重要财产。清晨或傍晚时分，人们骑着自行车"喷薄而出"的场面，是那个年代最壮观的街景。尤其是早晨时分，一轮红日冉冉升起，城市醒来了，人们倾城出动，骑着自行车奔向各自的目的地，每个人的脸上都有光芒。绿灯亮了，骑车的人群如潮水般涌动起来，这个画面经典而隽永，成为一代人的金色记忆。

"掉链子"是路上经常发生的烦恼，所以大街小巷随处可见修车铺子。修车铺子很纯粹，只修理自行车。不像修鞋铺子，也修雨伞和皮包。如果下夜班途中掉链子，修车铺子已经歇业，只好扛着自行车走回家。进了家门难免垂头丧气地对家人抱怨："真倒霉，今天路上掉链子了！"

在那个年代，最拉风的事就是骑一辆"永久"牌自行车和美丽的姑娘谈情说爱。骑"永久"是身份的象征。如果有一台手提录音机挂在车把子上，播放着动听的流行歌曲，驮着姑娘去郊外度周末，那简直是浪漫无边的青春生活。

新自行车刚买回来，真是爱不释手，专门买一条新毛巾，闲了没事就在院子里擦拭自行车，往轴承和链条齿轮上抹点儿菜籽油……有朝一日，行程千万里，成了一辆破自行车，也是敝帚自珍。如果看到有人将自行车扛在肩上走路，一种情况是掉链子了，另一种情况是路况不好，出于对自行车的过度爱护，宁愿自己受累，也不愿自行车受磨损。

一个家庭里有五个上学的孩子和一个上班的老爸，这便有了一支自行车队伍。这支队伍在晨曦中出发，在暮色里归来，归来者又累又饿，将自行车甩了直奔饭桌。晚饭后，孩子们打着饱嗝忙着写作业，他们的坐骑"斜偏倒挂"（大连方言，歪扭、杂乱的意思）在皎白的月色里。老爸抽一支烟，喝几口浓郁的老花茶，便踱到院子里做他的"功课"：给孩子们修理自行车。铃铛盖子没了、闸皮子丢了、气门芯被人拔了、链子掉了……在那个年代，每个父亲都是修理自行车的高手。一辆自行车上凝结着很多恩怨故事。那个年代最常见的泄私愤手段就是祸害别人的自行车，让对方掉链子。这可不是一件小事，若结怨太深，自行车可能长年累月被祸害着，作为最重要的代步工具，天天掉链子岂不窝火？于是便会看到这样的谈判情景——一个男孩子找到另一个男孩子说："我给你弄两张电影票，你别再弄我的自行车了……"

南地方言讲究含蓄，大连方言恰好相反，大连方言有一股子呼啦一下敞开所有的畅快感，让你一下子看得清清楚楚、明明白白，而不必思量和琢磨。"掉链子"就是这种特点的代表。在大连街听几个人唠闲嗑儿，其中一个人说了句："你可真掉链子，能不能行啊？"那上口感，那铿锵感，那鲜活感，可真是道尽了大连方言的本色。经济发达地区的方言，如果表现力出色，就有可能在全国范围内流传开来，甚至有可能被词典收录。"掉链子"既生动形象，又具有网络语言的幽默感，从北地走向了南地，从日常走进了网络，如今在南方媒体也常见其出镜，"关键时刻不掉链子，皇马将继续拉大与巴萨的差距""大牌球星罚丢点球掉链子，科特迪瓦痛失非洲杯"等，这里都是指在关键时刻出现失误，走向败局。

在东北语境里，还有两条方言与"掉链子"语义相似。

"掉蛋儿"，指卸去职务（含诙谐意）。例句："'掉蛋儿'的老主任骂街，掘祖宗。"（《齐齐哈尔日报》1988年7月27日）

"掉价儿"，比喻有失身份。例句："我本想在她面前露露脸，没想到弄巧成拙了，真掉价儿，真丢人。"（《辽宁群众文艺》1979年第1期44页）

"掉价儿"掉的是尊严，是身份，是做人的核心部分。"掉链子"只是某个环节出了问题，及时补救，或可扭转局势。"掉价儿"不是"掉腰子"，"掉腰子"也是大连方言，指动物受外力打击，后肢与胯骨脱位。"掉腰子"可以救治，"掉价儿"补救起来比较麻烦。

2015年《海燕》第8期《大连写作》栏目集中刊发了庄河作者的散文作品，其中有宋钧《"灯官"史话》一文，讲述清朝时期东北地区，每逢朝廷官员"封印"（相当于今天的法定假），就出现了一段权力空窗期。民间百姓通过抓阄当"灯官"，谁当上了"灯官"，就堂而皇之地舞文弄法。有的"灯官"当上"官"的前几天，可能刚从衙门里放出来，转眼间又去衙门当"官"了。当了"官"，就得有当"官"的行头与排场。"灯官"出行，有的骑马，有的坐轿。哪有轿可坐？将高桌翻过来，"灯官"坐在四脚朝天的高桌里，让人抬着出行，照样令人敬畏着呢。想象一下，特有画面感。跟同事分享这段史话，司机老三说："我记得大连地区有句

飒棱
姿势

老话，说一个人没用——纯是个灯官！""你这个灯官，纯属废物，管啥也不是！"

"装灯"就是装腔作势的意思。如此看来，"装灯"有可能是从"灯官"演绎而来的。

很多令人不解的方言词，往往凝结着一段厚重的历史。一个地区的一段历史消失了，却将有价值的信息完好地寄存在方言里。方言若不及时打捞整理，将携带着历史一同划落天际，消失得无影无踪。

这期《大连写作》的7位庄河作者不约而同地选择了乡土题材，朴素洗练、沉实持重的文字里，不时有方言跳出来暖场，勾起更浓郁的怀旧思绪。

"可能社员对田里收成也失去了希望，稀不棱登（稀少）几棵苞米，矮矮的水稻都扔在地里，也在所不惜。""啊！是一条大鱼！一条大牙片鱼肚皮朝上躺在那里，它撇滩（搁浅）了！简直是苍天对我的恩赐！"（孙广森《荒年杂记》）

"爸爸在外地工作，大我13岁的仁杰哥，拉起风匣捅咕冒烟（生气不耐烦的动作），担不起小家长的样子。"（周美华《绕树盘旋》）

庄河作者以自己的母语表达思想感情，俚言俗语在他们笔下的涌现是那么自然坦荡，尤其是周美华的《绕树盘旋》讲述了青堆子周家13代人的兴衰史，她的文字仿佛在庄河话的卤子里浸泡过，散发着庄河这方水土所独有的意境与韵味，令人百读不厌。返回普通话的现场，周美华也有"老周家每个人都有通往公海的理想，而每个人都没丢弃小商人毫厘必争的本性"这样紧致优雅的书写。

语言学家钱乃荣曾说："方言是最自然本质地表达中国多元文化的根基。如果消灭了各种方言，实现了语言文化的'大一统'，我们的语言文化就不会这样五彩缤纷。一方地域的语言文化是自己一方水土独自的创造，是对人类多元文化的一己贡献。"

天涯海角，乡音不改。常回家看看吧，清气朗朗的夜空下，从碗柜里取出几只古雅的青瓷老碗，烧一壶山泉水，泡一把茉莉花茶，陪父母喝茶话家常。听父母用老话讲人世间的道理，最是消解心中苦楚，总会开朗振作起来的。

飒棱，姿势

年终岁尾，各界都在忙着收梢总结，《咬文嚼字》杂志发布2020年度十大流行语，"人民至上，生命至上""逆行者""飒""后浪""神兽""直播带货""双循环""打工人""内卷""凡尔赛文学"榜上有名，其中"飒"就是咱们大连话"飒棱"。

不难发现，2020年的流行语带有浓厚的抗疫特征。《咬文嚼字》主编黄安靖认为，2020年大事要事多，新鲜事物多，先进人物多，感人事迹多。折射在语言层面，就是2020年新概念、新词语丰富多彩，既反映了时代特征，又弘扬了社会正能量。

大连话"飒棱"是对女人的中性相貌与刚强气质的一种描绘。飒，是英姿飒爽、疏朗明快的意思；棱，是棱角，与圆润相对。

在现代汉语里，为大连方言"飒棱"找个近义词，即"飒爽"。二者的差别在于，"飒棱"多数情况下是用来形容女性的，但在东北其他地区，"飒棱"男女通用，是指动作敏捷，办事利落。例句："嘿，老伙计，你比我都刹（飒）棱，家把什都预备好了。"（拉场戏《春风送暖》）

《咬文嚼字》杂志对"飒"的阐释：飒，本用以描写风声，现在流行的"飒"，特指帅气利落、潇洒清爽，多用于女性。新冠病毒肆虐神州大地，女性撑起了抗疫半边天。据统计，奋战在抗疫一线的医生中约有50%是女性，护士中女性超过90%。巾帼不让须眉，女性是战"疫"前线的"最美风景线"。用"飒"来形容她们，是全国人民对女性同胞最崇高的致敬。

贾平凹的长篇小说《暂坐》写了一群"飒棱"女人，茶庄老板海若与她的闺密们的故事。这个茶庄在贾平凹的生活中是真实存在的，"茶庄卖着全城最好的茶"，贾平凹喜欢喝茶，每天午饭前、晚饭后都要去那里喝茶。"老板竟是一位女的，人长得漂亮，但从不施粉黛，装束和打扮也都很中性。"这番模样就是大连人所说的"飒棱"。女老板闺密众多，隔三岔五地来茶庄聚会，那场面非常热闹华丽。久而久之，他发现，她们自成一个神秘世界。"她们的美艳带着火焰，令你怯于走近，走近了，她们的笑声和连珠

飒棱 姿势

的妙语，又使你无法接应。"她们走出体制，走出家庭，先是经济独立，然后精神自由。这就是"飒棱"女性的典型特征。她们都是心气极高的人，喜怒哀乐格外强烈，故事也格外多。

女演员万茜在《乘风破浪的姐姐》中展现的形象令人着迷，有网友这样评价她：低调、大气、不讨好、不迎合、飒、很酷。我看过几期她的节目，模样帅气，气质冷淡，散发着恰当的疏离感。疏离感，即边界感。一个女人强调边界感，或者说对边界感有所设定，这意味着她在精神上获得了独立，生存能力较强。"生活的最佳状态是冷冷清清的风风火火"，木心的这句话用来注释万茜的气质是比较准确的。据说，在"她时代"，女人可以给女人力量，成熟女人都在互相成就，她们"在一起"就能乘风破浪，改变潮水方向。

见过万茜，你就知道大连话"飒棱"的意思了。没错，"飒棱"就是用来形容女人的，从心理学的角度来看，"飒"是指女性身上散发的男性特质，荣格的分析心理学将其称之为女性的阿尼姆斯。直白地说，阿尼姆斯是指女人心灵中的男性成分。女人长发飘飘，身姿妩媚，这是她的"外貌"；女人精神上的男性意向，则是她的"内貌"。在过去年代，女人身上的男性特质经常遭到诟病、质疑和驱逐，如今在多元文化环境下，人们破除了性别的刻板印象，对女性身上所呈现的男性特质多数情况下持接纳态度。接纳是欣赏的开始。抗疫征程中的女性，在使命感被唤醒的那一刻，潜伏在内心深处的男性特质也得以召唤，这才有了逆行出征、又美又飒的壮举。

女人在职场生存各有招式，飒棱的女性大多是实力派，每一分收获都饱含着金灿灿的汗水。以飒棱著称的女人偏重理性色彩，她们头脑精明，心胸宽广，从不放纵情绪或泛滥文艺腔，心有软肋却不轻易落泪，热爱工作却从不玩命。在这个时代，温柔恬静的女子固然令人倾心，但是风风火火独当一面、"虽千万人，吾往矣"的女子更有吸引力和感召力。

具有飒棱风范的女性，不见得都是女性领导者，也可能是极为普通的家庭主妇。她们吃苦耐劳，勤俭持家，做事利索有章法，性格开朗，有容忍心，具有家嫂的慷慨与奉献精神，这种女性也属于飒棱型的。

东北地区美女多，美女们大多身高腿长，骨架子不小，腰际曲线模糊不清，皮肤也不够细致；东北女人吸烟喝酒的不在少数，她们的性格过于直率、通透、泼辣，在公共场所大喊大叫抖落家丑的十有八九是东北女人。东北女人整体气质属于飒棱型的。面朝大海，春和景明，大连女人还显得柔和、恬静一些，这可能是生长在海滨城市的一种偏得吧。

大连女人是街头一景，很多时候，风景就在身边却视而不见。一位外地游客说，她每次来大连，总要在中午时分到中山广场小坐，沐浴着和煦的阳光，看那些穿越广场的年轻女子，好像进行了一次心灵按摩。中山广场一带是金融业的聚集地，午休时，年轻的白领们结伴出来吃饭或散步，三三两两，有说有笑，她们身着充满时尚感的职业装，妆容精致，步态轻盈，每一个都意气风发、精干俏丽，十分好看。这些司空见惯的日常居然成为别人眼中的一景，生活真是耐人寻味。外地游客用了很多好词描述大连女人的形象气质和精神风貌，一言以蔽之，即"飒棱"。

在大连话中，"姿势"是最有灵气、最优雅的，它不土不糙，它有意韵，有嚼头。有的方言是古语遗韵，有的方言却是将现代汉语进行了二度创作，这是一个特别有意思的现象。在现代汉语层面，"姿势"就是指身体呈现的样子。但是，大连话"姿势"是形容一个人长相好看，扮相时尚，有气场，有派头，风光无两。比如，"看那小伙儿长得真姿势啊。""瞧，人家打扮得多姿势啊。"只是相貌好看，装束平庸落伍，绝对不会被称为"姿势"；长相平凡，但看上去"很姿势"，这类人属于气质型的。

在北京大学中文论坛上有一个帖子：各地方言怎样形容人长得漂亮？山西晋中一带说"喜"或"好眉眼"；益阳话"乖""玉贴"都是漂亮的意思，后者形容男性，前者男女通用；中原话"精"是说男性帅，"棱正""俊"是说女性标致端庄；潮汕话"雅""派头""架势好"（指男性）是漂亮的意思；闽南一带用"你好水"来形容漂亮出众的女性。令人意外的是，"姿势"并非胶辽地区独有，在兰州，当地人也以"姿势"来赞美一个人长得漂亮，气质非凡。

"姿势"是对一个人由表及里的综合评价，是一种内外兼修、浑然天成之美。如果说漂亮只是对外表的尽情赞美，那么"姿势"则兼顾了精神气韵

飒棱
姿势

等内在内容。

陈丹青在《笑谈大先生》里这样评价鲁迅先生的长相："这张脸非常不买账，又非常无所谓，非常酷，又非常慈悲，看上去一脸的清苦、刚直、坦然，骨子里却透着风流与俏皮……可是他拍照片似乎不做什么表情，就那么对着镜头，意思是说：怎么样？我就是这样。所以，鲁迅先生的模样真是非常非常配他，配他的文学，配他的脾气，配他的命运，配他的地位与声名。"这番描述用一句大连话来说便是"鲁迅先生长得真姿势"。以"姿势"赞美鲁迅先生的神采，令人叫绝。是不是对大连话"姿势"有了更具象更贴切的理解？

早些年读过一本书《姿势》，作者大胆揭秘20多位明星为人处世的成功姿势。是怎样的秘密姿势让他们身价上亿？他们互相交换姿势后运势如何？由"知识改变命运"到"姿势改变命运"，这其中有太多的话题值得探讨。亦舒说"做人不要恶形恶状"，大连人补缀一句"做人要讲究姿势"，"姿势"在这里是指生存手段要合规，要体面。贾平凹《暂坐》里的那些女人的"姿势"并不好看，她们信仰金钱的力量，同时又放生、念佛、皈依；她们寻求"在一起"的精神寄托，私底下又各行其是，各为其利，某些时候也是不择手段，穷凶极恶，不堪入目。

一个时代有一个时代的规则、风尚、表情，将这种规则、风尚、表情称之为"姿势"未尝不可，也就是说，一个时代有一个时代的姿势，一个时代有一个时代的故事。而我们每个人，在时代浪潮中也都有自己的姿势与故事。

城市化进程浩荡奔涌，高科技攻城略地进入乡村，在这种时代背景之下，中国现有方言的消亡几乎不可避免，汉语言研究者郑子宁说，方言就像一种生物基因，容不得作伪。从这个意义上说，方言就是一个人的身世。这种信息是比较私人化的，在时代发展中消失也不足为奇。郑子宁小时候生活在常州，他记得，那时在常州，你说普通话就是在冒犯别人，但如今常州是一个以说普通话为主的城市。其实广州说粤语的人的数量也逐渐下滑。郑子宁经常观察中学生放学后的"说话"，发现会说方言、肯说方言的中学生几乎没有。方言的代际传承面临着严重危机，曾经繁华热闹的"南腔北调"也许终将消失。

鬼头蛤蟆眼，老眉咔味眼

"鬼"是对人的憎称或蔑称，比如烟鬼、吝啬鬼、吸血鬼。"鬼头蛤蟆眼"是形容一个人鬼头鬼脑，不像人样，也比喻其为人处世不可靠，常使鬼蜮伎俩，比较奸诈。

《醒世姻缘传》第二回中："真是一个同不的一个。他高大爷先鬼头蛤蟆眼，你先虎背雄腰的个婆娘。"萧驰《家事》也有一句："不知怎的，我总觉得他鬼头蛤蟆眼的信不得。"这两处"鬼头蛤蟆眼"都是指坏点子多、奸诈成性，不可亲近，需提防。

东北方言写作"鬼眉哈嗤眼""鬼魔蛤眼"等。例句："小张队长见他鬼眉哈嗤眼的模样，知道他是有意报复一下王二伯。"（《黑龙江艺术》1984年第6期9页）

一位作者写了篇散文《永远的蛤蟆眼》，文章讲述了高中校长的轶事。"对于一个土生土长的农村孩子来说，蛤蟆这种两栖动物是我再熟悉不过的了，看到它那身体表面密集如云的疙瘩和凸出的双眼就让人心生厌恶。老天真是有意捉弄人，我居然被分在了'蛤蟆眼'的班里。'蛤蟆眼'是一位40多岁的中年男子，生着一脸不知其名的痘痘，加上一双像蛤蟆似的凸起的眼睛，我们从没把他当成校长，甚至连老师都很少叫，背地里都称他'蛤蟆眼'。20世纪80年代初，由于学校师资力量匮乏，作为校长的他，也是要代课的……"这位"蛤蟆眼"校长改变了很多学生的命运，是一位令学生们终生难忘的恩师。"蛤蟆眼"除了是天生的，还有可能是甲亢突眼病的症状。这不在大连话"鬼头蛤蟆眼"的含义之列。

"鬼头蛤蟆眼"一般是用来描述不良男性的。鬼头蛤蟆眼的人在言谈举止间会流露出暴戾之气。大连人在识人断物方面很感性，有些时候只凭眼缘，初次见面如果没有眼缘，就不会继续交往下去。

有什么样的心境，就有什么样的面相，这便是相由心生。一个心性悲观的人，神情总是倦怠的；一个心底蒙垢、充斥恶意的人，眉宇之间难有清明之气。这种由内向外的腐蚀，便生出了一副"鬼头蛤蟆眼"之相。

论外在形象，东北人分值不低，尤其是大连人。想看大连的帅哥美女，那就走一趟人民路吧。看相貌，男士天庭饱满，鼻直口方，浓眉大眼，看上去敦厚富实，坦荡自信，精明强干；女士则是地阁方圆，面色含春，端庄俊

飒棱
姿势

美。论身材，男士高大挺拔，健美硬朗；女人则腰身修长，亭亭玉立。论气质，男士气宇轩昂，不同流俗；女士清新优雅，洋味十足。不论是男士还是女士，浑身上下都洋溢着一种喜悦明亮、真挚柔和的气质。

若论相由心生，还得说一说东北人的性格。赵本山"御用"小品编剧宫凯波认为，"东北人的性格最打动人"。东北人心眼少，乐于助人，也富有灵气，总会在庸常的生活之中找到乐趣，找到兴奋点。当下人们生存压力很大，人们习惯说"卷"得厉害，这个字眼是由"内卷"而来的。这里插叙一下，聊聊"内卷"这条网络流行语。

"内卷"是一个学术名词，在学术文献中常用作"内卷化"。它的本义是指一种文化模式在发展到一定阶段后停滞不前，或无法转化为更高级模式的现象。"内卷"很快成为网络流行语。某种社会资源有限，但争夺的人越来越多，硝烟散尽，摊开手心，每个人得到的都少得可怜。每个人都觉得活得太辛苦，价值感匮乏，幸福感遥不可及。人们将这种情形称为"卷"。"内卷"入选《咬文嚼字》2020年度十大流行语；2022年1月，智库公布2021年度十大热词，"内卷"也赫然在榜。

众所周知，《红楼梦》里的人物对话几乎都是北京方言，但是，作者并非直接拿来使用，而是经过一定程度的加工和创新，因此才显得格外生动。若有锻字炼句的意识，建议将"内卷"写作"内锩"。在几近扭曲、令人窒息的竞争之下，人们的锋芒和锐气像刀剑的刃弯曲了。一字千金，准确又生动。

20世纪80年代，日本人生存压力很大，每个人都有很深的挫败感，完全可以用"内锩"来形容。喜剧片《寅次郎的故事》就是在彼时风靡全国。寅次郎不拘体统，浪迹四方，他独善其身又乐善好施，矜贫救厄。他的人生字典里没有"失败"二字，他是乐天派，看上去没心没肺的，明明失败了，但脸一抹就能给别人讲笑话。其实，东北人骨子里就有那么一点儿寅次郎的影子，他们普遍具有幽默感，会讲故事、讲笑话，成天活得热气腾腾的，令人想起鲁迅先生那句话，"无尽的远方，无数的人们，都与我有关"。从不掩藏，从不纠结，心房敞亮阳光，这份好心情滋养出东北人堂堂正正、风流潇洒的好样貌。

当一座城市具有"海洋气质"的美誉，那么，生活在这座城市里的人们自然也有几分与众不同的风度。除了大气、开阔、明亮这样的元素，"海洋气质"还包括"诗意"和"湿意"这两种特质。美国学者克莱·舍基在《未来是湿的》一书里指出，"中国社会太干巴了，需要加湿"。在这里，"湿"是一种隐喻，指融合的态度、协作的能力。印象中的东北人大多具有眼里揉不得沙子的刚介个性，脾气也以火暴而闻名。而生活在东北最南端的大连人，似乎多了一些浪漫与温润，理性与感性非常平衡，更易于沟通与协作，这也许是受特殊的地理风貌和自然环境经年熏陶的结果。

"老眉咔哧眼"，一是指老眼昏花；二是指长相老气、难看。

据《东北方言口语词汇例释》记载：老眉咔哧眼，是指相貌衰老的样子。例句："看我呀？老眉咔哧眼的有啥看头？"

老张丧偶多年，年轻时因为家庭负担过于沉重，再婚难度比较大。知天命之年，老张居然走桃花运了，与一位未婚的年轻女子谈起了恋爱。亲朋好友都以为老张与那女子是"一场游戏一场梦"，激情会慢慢变淡。哪承想，人家老张居然将未婚女娶回了家。亲朋好友当中流传着这样一句话："老眉咔哧眼的糟老头子居然娶了个水光溜滑的大姑娘，真有本事啊。""水光溜滑"也是一句大连话，形容一个人既年轻又精致的状态，多指女性。

两个中年女人街头相遇，过去她们可能是朝夕相处的同事，或者是一墙之隔的老街坊。女人之间的吹捧总是从相貌与衣着方面入手。"这么多年过去了，一点儿没变样，脸上一根褶儿也没有，你是怎么保养的？""净说好听的，怎么会呢？都老眉咔哧眼了……"

"咔哧眼"是什么样子呢？是眼底的颜色，还是眼神的苍老？也许二者皆有吧。一个人的衰老是从眼睛开始的，除了视力下降、模糊，眼神也开始浑浊，不再清澈、深邃。当眼神开始衰老，身上的气息也会发生变化。在公共场所，有些人嫌弃老年人，就是嫌弃他们身上散发出的衰败的体味。尽管我们口口声声地强调心理年龄比什么都重要，但肉体的无情衰老还是会令我

飒棱
姿势

们深感恐慌。

《熟年革命》是日本作家渡边淳一的作品，这是一本专门谈论晚年生活的文集。"熟年"泛指年龄介于45岁至64岁的族群。2008年日本人的平均寿命，男性为81岁，女性为86岁。也就是说，退休后人物还能活一二十年，渡边淳一的这本书就是探讨如何活好这段时光。人生最后10年、20年的活法，决定了整个人生的质量。在50岁的时候，就必须认真考虑"后五十"的活法。渡边淳一建议，首先要改掉这些称呼或形容，如老朽、老翁、老媪、老妪、银发族、夕阳红等，我想这里也包括拒绝使用"老眉咔哧眼"之类的俗语。他呼吁，将经历了漫长人生、岁月的磨炼，心灵深处潜藏着光芒的人们称呼为"白金一代"。他们不被世俗左右，充满了好奇心，大胆追求人生所爱；不惜赞美他人，更不忘自赏自爱，洒脱又优雅，这段人生时期应命名为"白金人生"。

下死赖，不当意

厚着脸皮跟人纠缠，就是"下死赖"。与"涎皮赖脸"同义，是一种惹人厌烦的行为。

东北方言有"下三烂""下四烂"，指下贱、下流，也指下贱、下流的人。

"我太傻了，我太可怜了，我太下三烂了。"（《齐齐哈尔日报》1988年9月20日）

"这些下三烂的活儿，一年我没少给他干。"（《北方曲艺》1983年第3期88页）

"有人说，他是马前使气马后下跪，天生'下四烂言言'。"（《北方文学》1984年第1期17页）

大连人最鄙视"下死赖"的态度，崇尚堂堂正正、不卑不亢地做人。

有两句大连话可以形容男人追求女人的情态：一是"上赶子"，二是"下死赖"。"上赶子"追求女人是正常态，优秀的女人都是难追的，男人要充满激情、执着不懈地"上赶子"追求，才能追到手。女人也很享受这个过程。而"下死赖"地追女人，却是做男人的一种不堪状。围追堵截，死缠

烂打，一哭二闹三上吊都演上了，这些"下死赖"的手段丢尽了男人的脸面，令女人难以招架并心生厌恶，就像《红楼梦》第三十回里，黛玉将手一摔道："谁和你拉拉扯扯的！一天大似一天，还这么涎皮赖脸的，连个理也不知道。"黛玉所说的"涎皮赖脸"就是"下死赖"。

企业破产了，有章程的人怀着"大不了从头再来"的豪迈，觅得更大的生存空间。没章程的人却一蹶不振，成天怨声载道，挑三拣四，宁愿啃老、吃软饭，也不去干那些"下死赖"的工作。什么样的工作是"下死赖"的呢？简单地说，外来打工者在城市里所从事的体力工作，均被好吃懒做、眼高手低之人视为"下死赖"。

张三毕业于职业技术学校，一技在身，却不愿去车间当收入不菲的技术工人，非要去写字楼里做那看似干净体面实则毫无技术含量的低薪文员。在澳洲，大多数年轻技术工人的年薪远远超过了同龄的律师、会计师。不少年轻人视车间工作为"下死赖"，尤其是大连城市里的年轻人，都有点虚荣心，都喜欢光鲜的职业，宁可穿一身绷紧的小西装去写字楼里跑龙套，也不愿着一身堂堂正正的工装去车间做技术活。多年前时任总理温家宝来大连考察时，听说年轻人不愿意当技术工人，他语重心长地说，现代化也离不开技术工人。两个先进产品的比较，有时候就看一颗螺丝拧得好不好，往往发生事故就是因为那颗螺丝。当技术工人是光荣的，中国需要大批熟练的技术工人。这是一个观念转变的问题，技术工人应该受到社会尊重。只要肯专研，肯坚守，技术工人也可成为大国工匠。

工作没有高尚与卑贱之分，任何工作都需要有人去做，都应受到世人尊重。那些被某些城市人视为"下死赖"的工作，一旦没人去做，这个城市就停摆了。

"不当意"，是不符合心意、不入眼、不重视的意思。

大连方言还有一个词儿"不当刀儿"，也含有不重视的意思。例句："来不来还想扣个帽，真拿你婶子不当刀儿。"（《北方曲艺》1982年第4期32页）

最近几年，"正能量"一词从官方到民间大肆蹿红，由于过度使用，这个词儿最初包含的美感与感召力日渐式微，而"走心"一词悄然流行。"走心"是"正能量"所唤起的心灵审美。"走心"的反义词，用大连话说就是

203

"不当意"。

一个人说的话情理兼具，带着一股诚实的暖意，在思想上启迪、提携着你，在精神上关照、支持着你，这就是"走心"；一件正在做的事情，思路清晰，用心程度高，最终所实现的效果远远超越预期，使经济之外的价值得到有效实现，这也是"走心"。就像泡茶，每一个步骤都讲究章法，泡出的茶汤恰好符合你的口感和审美，带给身心的愉悦只能用"走心"来形容。而不适、不悦、不当意的口感，是不会给身心带来享受的。

我居住的小区与一处老楼为邻，当年家家户户大兴土木搞装修，物业设了三个装修垃圾点，老楼的居民守着垃圾点，有点用的东西都被扒拉走了。不过几天工夫，他们就在楼前垒起了高高的木材垛子，将木材劈成细细的烧柴，用油毡纸护好。他们又在楼前支起了一口大铁锅，蒸包子、蒸馒头、烀猪肉、炖酸菜等，从此就不在家中厨房干了。在这广阔天地里，撸胳膊挽袖子将老手艺尽情发挥，守着大锅一边与邻居们大声谈笑一边期待出锅……这是都市难得一见的热气腾腾的人间烟火啊。小区与老楼高度落差达五六米，夏天晚上，我和女儿趴在栏杆上，听老楼人在下面聊天，他们说着大连话，那一口"海蛎子味"不掺水，既热烈又温软，热烈的是那硬朗的腔调，温软的是那朴素的家常故事。

一晚，我听到几个大妈聊这样一桩家事：老太太有四个儿子，职业、性格、经济条件各不相同，老大和老二混得有头有脸，老三和老四处于社会底层。老伴去世后，老太太去了老三家养老。孝敬父母什么最难？不给父母脸色看最难。老太太在老三家很舒心，老三对她很体贴，有敬畏心，愿听她唠叨，说什么是什么，从不违逆她的心愿。老太太对老大和老二却不当意，他们看上去白白净净，很有教养的样子，老太太跟他们相处却很紧张。他们好对老太太的生活指手画脚，对老太太犯糊涂上当受骗零容忍，将老妈当孩子似的训斥。老四经济条件虽不好，但每到秋天，总给老太太买几斤海参补身子。这份孝心却被老大耻笑："一年到头嚼咸菜疙瘩，到秋天吃几斤海参就能长寿啊？"如此刻薄不近人情，老太太怎么能当意呢？

我听明白了，在这个家族里，老大和老二是最有水平的总导演，老三和老四是跑龙套的。老太太对跑龙套的最当意，他们陪伴老人的时间最多，体贴老人的心思也最多。老人对儿女当意与否，并不在于儿女在物质上给予多少，而在于是否在精神上怜恤他们。

总有一些孩子令父母不当意，不当意的原因多种多样，有的是偏见，有的是误会，有的确实是孩子对父母有失敬畏。亲情是无法一拍而散的关系，在一个屋檐下相处，那些不当意的心绪斩不断理还乱啊。

听老楼人一口"海蛎子味"唠家常，你会深切地体会到，方言岂止是一种土语那么简单，方言背后是活生生的人群，是千姿百态的生活和酸甜苦辣的心情。

将镜头从家庭推向社会。我们与体制，与他人，也存在着各种"不当意"的关系。"万物并育而不相害，道并行而不相悖"，这是我们对这个世界的想象与期许，真实境遇却是，我们不断地栽跟头，那些有形无形的"绊子"抽离了内心所有的热情，我们看不惯这个社会、不当意这个社会，也被外界看不惯、不当意。以怎样的姿态处世？无非三种选择：一是抵御，二是调和，三是屈服。中国快餐文化里大批量的"心灵鸡汤"，是人们选择屈服之后需长期服用的一剂药，以期获得心理上的支援与舒适。将"心灵鸡汤"视为罂粟，看似美丽却具有毒性。因为我们念念不忘的内心自由，不过是不肯"兼济"的自私自利，不过是能力孱弱、胸襟逼仄的托词，面对横亘在眼前的"冲突"与"干涉"，我们没有能力采取现实有效的方法解决它，知难而退，退入内心，移情琴棋书画，看似趣味盎然，其实已是老腐朽、老油条、老顽固，是活着的木乃伊。

如《后会无期》中那句著名台词："听过很多道理，依然过不好这一生。"与现实碰撞、摩擦的"不当意"，我们能改变多少？能妥协几分？对自身的洗礼与改造，我们又能动多大的刀？能忍多大的痛？

轻次溜，赖赖巴巴

"轻次溜"，是指一个人做事有章法，驾轻就熟，非常得心应手。当年，从"山东家"跑到大连活命的"海南丢子"，有一大批在码头扛麻袋包，年轻体壮的扛麻袋包很"轻次溜"，但年老体弱的不堪苦力，耗尽了生命能量。在当下，以职场为例，非卓越之才不能"轻次溜"也。知识和能力怎能唾手可得，需经百般磨砺才能获得"轻次溜"的驾驭感。

由"轻次溜"反映了大连人的性格脾气，褒贬不一，各有说法。

飒棱
姿势

205

　　面朝大海，大连人胸襟开阔，乐善好施，具有大包大揽的承担精神，在承担中负累着，也充分体验着生命的价值。为了完成这种承担，即使千山万水费尽周折，也要表现出"轻次溜"的良好状态。将难处和坎坷留在心里，将乐观和欢喜献给别人。这不是虚荣好面子，这是一种性格魅力。你找朋友办事，朋友表态说："你放心，这事儿轻次溜的。"不久朋友告诉你事儿办成了。朋友不讲过程，其实这个过程也许并不"轻次溜"。这样的朋友要珍惜，要一辈子好下去。

　　海滨城市的特质有这样几个关键词：思变、融合、冒险。海洋代表着博大、深远和力量，与这些特质孪生的是乐观与自信。这种乐观与自信若把握不当，很容易变成盲目与自大。"轻次溜"是大连人日常交流的高频词，一方面体现了热情、自信、爽快的大连性格，另一方面也暴露了大连人遭诟病的性格缺点。受别人委托之后，大连人会大大咧咧地说一句："这事儿轻次溜的，包我身上！"这类人虚荣心强，讲排场，好面子，爱许诺。许诺之后，会以"轻次溜"强调自己的办事能力。而事实是，其承诺完全超出了其实际能力。在东北小品里，一个人找另一个人办事，这个人捶着胸膛说，你去找某领导，提我肯定好使。结果人家领导根本不知他是谁，提他压根不好使。

　　张三与王二麻是一对好哥们儿，两人一起上过山、下过乡，见证过彼此的命运悲欢，更是一对四处寻欢的酒友。张三与王二麻都是八级大工匠，工匠后来的职业命运世人皆知，张三和王二麻一醉再醉，最后擦干眼泪从头再来。张三混得要比王二麻好，真真假假的老板认识了不少，养家糊口的能力比过去略胜一筹。而王二麻四处打零工，经常被拖欠工资。兄弟如手足，哥们儿混得不好，怎能袖手旁观？张三跟王二麻打包票要帮他找份好工作。王二麻频请张三去小饭馆喝酒，张三混的场子大了，喝不惯小馆子，王二麻便咬牙瞪眼请他去大酒店。张三喝上酒就爱呼朋引伴，将二人的交心酒喝成人仰马翻的鬼宴。这样的一顿酒下来，常让王二麻长达数月揭不开锅。酒桌上王二麻总要提及工作，张三将胸脯拍得咣咣作响："这事儿轻次溜的，包在我身上，我保证给你找份挣钱多的工作。"一个春秋过去了，干上高薪工作像个传说，像片浮云，王二麻依然过着东食西宿的打工生活。很多"轻次溜"的事儿没办成，会被人说成"饼子"或"奓将"。"饼子"是指无能、窝囊的人；"奓将"是指吹牛者。

两位老者把酒叙往事，据说回忆"当年勇"是老年人找回自信的良方。想当年去碰海，捞海参鲍鱼，再大的风浪也是轻次溜的。大连的爷们儿，哪个不碰海？不碰海吃什么？到大海里取食是一种老天赏饭，大海凶险无常，敢与大海硬碰硬才是真汉子。"海碰子"浑身都是故事，几天几夜也说不完。

"赖赖巴巴"，即勉强、非常费力的意思。与东北方言"赖赖乎乎"语义相同。

某一场球赛，国脚们吭哧瘪肚地满场拼抢，最后勉强出线了。球迷们并不买账，抱怨每次小组出线都是赖赖巴巴的。虽然比赛过程不够精彩，但毕竟是赢了。在赛后新闻发布会上，多名国脚觍脸自辩："赢了就行呗，法国队不也是赖赖巴巴才出线的吗？"

从事新闻工作的张三，工作节奏很紧张，压力也很大，经常通宵达旦地赶稿子，再加上各种难以推却的应酬缠身，经常是深更半夜喝完酒回家，眯瞪一会儿后还要挣扎着爬起来码字。张三倚仗年轻，毫无保健意识，几乎每天都在挥霍健康。结果，35岁以后身体就一直赖赖巴巴的。在这里，"赖赖巴巴"并不是指亚健康，而是已经有了疾病的迹象。

比较一下"赖赖巴巴"与"手拿把掐"。王二麻的儿子"赖赖巴巴"地考上了重点高中，他究竟考了多少分呢？答案是比录取分数线仅高出几分而已。如果说王二麻的儿子"手拿把掐"地考上了重点高中，那分数就是远远地超越录取分数线。"手拿把掐"与"赖赖巴巴"都是对成功过程的一种描绘。"手拿把掐"的成功是一气呵成的，就像体操运动员行云流水般地完成所有动作，掌声潮涌经久不息，这就是"手拿把掐"的成功；而"赖赖巴巴"的成功，其过程往往是吭哧瘪肚，是险象环生，虽然也有掌声，却是稀稀落落的。显然，"手拿把掐"的成功才被人们羡慕，而"赖赖巴巴"地成功了，常令当事人底气不足，荣誉感不强。

赖赖巴巴必然意味着一种粗糙。前些年，谁说咱东北人粗糙，咱就跟谁急眼。其实咱们也知道自己的粗糙，内心时常为之赧颜汗下。不但生活方式被指责粗糙，咱们的文化也被说成贫瘠粗鄙。在商业信用上，咱们的口碑也不佳。南方生意人都知道犹太人有一部财富圣经叫《塔木德》，而咱太讲究面子，面子大于天，面子是东北人的经商圣经。面子又是什么？是人情，是

飒
棱
姿
势

207

潜规则……这便有了太多"赖赖巴巴"的勉强与含糊。

　　这都是东北人的过去式。今天的东北人已经意识到自身的不足，能够理性地对待外界的审视与批判，有则改之，无则加勉，真正像东北的黑土地一般深厚而宽广，不断地积蓄内蕴，开始在各个领域彰显实力。"不经历风雨怎么见彩虹，没有人能随随便便成功……"东北人真的已经懂得了成功的真谛。

　　如今，东北人开始学习茶道，用小杯子品茶，在品茶中抵达修身养性的美妙境界；东北人开始细品美食及美食文化，将"乱炖"炖出文化滋味，炖出能登大雅之堂的好品相；东北人开始以细腻的、生活的、从容的、文化的手法经营，绝不再赖赖巴巴、聊胜于无地度日。

参考文献

迟永长，2012.大连方言音系［M］.大连：辽宁师范大学出版社.

定宜庄，2011.满汉文化交流史话［M］.北京：社会科学文献出版社.

金受申，1961.北京话语汇［M］.北京：商务印书馆.

罗福腾，1996.从胶东话走向普通话［M］.济南：山东大学出版社.

曲哲，艾珺，2008.民俗风尚［M］//张毓茂.沈阳历史文化丛书.沈阳：沈阳出版社.

史有为，2019.新华外来词词典［M］.北京：商务印书馆.

唐聿文，2012.东北方言大词典［M］.长春：长春出版社.

王虎，2013.大连方言词语考释［J］.辽东学院学报（社会科学版）：15（6）.

王鹏，2008.河之俏——方言俗语集［M］.

王树声，1996.东北方言口语词汇例释［M］.哈尔滨：黑龙江人民出版社.

徐祖熹，2019.大连方言词语研究——以表程度义词语为例［J］.淮海工学院学报（人文社会科学版）：17（3）.

闫娜轲，2010.清代山东移民特点探析［J］.枣庄学院学报：27（1）.

于植元，董志正，1995.简明大连辞典［M］.大连：大连出版社.

周振鹤，游汝杰，2015.方言与中国文化［M］.上海：上海人民出版社.

后　记

　　2013 年 1 月，《韵味·大连方言》由大连出版社出版。这原本是一项集体"作业"。2011 年初夏，大连出版社从大连报业集团各媒体选了四位作者，邀约大家一起来完成大连方言的写作。大家对这个选题备感好奇，大连话天然老土，居然也可跻身地方历史文化的殿堂？

　　早在 20 世纪 90 年代，大连作家素素在《大连日报》策划了《大连流行语辞典》栏目，专门对大连的方言土语进行梳理和解读。那时候，素素老师在大连日报社文艺部工作，她带领报社一批采编人员及社会各界的文学爱好者一道完成了这个栏目的写作。这应该是大连媒体首次以栏目形式正式关注大连方言，在此之前，各区市县在地方志中都曾对大连方言做过粗浅记载，面向大众传播方言文化应始于《大连流行语辞典》栏目，记录和传播大连方言文化的远征就是从这儿启程的。

　　"'品读大连'系列丛书从多层面、多角度来挖掘、整理、总结、诠释大连的风物人情、历史脉络、文化现象，来达到沉淀本土文化、建立城市文化自信心、提升城市品牌的目的。"对于一个热爱大连的写作者来说，这是一项有分量、有挑战性的"作业"。每位作者写三个样章，看看大家的体例、风格及文笔，由于其他作者工作繁忙，最终只有我在规定时间内完成了样章写作。那时候，我刚从新商报社调到海燕文学月刊社，身兼数职，不得闲空儿。因为了解，所以敬畏，所以参与。大连出版社推出"品读大连"这个重磅项目，经过了极为缜密、极为艰辛的论证，从社内论证到项目组论证，从专家论证到编委会论证，作为文学工作者，我对这个过程的专业化程度和用心程度充满了敬畏。我非常感念写作书稿的那段时光。那时候我被焦虑纠缠，茫然无解，我的焦虑来自我发现很多事物失去了标准，失去了底线，我需要做一项有意义的并且有一定难度系数的"作业"来拯救自己，这就是《韵味·大连方言》的写作。

《韵味·大连方言》可不可以算是这场文化远征的"第二棒"？在这本书的写作中，大连日报社文艺部王玉琴老师将《大连流行语辞典》栏目的所有词条复印下来提供给我，这是我写第一本大连方言著作所得到的最大帮助。

2013年8月，我在《海燕》杂志上开设了《大连方言》专栏，续写《韵味·大连方言》一书没有涉及的词条。从时间到心态，这次写作显然从容多了，手头资料也很丰富。"以随笔的形式，剖析方言背后的市井生活、民俗风情与文化特质，带读者领略声音里的别样大连。"这是《韵味·大连方言》内容介绍里的一句话，也是大连出版社对大连方言确立的写作要求，虽然这本书后来再次印刷，读者反响看似不错，但我总觉得离标准相差甚远。

以专栏形式书写方言，我试图找到一种既有意义又有意思的写作手法。"有意义"是强调文学期刊记载方言有别于其他载体的庄重，着力挖掘方言背后的历史文化信息，为留存史料做出努力；"有意思"强调的是以随笔手法写方言的可读性。如果纯粹是"戏说"方言，则意义不大。网络上关于大连方言的小品、段子刷得如火如荼，实在不必凑热闹。

写一条方言，尽量还原它在大连人过去日常生活中的真实模样，记录它在当下社会生活中的活跃度，挖掘方言背后老一辈大连人的生活方式，努力析出方言的历史况味与文化意蕴，同时，对当下与方言有关的文艺作品及文化现象做出呈现，这是我在《海燕》杂志上续写大连方言所做的努力。

在《海燕》杂志的专栏写作持续了两年多时间（2013年8月—2015年12月），涉猎大连方言及东北方言百余条，近8万字。尽管做了不少努力，如今整理成书，还是发现在体例、框架及文字方面存在很多不足。聊以自慰的是，在写作过程中，我始终对标准怀有向往和敬畏。

在 2014 年 10 月《海燕》创刊 60 周年研讨会上，《大连方言》专栏得到多位专家的好评。我对此实不敢当，权且视为鼓励与鞭策。

2014 年年底，欣闻大连市档案局启动大连方言保护工程，对大连方言语音数据资源进行抢救性征集。采用音频、视频等方式对地道、正宗、具有代表性的大连方言进行完整记录，其中征集录音 449 分钟、视频 274 分钟、文字 20 余万字，建立了一套系统、完备的大连方言语音档案资源数据库，归档珍藏，永久保存。

写《大连方言》专栏期间，我有幸与迟永长教授见了一面，并聆听他对大连方言的诸多见解。迟教授主要从事现代汉语、逻辑学、语音学、语法学、方言学等学科教学和研究，曾主持"中国语言资源有声数据库"辽宁库试点建设。当时迟教授正在编撰《大连方言词典》，这是一个大工程，幸好他已退休，可以全身心投入这项意义非凡的"作业"。迟教授对《大连方言》栏目的写作给予了肯定，并对大连文人对大连方言的解读表达了他的不同观点。从学术角度来看，我们这些文人对大连方言的认识肯定存在偏差，甚至是谬误。我们还需不断学习，多方交流。

迟教授说："方言研究本身枯燥乏味，费时费力，可研究成果对普及普通话教育，繁荣地方特色文艺创作，深化语言本体研究，构建公安司法系统语言识别技术平台，填补地方志中方言志建设空白，传承地方非物质文化遗产，提升民族文化软实力，打造文化强市、强省、强国等都具有非常重要的理论意义和应用价值。"与学者的交流，让我对方言写作充满了兴趣，也多了些使命感，无形中也增强了标准意识。

2016 年，我开始在"理想湖"公众号续写大连方言。"理想湖"是我业余时间运营的一个关注文学、倡导经典阅读的自媒体，流量不高，却在小众群体中有着良好的口碑和聚合力。对于我来说，"理想湖"有两个作用：一是我私人阅读的助推器，怎么说呢？为了做好"理想湖"，我必须保持阅读，而且必须保持高质量的阅读。二是这种高质量的阅读能够充分地滋养我，帮助我有效化解现实中标准沦丧所带来的焦虑。在"理想湖"写大连方言，我们有不少创举，比如为方言词配上地道的发音，墨盘街道的郭淑萍大姐、城子坦街道的刘妈妈、大连人民广播电台主持人丹平和她当时 3 岁的儿子莫争，都曾在"理想湖"为大连方言配过音频。郭淑萍大姐配音的一条方言音频传播到美国，被她定居海外的同学刘先生听到，最是乡音解乡愁，刘先生深情留言："想家啊，无论身居何处，只要乡音不改，就永远记得回家的路，永远记得自己的根在何处……"

刘妈妈那条音频的录制非常有趣。她老人家的女儿张晓雯是我的公益伙伴，我曾给晓雯讲过方言文化及有声采集方言原始数据的意义，建议晓雯让老妈当一回方言发音人。晓雯很感兴趣，原来只要开口说话就可以为地方文化做贡献，她觉得老妈肯定乐意。一个周末，晓雯回到城子坦老家，黄昏时分，家人闲坐，灯火可亲，老妈将饭桌子一推，就跟儿女唠起了家常。这时候，晓雯将手机悄悄地放在老妈身后，就这样，很顺利地将老妈一口沧桑又温暖的城子坦话原汁原味地通过公众号传播出去。刘妈妈没有微信，晓雯也没有来得及告诉她，但这条音频很快传播到城子坦的大街小巷，刘妈妈去市场买菜时，有人拉住她放给她听，刘妈妈越听越熟悉，整个人蒙了，这声儿咋这么耳熟呢？大家伙哄然大笑，刘妈妈却流下了泪水，那段音频是她自己讲她小时候吃的苦、遭的罪，如今从手机上听来仿佛是别人的故事。

在写作大连方言期间得到很多师友的指点和帮助，过去在《海燕》编辑部，我与副主编曲圣文老师坐对桌，曲老师是我的活字典，看稿子遇到问题，懒得去查证，抬头就问，一问即得。写作大连方言，我选好一个词条，然后带着这个词条找曲老师确认其身份：这个词条是典型的大连方言吗？在老百姓生活中是怎样使用的？与地方历史文化、风俗人情有何关联？我发现，与身边人唠方言，其实就是唠生活，唠往事。写大连方言，让我有机会重返生活现场，再次思索、审视曾经的生活——在这个千变万化、不变则亡的时代，这种经历简直是一种天大的偏得，是一种精神财富。

曲老师藏书多，他送我一本《北京话语汇》，这本巴掌大的小册子1961年12月由商务印书馆出版，在孔夫子旧书网上已炒到300多元。编著者金受申先生是满族镶黄旗人，曲艺史学家、民间文艺家、民俗学家，是广见博闻的"北京通"。金先生熟知北京掌故，与三教九流接触颇多，尤喜接触中下层人士，对清末民初的北京风俗事物、趣闻逸事、衣食住行、江湖百业、评书鼓曲等都有着精深的考察研究，其文章内容多来自实地考察，是研究北京历史及民俗的重要史料。金先生搜集整理北京话的思路和理念是，"必须广为搜集各阶层习用的语汇，并且要多所接触，以便熟悉他们运用语汇时的尺度、声调……不能预先悬定一个标准：某阶层语言可以采用，某阶层语言不能采用"，否则"就会漏掉许多丰富多彩、形象生动的语汇"。这个理念对我启发很大，促使我关注大连码头工人所说的"海港话"。码头作业产生了很多术语，"老码头"带徒弟，说的是"海港话"，听不懂"海港话"就混不好码头。《大码头面孔》一书对"海港话"有所记载。

同事明晖送我一本20多年前出版的《东北方言口语词汇例释》，这本书是她老父亲的藏书，对我后期写作大连方言提供了很大帮助。各地方言词典的体例大致相同，但这本东北方言词典的特色令人赞叹不绝。编者王树声用了10年时间收集了3500多个方言词条，选摘了9000多个例句。这些例句是从东北主要地方报刊、东北方言成分较大的文学艺术作品中披沙沥金淘出来的。王树声特别看重一些被称作"无名花"的县级刊物上的文学作品，它们多出自基层文化工作者之手，比起权威性报刊上的典范作品来，也许更接地气，更能反映东北方言的真实风貌。

法国《小拉鲁斯词典》卷首语有句话，"一部没有书证的词典就如同一堆枯骨"，这是强调例句的重要性。著名语言学家、词典编纂家黎锦熙在《新著国语文法》序文中提出"例不十，不立法"的观点，这也是强调例句的重要性。著名文字训诂学家胡朴安在《俗语典》中说，"俗语必见于古人文字者始搜集之，以明俗语之有本，唯阅书不多或所举之书非俗语最初之记载往往有之。然有一俗语必举一书"。这还是强调例句的重要性。王树声认为自编例句弊端太多，例句出自一人之手，必然失去丰富性和可信性。所以，他宁愿舍弃没有现成例句的方言词条，也不为无例句的词条编造例句，基本做到"无一词条无例句，无一例句无出处"。可想而知，他为此付出了多少时间和精力。

王树声在后记中写道："如果是分别采自辽、吉、黑三省报刊的同一词目的几个例句，则同时选用，以证明该方言口语词汇运用的广泛性；同时选用不同写法，用作不同句子成分的同一词目的几个例句，以证明该词语运用的变异性、灵活性。"最后还附了"主要摘录例句书报刊目录"，分为黑龙江、吉林和辽宁，书报刊名称、作者、出版单位，一应俱全。

2019年夏天，大连新闻传媒集团国胜连老师赠送我和同事王都两箱子书，送给我的是300多本儿童读物，是他女儿小时候看过的经典作品，他委托我下乡做公益时送给小朋友。我在他送王都的一堆书中发现了"沈阳历史文化丛书"中的《民俗风尚》《市井风情》。其中《民俗风尚》详细记载了老沈阳的方言土语，源自满语、蒙古语等少数民族语言的方言土语，《金瓶梅》等明清小说中的沈阳方言土语，等等，这些资料对我写大连方言也提供了不小帮助。

我曾在旧书摊上觅得罗福腾教授的《从胶东话走向普通话》。这本书让我对山东方言有了翔实了解。胶东话是山东方言里最受重视的方言之一，其研究成果也是相当丰硕的。山东大学、山东师范大学等高校还招收方言学方向的硕士研究生和博士研究生，培养了大批方言工作者。20世纪八九十年代，关于山东方言的著作特别多，主要原因是各行各业学习普通话的风气很浓，罗教授这本书是依据国家语言文字工作委员会制定的《普通话水平测试大纲》的项目而设计编排的，分语音、词汇、语法、朗读与会话几部分。正音训练的词语、语法训练的细目都是取自《普通话水平测试大纲》。那些迫切需要学好普通话的党政机关干部、师范院校和职业学校的学生、中小学教师、播音员、窗口行业的员工是这本书的主要读者。

写这篇后记时，惊闻著名诗人流沙河先生仙逝。先生晚年全身心投入中国传统典籍的研读以及说文解字的工作中，他曾饱含深情地说："感谢古老的汉字，收容无家的远行客。感谢奇妙的汉字，愉悦避世的梦中人。"先生这句话简直令人潸然泪下，世道艰险，人心不古，传统文化是我们的精神避难所，是灵魂的摆渡者，让我们有足够的勇气振作起来去面对、去承担。先生讲一口地道的四川话，也擅长用四川话给年轻人讲述中国传统文化，"我只有用这种语言来表达，我才能够自由自在。如果让我用普通话来说，我就讲不好。"

那年，流沙河先生到乐山参加一个活动，当地官员介绍乐山时说了句"智者乐水，仁者乐山"。流沙河先生一听，糟了，他说错了！"在这里，'乐'不读'lè'，应读'yào'。这个字有四种读音，如果我高兴，那就读'lè'。如果说'我喜欢音乐'，那就读'yuè'，所以我们至今有姓'乐（yuè）'的。如果我来给你表演，使你快乐，又是另外一个字，应读'nào'，比如《诗经》里的'钟鼓乐（nào）之'，就是指敲击钟鼓，使她快乐。如果我心里想什么，倾向于什么，喜欢什么，应读'yào'。所以应该读'智者乐（yào）水，仁者乐（yào）山'。"如果乐山人知道这个字怎么读，而且能读出四个音来，这就是一种文化。

有人说："一个物种的消失，只让我们失去一种动人的风景；一种语言的消失，却让我们永久失去一种美丽的文化。"随着老一辈的渐行渐远，大连方言离我们的生活也越来越远，让我们加入到这场徐徐起航的文化远征中，为子孙后代留下点儿什么……

方言文化纷繁歧出，本人水平有限，不当之处一定不少，诚恳希望各界师友及读者批评指正。

交稿之际，倍感轻松，却也在思考，下一项"作业"是什么？除了别人给你布置题目，还应该主动完成哪些"作业"呢？

作　者